JN299576

境界と自由

――カント理性法論における主権の成立と政治的なるもの――

木原 淳

新基礎法学叢書
③

成文堂

はしがき

　本書はカントの法思想、国家思想を素材としつつ、近代における主権国家と自由との間に横たわる緊張関係と相互依存関係を明らかにしたい、という問題意識によって書かれている。この問題意識は、グローバルな画一化が広義のリベラリズムを通じて進行し、それが無制限に拡大していくことに対する著者の問題意識とも一体をなしている。たとえば今日進行している国際的人権保障体制の整備は、主権の枠を相対化し、国家の暴力を抑制する契機を含むものだが、それはリベラルな通商体制と結びつくことで、特定の大国による個々の国民国家のもつ市場と社会的自律性への暴力に転化するものでもあり得る。そのような現代的趨勢に対する規範的説明根拠として、カントの理性法論とその国際主義が取り上げられることも少なくない。リベラルな通商を前提とする民主的平和論の源流をカントに代表させようとする、近年広く見られる見解はそうした理解の典型を示している。

　これに対して本書は、カントの理性法論とその国家論を、リベラルなものというよりも、国民主権を基盤とする共和主義的な法的体制の試みとして理解しようと努める。この理解は、ロールズによって援用されるような、リベラルなカント理解に対するアンチテーゼでもあり、ロック的な所有個人主義やそこから導かれる個人主義的な国家観に対する修正要求を内包している。したがって、たとえば「ペンの自由は臣民のリベラルな考え方によって、その体制に対する尊重と愛という限界を超えることはない」(『理論と実践』)といった、現代では直ちに受け容れ難い、そしてリベラルなカント主義者が無視しがちな箇所も、理性法国家論と適合しうるものとして解釈し直されることになる。こうした解釈は、市場と社会の画一化を要求するグローバルな権力に対し、国民国家それぞれが個別に育んできた自由と法の形を擁護するための防波堤ともなり得る。

　本書はこのような視点から、自由と主権的な国民国家、諸国家共存のあり方について、一つの見直しを示唆することを背景的目的ともしている。そ

の目的が達せられたといえるかどうか、その評価はむろん読者に委ねられることになる。

2012年1月30日

木　原　　　淳

目　次

はしがき

序　章 ……………………………………………1
1．背　景　　　　　　　　　　　　　　　　1
　(1) 啓蒙主義自然法論とグローバリズム　　　1
　(2) ブルジョワジーと「リヴァイアサン」の合流　4
　(3) 国民国家枠への回帰　　　　　　　　　7
2．カント国家論の意義と本書の構成　　　10
　(1) カント国家論の意義　　　　　　　　10
　(2) 本書の構成　　　　　　　　　　　　14
3．『法論』を中心とするカント評価と研究　17
　(1) 権威主義をめぐる議論　　　　　　　17
　(2) 超越論的方法をめぐる議論　　　　　21
　(3) 平等をめぐる議論　　　　　　　　　26
　(4) わが国における『法論』研究　　　　28

第一章　「実体」としての土地 ……………………31
　　　　　―労働所有説批判と可想的占有論―
1．土地所有とその政治性　　　　　　　　31
2．「内的な私のもの」から「外的な私のもの」へ　34
3．「身体の延長」と占有の可想的性格　　41
　(1) ロックの労働所有説　　　　　　　　41
　(2) カントによる労働所有説批判　　　　46
4．土地の特殊性　　　　　　　　　　　　49
5．根源的取得論への架橋　　　　　　　　56
　　　―第一章の結びとして―

第二章　法秩序形成としての根源的取得 ……………………59

1．土地支配の起源　　　　　　　　　　　　　*59*
2．土地とその先占について　　　　　　　　　*61*
3．根源的取得と力　　　　　　　　　　　　　*70*
　(1)　暴力＝支配力の範囲　　　　　　　　　*70*
　(2)　国際法上の無主物先占論　　　　　　　*73*
4．根源的取得による上級所有権　　　　　　　*80*
　(1)　上級所有権　　　　　　　　　　　　　*80*
　(2)　主権の成立　　　　　　　　　　　　　*83*
5．普遍的意志と権力先占　　　　　　　　　　*87*
　　　―第二章の結びとして―

第三章　抵抗と自由 ……………………………………………90
　　　　―主権と合法的正義の優越―

1．抵抗権をめぐる対立軸　　　　　　　　　　*90*
2．定言的命法と法の普遍的法則　　　　　　　*92*
　(1)　道徳的自由　　　　　　　　　　　　　*92*
　(2)　合法性の優位　　　　　　　　　　　　*94*
3．理性法国家における自由　　　　　　　　　*97*
　(1)　理性理念による国制　　　　　　　　　*97*
　(2)　抵抗否認の論拠　　　　　　　　　　　*101*
　(3)　市民的自由の限界　　　　　　　　　　*106*
4．反イギリス的自由　　　　　　　　　　　　*111*
　(1)　「穏健な国制」批判　　　　　　　　　*111*
　(2)　普遍的立法と命令の区分　　　　　　　*117*
5．身分的自由から法的自由へ　　　　　　　　*121*
　　　―第三章の結びとして―

第四章　代表性と同一性 …………………………… 125
　　　―誰が主権者か？―
　1．主権者と国家公民　　　　　　　　　　　　　125
　2．「主権者」の観念　　　　　　　　　　　　　127
　　⑴　抵抗権否認論からの整理　　　　　　　　127
　　⑵　主権観念の分類　　　　　　　　　　　　133
　3．ルソーモデルを軸とした主権者観念の整理　138
　　⑴　ルソー型の主権者観念および代表観念　　138
　　⑵　人民主権モデルからの離反　　　　　　　143
　　　①ルソーモデルからの逸脱―代表議会制への志向―　143
　　　②国民と主権者の対置　　　　　　　　　　146
　4．代表性原理と同一性原理　　　　　　　　　148
　　⑴　集合的人格はいかにして可能か？　　　　148
　　⑵　共通基盤としての主権的秩序　　　　　　152
　5．普遍的「人民」から「国民」への移行　　　154
　　　―第四章の結びとして―

第五章　パトリオティズムと世界国家批判 …………… 159
　1．「国民」の根拠　　　　　　　　　　　　　159
　2．根源的契約理念の射程　　　　　　　　　　161
　　⑴　国際関係観　　　　　　　　　　　　　　161
　　⑵　目的としての国家　　　　　　　　　　　165
　3．世界国家否認論　　　　　　　　　　　　　169
　　⑴　大国批判　　　　　　　　　　　　　　　169
　　⑵　小国の賛美　　　　　　　　　　　　　　174
　4．二つのパトリオティズム　　　　　　　　　178
　5．国土への愛着としての公共性　　　　　　　184
　　　―第五章の結びとして―

第六章　理性法秩序とその境界 …………………… 189
　1．世界市民主義　　　　　　　　　 189
　2．普遍的理性と境界の設定　　　　　 196

文献表　　　　　　　　　　　　　　　 206
あとがき　　　　　　　　　　　　　　 221
事項・人名索引　　　　　　　　　　　 223

凡　例

1．『純粋理性批判』については1787年の第二版の頁で示す。

2．カント著作からの引用は、アカデミー版カント全集（Kant's gesammelte Schriften herausgegeben von der Königlich preussische Akademie der Wissenschaft）の巻数と頁数で示した。

3．カント著作からの引用は、本文中に括弧で示した。表記は著作略称に、上記全集の巻数、頁数の順による。著作略称は以下の括弧内の表記としている。

『啓蒙とは何か』（『啓蒙』）"Beantwortung der Frage : Was ist Auflkärung", 1784.（AK, VIII）
『世界市民的見地における普遍史のための理念』"Idee zu einer allgemeinen Geschichte in weltbürgerlicher Absicht", 1784.（ID, VIII）
『人倫の形而上学の基礎付け』（『基礎付け』）"Grundlegung der Metaphysik der Sitten", 1785.（GMS, IV）
『純粋理性批判』"Kritik der reinen Verninft", 2. Auflage, 1787.（KrV, III（B））
『実践理性批判』"Kritik der praktischen Vernunft", 1788.（KpV, V）
『判断力批判』"Kritik der Urteilskraft", 1790.（KU, V）
『理論では正しいかもしれないが実践の役に立たないという俗諺について』（『理論と実践』）"Über den Gemeinspruch : Das mag in der Theorie richtig sein, taugt aber nicht für die Praxis", 1793.（TP, VIII）
『永遠平和論』"Zum ewigen Freieden. Ein philosophischer Entwurf", 1795.（ZeF, VIII）
『人倫の形而上学』（『法論』、『徳論』）"Metaphysik der Sitten", 1797.（RL, VI）,（TL, VI）
『学部の争い』"Der Streit der Fakultäten", 1798.（SdF, VII）
『人倫の形而上学のための準備草稿』"Vorarbeiten zu die Metaphsik der Sitten"（VorMS, XXIII, X）
『自然法講義』"Kants Naturrecht gelesen im Winterhalben Jahre 1784"（XXVII, II, II）
『法哲学省察』"Reflexionen zur Rechtsphilosophie"（RzR, XIX, VI）
『美と崇高に関する省察草稿』"Bemerkungen zu den Beobachtungen über das Gefühl des Schönen und Erhabenen"（GSE（BMK）, XX, VII）

『書簡集』"Kants Briefwechsel"（Brief, X-XIII）

4．カントのテキスト以外の文献については脚注で示した。原則として著者名と記載頁数のみを記しているが、特に文献名を挙げることに意味があるときには、文献名と出版年を記した。著作の詳細は巻末の文献表に表示した。

5．同一著者による複数の作品についてはそれぞれに数字を附して著作を区分した。

6．カント著作の邦訳は主に岩波書店版全集、加藤新平・三島淑臣『カント』中央公論社を参考にしているが、必ずしもそれに一致するものではない。

序　章

1．背　景

(1) 啓蒙主義自然法論とグローバリズム

　本書は、カントの法哲学と国家論の解釈を中心として議論を展開するが、古典研究としてのカント研究を企図したものではない。ここで主題とするのは、19世紀に本格的に確立する、主権的な国民国家の成立、とりわけその「政治的なるもの」の要素を18世紀の啓蒙主義自然法論との関わりの中から解明していくことにある。その上で、古典的な国民国家モデルが終焉を迎えようとしている今日、国際社会を視野に入れた、あるべき法秩序空間を再設計するための基礎を明らかにすることを企図している。

　西欧法史において、18世紀という時代は、啓蒙期の自然法理論を通じて、市民法治国（立憲主義）の法理念を完成させると共に、国民国家という枠組みを政治的にも完成させつつある時代であったといえる。19世紀以降の法実証主義はこの枠組みを継承する一方で、啓蒙主義自然法論は形而上学とみなされ、省みられなくなる。その背景として考えられるのは、啓蒙主義自然法論のもつ抽象的・形而上学的性格への批判というよりも、市民法治国的体制が既存の制度として妥当する時代の中で、理念に対する原理的考察をおこなう必然性が失われたことにある。全体主義思想は、ナショナリズムとして、国民国家の枠組みを強調し、絶対化したが[1]、この傾向は全体主義が崩壊

---

1) 典型的にはナチスの政権奪取が「国民革命」という文脈で説明され、正当化された点に、20世紀の大衆民主制的なるものの浸透を見ることが可能である。わが国の場合、満州事変やそれに続く軍の独裁が、マスコミと国民の支援の上に成立し、天皇の存在も、帝国議会やマスコミによる「民主的」言論空間の中で、イデオロギー的記号として

し、自然法論の「再生」が喧伝された20世紀半ばになっても依然として継続していたといえる。再生自然法論は、個人主義、法の道徳性の回復等といった、市民革命を主導した啓蒙主義自然法の理念に対する再評価をその主目的としたが[2]、国民国家と国民主権の原理に対して根源的な疑問を突きつけることはなかった。

　しかしながら18世紀までの自然法論の立脚点は、もともと主権的な領土国家や国民国家体制を自明視する議論枠組の外に位置するものであり、そうした外的な視点から国民主権や国民国家体制を根拠づけ、国際秩序のグランドデザインを試みる包括的な世界観であったといえる。グロティウスを引くまでもなく、自然法論は万民法、国際法を当然に含むものであり、もともとは国際秩序の構想の上で国家論を展開してきた。この点を想起するならば、20世紀半ばの再生自然法論に関わる議論は、啓蒙期自然法論が成立した状況とはまったく異なる文脈上で展開されていたといってよい。自然法が議論された当時の文脈は、21世紀の今日において、よりリアリティをもつものと考えられるのである。

　啓蒙期自然法論のもつ問題性が現代において、よりリアリティをもつといえるのは次の点である。つまり経済・社会活動のグローバル化によって、「主権」の「絶対性」が失われつつあり、もはやこれを自明のものと見ることができない、このような意味においてである。経済・社会活動に限らず、刑事司法の国際化、集団的自衛体制の普遍化に見られるように、今日の世界は主権国家自らが「絶対性」を主張したその枠組みを突き崩し、弱める方向へと歩みを進めている。この動きは、19世紀型の主権的な国民国家体制と、それを前提としてきた法哲学や政治哲学の枠を揺さぶるものとなっている。リバタリアニズム[3]はこうした時代の中で生まれた理論の典型といえるだろ

　　国民自身によって利用され、機能していたという側面に注目すれば、大正デモクラシー以降の日本政治もすでに実質的には「国民主権」に近い体制と見ることが可能であろう。「天皇機関説」も議会やマスコミといった民主的制度の枠内で糾弾されたのである。
2) その典型として Gustav Radbruch, "Gesetzliches Unrecht und ubergesetzliches Recht", 1946 が挙げられる。
3) リバタリアニズムは多様な主張を含む。ここでは1975年初版の、ノージックによる『アナーキー・国家・ユートピア』を一つの典型としている。

う。リバタリアニズムは税を通じての再配分や国家による市場への介入を不正とし、企業や資本の自由な活動を側面支援するという性格から、グローバル化の進展する今日において一定の説得力を有する理論といえるが、本書の関心から見ても興味深い特徴を有している。というのもリバタリアニズムは、その個人主義哲学と所有理論、市場観、最小国家論によって、旧来の国民国家モデルや主権の枠組みを根底から破壊しうるラディカリティをもつものでありながら、同時にそれは啓蒙期自然法論の正統な継承者ともいいうるからである。ここで問題としているのは、リバタリアニズムの主張内容の是非ではない。リバタリアニズムは、所有個人主義とそれに依拠した小さな政府による法秩序の構築を試みていることから分かるように、ロック的な啓蒙主義自然法論の嫡流というべき地位にあるが[4]、それにもかかわらず、ノージックらによるリバタリアニズムがラディカルなものと受け取られるのは、それが19世紀型の主権的な国民国家枠を相対化し、解体を試みる志向をもつが故のものといえる。いかなる単位を「国家」と見なし、またいかにして諸国家の共存（あるいは闘争）する法秩序空間を枠付けるのか、これを問う営みこそが、16世紀以来続いた啓蒙主義自然法論の基底にあったとすれば、ノージックの主張は、表面的にはラディカルに見えるとしても、その思考態度や問題意識は、啓蒙期の自然法論者と共有されているもので、その意味できわめて伝統的なものといえる。20世紀以降の再生自然法論は、多くの場合、法実証主義批判の文脈上で、「法の道徳性」に目を向けるにとどまり、主権的な国民国家体制という法秩序空間に対する根源的な疑問を呈示することは少なかったと言える。このことはロールズやドゥオーキンの法理論においても変わるところはない。ノージックの衝撃は、21世紀的なグローバリズムの波を経験することもなく、国民国家的な法秩序空間が自明とされていた1974年の段階で、こうした根源的な構想を一つの正義論として提示しえたことにある。社会国家理念が優勢であったこの時代に、かつて形而上学として批判された身体の自己所有を前提とする所有権理論と、社会契約論はその思想的源流として、新たな光を当てられることになったのである。

---

[4]　この点については森村進『ロック所有論の再生』が一つの典型を示している。

(2) ブルジョワジーと「リヴァイアサン」の合流

とはいえ、ノージック的なリバタリアンだけが、啓蒙主義自然法論の現代における代表となるわけではなく、またロック的な所有個人主義は啓蒙期自然法論を構成する数ある流れの一つにすぎない。同じく自然法論に依拠しつつも、ノージックの反主権論の対極にあるものとして、ホッブズの『リヴァイアサン』に代表される立場がある。ホッブズ的な立場からすれば、ノージック的な自由至上主義は、権力を含む暴力という存在一般に対して、余りにナイーヴな認識に依拠しているのではないかとの批判が突きつけられるであろう。何故に人間が暴力を行使するのか、そして何故に政治秩序の中で暴力（権力）が存在しなければならないのか？ ということへの問題意識の低さがそこでは指摘されなければならない。政治秩序にとって暴力が不可避の存在であり、これをいかに管理・制御するかという問題意識は、自然法論一般の主題でもある。あらゆる正当性の主張は、「不当性」の排除を内包しているが、正当であることは何によって保証されるのだろうか。ホッブズは、「真理ではなく力が法をつくる」として、この問題を合法性問題へと転換した。これによって、各人の暴力が乱立する状況を収束させる可能性が生まれる。諸個人が相乱立し、闘争の継続する自然状態に終止符を打つのは、何らかの領域単位において、各人が自然権を全面譲渡し、主権者への絶対服従を誓うことと引換えに得られる生存保障のための契約である。主権者の合法性を支えるものは、各人に分散していた暴力を「主権者」が独占する事態に他ならない。それ故に誰が合法的な権力者であるかとの問いに決着を付けるのは、誰が最強の暴力を行使するかという問いへ転換する。最強者は最強者となった瞬間から、国内すべての人間から最強者に対する反抗能力を奪い、圧倒的な暴力格差の状況を保持することによって合法／違法の判断を独占する。「合法」的な行為は、暴力で担保されることによって、確実性と安定性という法的正当性を獲得する。最強の暴力は、自らの力を根拠として自らを合法化し、これによって自らの妥当性を根拠づける。法の正当性を生み出すこうした暴力をベンヤミンは「法措定的暴力」と呼んだが、これは一つのトートロジーである。これに対して市民法治国家的なイデオロギーは、合法性が自らの理念を貫徹するために暴力を独占し、それによって自らの実効性を

確保するというモデルを採る。ホッブズはロックと同様の利己的な個人からその思考を出発させているが、市民法治国的原理のもつこうしたイデオロギー的虚妄を抉り出しているといえる。

しかしこのことからホッブズの議論が全面的な正当性をもつということにはならない。市民的法治国原理あるいは今日では立憲主義といわれる理念は、現代国家とその権力に正当性を付与し、政治や行政の現場において現実に妥当し続けている。権力リアリズムへの認識とは別の次元において、ロック的な個人主義と市場への信頼によって現代の法秩序が成立していることも疑い得ない現実である。ホッブズ的な論理は、あくまで権力が自己を確立する局面において妥当するものであり、一旦、合法的な権力が確立された後は、個人の自由と市場秩序は、「国家」から区分され、独自の自律的領域を形成し、剥き出しの主権的権力は経済・社会活動の後景に退くと考えることもできる。ブルジョワイデオロギーが、そのリアリティを持ちうるのはこうした法領域が現実に確保され、機能しているからといえる。市民的法治国家に対する見方の違いという点で、ホッブズの見解はノージックのそれとは対極に位置する。市場と市民社会の自立性と、それを擁護するイデオロギーに対する態度において、啓蒙主義自然法論は、大きくはこの二つに区分できる。

しかしアレントによれば、ホッブズは単純な反ブルジョワ的権力主義者ではないし、主権国家論者ではない。ホッブズは一見したところ、権力とは無関係のものと思われる「市場」の世界を描き出したのであり、この限りで『リヴァイアサン』は紛うことなき「ブルジョワジーの哲学」であるという。アレントは『全体主義の起源』において「帝国主義」を、国民国家の枠を破壊する資本の論理として描き出している[5]。アレントによれば、ホッブズは「公共の利益を私的利益から導き出そうと試み、私的利益のための権力の蓄積を唯一の基本的目標とする一つの政治体を構想した唯一の人」であり、「ブルジョワジーがその拠り所として頼ってよい筈の唯一の哲学者」である。

ホッブズの個人主義によれば、個人が社会の中で、自らの存在を評価する

---

[5] Hannah Arendt [2]、邦訳34頁以降。

には他者との比較しかなく、その結果、絶え間ない自他の比較としての「万人の万人に対する闘争」が生み出される。こうした諸個人から成立した国家は、一旦権力を獲得した後も、停滞することはない。絶えざる生存競争を展開する社会から形成された国家は、権力を維持するためにもより多くの権力を得るように努めなければならない。「絶えざる権力拡大、権力蓄積の過程の中でのみ国家は安泰でいられる」のである。この認識は、無限に進行する富の蓄積が「抵抗しえない権力」によってはじめて維持されるという命題によって支えられている。国家は本質的に財産（propety）保護を目的とするという前提から出発し、「人が現在所有しているよく生きるための権力と手段を確保しうるのはさらに多くの権力とさらに多くの手段を手に入れる場合のみ」とすれば、ブルジョワジーの要請する国家はリヴァイアサンそのものである。反主権論的な市場イデオロギーであったはずのロックやノージックの立場も、ホッブズ的リヴァイアサンと合流する。

　このリヴァイアサン国家は、当初はナショナルな単位として成立し、その境界内で資本の蓄積は進行するが、やがて資本の蓄積はナショナルな領域の限界に達する。しかし資本はその本性上、富蓄積の無限の運動と資本主義的生産内に潜む拡大過程を中止することはできない。ナショナルな国境内において、資本の成長と蓄積過程の回転に再び力を与えることができるのは「国家による権力蓄積の過程」である。「無制限の営利」という道を歩み始めた社会は、それに相応する権力蓄積過程を生み出し得る、新たなダイナミックな政治的機構を必要とするであろうことをホッブズは予見していたとアレントはいう[6]。19世紀後半の帝国主義はこうした資本蓄積と権力蓄積を求めるブルジョワジーの活動の所産である。アレントが『全体主義の起源』第二部の冒頭に示しているように、帝国主義者セシル・ローズによる「できることなら私は星々をも併合しようものを」とする言葉は、無制限に進行する資本蓄積運動の精神をよく表現している。

　アレントは、19世紀後半に進行する「帝国主義」の中から「万人の万人に対する闘争」の帰結、つまり資本蓄積の過程がリヴァイアサンの権力蓄積を

6）　Hannah Arendt [2]、邦訳40頁。

要請する構造を見出した。このホッブズ解釈が正当かどうかは別として、自由放任を前提とする19世紀的な市民的法治国家において、社会・福祉政策は未成熟であったという限りで、それは「小さな政府」や「夜警国家」であったと言いうるが、他方で国内市場を超えて膨脹する資本に寄り添う際限なき権力蓄積を志向する植民地帝国であり、膨脹するリヴァイアサンであった。こうした資本の帝国主義的発展を今日のグローバリズムにそのまま重ね合わせることはできないにせよ、ホッブズの存在は、個人の自然権を出発点としつつ、政治権力が資本市場の拡大と膨脹にとって、表裏一体の関係にあるという現実を説明し、予測するものとなっている。

(3) 国民国家枠への回帰

　主権的な「国民国家」による枠、つまり各国主権の併存する国際法秩序は、16世紀以降成長し、20世紀には全世界を覆うに至る。しかしその成長はもともと内在的な矛盾を孕むものであった。「帝国主義」化した国民国家は、異民族支配を通じて、18世紀以来統治の原理として成長させてきた、自己立法を前提とする国民国家の原理を自ら破壊することになったからである[7]。膨脹した大英帝国は、帝国防衛のために必要とされる経済力・軍事力の低下に伴い、「自治」という自らの統治原理の徹底を各ドミニオンから徐々に突きつけられる。第二次大戦はこの体制の決定的な破壊をもたらし、その後国際政治の覇権を握ったアメリカも植民地主義の崩壊を追認し、確定した。こうして地球支配の体制としての帝国主義は総体としては、第二次大戦を機に崩壊した。かつての帝国主義はわずかな例外を残しつつ、本来の「国民国

---

7) 帝国主義が国民国家的な統治体系との間で根源的な矛盾を抱えていたことは『全体主義の起源』の指摘にある通りである。国民主権の名の下での異民族支配をおこなう限り、それは本来的に矛盾を抱えている。しかしこの矛盾を、シュミットは矛盾とは捉えていない。「あらゆる現実の民主主義は平等のものが平等に扱われるというだけでなく、…平等でないものは平等に扱われることがないということに立脚している」(Carl Schmitt [4], S. 13f.) が故に、外国人に参政権を付与しないことと民主制の理念とは矛盾するわけではないとする。「植民地は、国内法的には外国であり、国際法的には国内である (Die Kolonien sind staatsrechtlich Auslamd, völkerrechtlich Inland.)」とされる (Carl Schmitt [4], S. 15.)。この問題は投票権を有する能動的国家公民と、これをもたない受動的国家公民との区別に関わる。この点は第四章において取り上げる。

家」に回帰する。同時に、帝国主義支配を受けたかつての植民地も新たな「国民国家」として生まれ、国際社会のプレーヤーとしての地位を獲得した。この意味で20世紀後半とは、帝国主義体制から、国民国家秩序への回帰の時代とみることができる。戦後の再生自然法論が価値ニヒリズムに堕した法律実証主義を批判することはあっても、国民国家を自明の前提とし、またそれに疑問を呈することがなかったのはこうした背景からも理解できる。

　だがこうした状態は今日再び揺さぶりを受け、国民国家の枠組みは、グローバリズムによって過去の遺物と見なされつつあるように見える。この動きは、息を吹き返したリヴァイアサンを意味しているのだろうか。それは帝国主義の破綻と同様、実体なき資本狂乱の果てとして、再び祖国たる国民国家の枠へ回帰するのか、それとも現代はまったく新たな時代に入ろうとしつつある時なのか。このことは本書で扱いうるものではないし、判断の及ぶところではない。しかし次のことは確認しておいてよいであろう。「国民国家」の枠は、予測しうる将来において、「資本の必然」や、かつての「帝国主義」によって否定し去られるような脆弱な体系ではなく、ホッブズ的な資本と権力の盲目的な蓄積運動すらも、最終的に引き戻し、これを閉じこめ得る、きわめて強固な体系としてこれまで機能してきたということである。国民国家的公共空間の強靭さは、結局のところ、盲目的な力の蓄積運動という動態的な側面だけから法秩序を説明することが困難であり、何らかの静態的な枠を法秩序は常に要求するということを裏付けているように思われる。

　国民国家的な領域のもつ規範力は、再生自然法論と同時期に意識された、いわゆる社会国家原理を通じて、20世紀以降より強められてきた。自由放任原理は、競争の結果として一国家内に「階級」を作り出した。しかし社会国家や福祉国家原理は、こうした資本の帰結を無批判に追認することなく、公共空間内での平等原理と再配分原理を通じて、国民国家的公共空間の統一性と自己保存を図ろうとしてきた。自由競争の帰結としての階級支配は、一定の公共性観念を共有する国民国家原理と矛盾する。それ故に、国民国家は自由放任国家から社会国家へと転換することで、資本の無制限な運動を抑制し、既存共同体の保持を図ろうとしてきた。かつてルソーは『社会契約論』で、平等とは「いかなる市民も他の市民を買うほどに裕福ではなく、身を売

るほどに貧困ではないと理解するべき」[8]と喝破した。ルソーのこの言葉は、国家が、ブルジョワジーの利益追求に尽きることのない、共同体の維持そのものを目的とする平等原理を要請することを示している。「帝国主義」や「資本の暴走」により、国境を超えた経済活動の秩序が形成され、破綻するとき、最終的に回帰し、収斂する単位は、こうした平等観念が規範力を有する国民国家の枠であった。

　カール・シュミットも指摘するように、法秩序の形成に際して求められるこの「平等」は、決して無限定的な、普遍人類的なものではない。それは特定の領域を領有する国家の中での「平等」であり、「公共性」として認識されてきた。とすれば、その枠はいかなる論理によって形成されるのだろうか。このことは「国民」と「領土」が、いかなる根拠に基づき、形成されたのかという問いへとつながる。多くの場合、一定の領域を歴史的に占有してきたエスニカルな共同体、つまり「血と大地」が国民形成の母胎となってきたことは事実だが、こうした歴史的・経験的契機について、啓蒙主義自然法論は敢えて触れず、あるいはこれを無視することで、自らの論理の普遍化を試みてきた。とりわけ法の基盤たる大地（領域）がどのように取得され、確定されるのか、という問いはほとんど無視されてきた。「所有権は義務づける」と表現される所有権の公共性観念が、近代市民法の世界においては、20世紀になるまで十分に意識されることなく、理論化されなかったのは、その帰結といえよう。なぜなら所有権の公共性とは、動産の公共性ではなく、人がその上で居住し、生産する根拠としての土地利用に関わる局面で主に問題となるからである。土地は、動産と異なり、純粋な私的所有の対象としてのみ把握することは不可能であり、その上に成立する公法秩序空間の設計と切り離しがたい関係にある。主権国家が「領土国家」として現象し、「領土」が「国民」を領域的に画定する基盤であり続けたという事実と、所有権の公

---

8) Rousseau [1], p. 392 (II, 11). ルソーはさらに続ける。「国家に堅実さを与えようとすれば、両極端をできるだけ接近させよ。金持ちも乞食も許してはならない。この二つの身分はもともと分離できないもので、等しく共同利益に有害である。一方からは圧制の擁護者が出現し、他方からは暴君が出現する。公共の自由が取引されるのは必ず両者の間である。一方はこれを買い、他方はこれを売るのである。」

共性観念とを切り離して考えることは本来できないはずである。この認識に立脚するならば、公的な意味でも私的な意味でも、土地の領有と画定はいかなる論理で説明されるべきかが問題となるが、この問いは啓蒙期自然法論にとって、問われるべきではない、隠された前提とされてきたのではないだろうか。

本書はこの秩序化を可能とする原動力として「主権」と「国民」の観念に注目する。この秩序化を可能とする論理を追跡していくことは、権力の生成を啓蒙主義がいかに扱っているか、またすでに述べた「帝国主義」の生成と破綻を解明することとなる。またそれは今日のグローバリズムと、それに対立するナショナリズムの可能性と限界を認識することにも関わる。このことは身体の自己所有権のみに依拠した法秩序思想の可能性と限界を浮き彫りにすることにもつながるであろう。資本の運動というものが常に存在し、それを前提とする正義論が模索されるべきだとすれば、それを可能とする法秩序空間を構想し、再構成するという作業が絶えず行われなければならない。

2．カント国家論の意義と本書の構成

(1) カント国家論の意義

本書は上記の問題意識を背景としているが、検討の中心はカントの法哲学と国家論になる。そこで何故にカントを取り上げるかについて述べておかなければならない。

まず前提になるのが、カントの道徳哲学上の立場が今なお自由主義、立憲主義の中核的な地位を保持し続けているという点である。「幸福追求権」や「自己決定権」に見られるように、自由主義に立脚する現代の憲法上の諸制度は、カントと同様の反幸福主義の立場を基本的には採用している。カントの道徳哲学において、「幸福」の観念は、超越論的に把握することのできない経験的概念であるが、そうした概念が、後見的福祉の名で市民生活や個人の領域に介入する専制をもたらすものであり、法の理念からは追放されなければならない。ここではドイツ的な「後見的福祉国家（Wohlfahrtstaat）」が批判対象として想定されているが、幸福主義は古典的な自由主義が批判され

る20世紀以降、法治国家理念との調和を求めつつ、「社会国家（Sozialstaat）」や「社会的正義（soziale Gerechtigkeit）」として入り込み、議論の対象となっている。そして保護や規制の行き過ぎ、副作用が批判されるとき、常に回帰の対象となり、参照されるのが反幸福主義的なカントの立場といえよう。国家が何らかの特定の「善」や「幸福」の構想に立脚して、制度設計をおこない、市民生活への介入や規律をおこなうことは、個人の自律を損ない、正義に反する。この基本的立場は「配分原理」を認めるロールズにおいても継承されている。ロールズのモデルに代表されるように、カントの道徳哲学と方法論は、自由主義哲学の祖として援用され続けている。

　だがこれとは逆に、自然法の名で実質的倫理を強要する後見的かつ権威主義的な国家論としてのカント解釈も存在してきた。上記の自由主義的な解釈が、主に道徳哲学を援用するものであるのに対し、この解釈は『法論』に依拠して主張されることが多い。特に長く議論の焦点であり続けたのは、カントが大革命の理念への共感を隠さなかったにもかかわらず、徹底した抵抗権否認論者であったことである。ただこうした側面を根拠として、カントを封建的絶対主義者とみなす解釈は今日ではほぼ支持を失っている。本文でも指摘するように、抵抗権否認論は、非自由主義的ではあるが、カント国家論のもつ国民主権的な性格を示すもの、あるいは共和主義的な国家観の表われとして理解されるようになっている。カント解釈のこうした変容は、今日の政治理論や法理論上の課題と連動したものと捉えることが可能であろう。19世紀から20世紀前半までのかつての政治思想状況は、マルクス主義的な史的唯物論の強い影響下で、市民革命理念とその成果を政治的に保持しようとする「進歩主義」と、これと対立する封建的勢力ないし絶対主義的勢力としてまとめられる「反動主義」（本来封建制と絶対主義は対立するものだが、市民革命史観の中ではしばしば一つにまとめられる）の対立図式において理解されることが通常であった。カント国家論においても、これを進歩主義の陣営に取り込んだ解釈をおこなうか、それとも反動主義の一系譜に位置付けるかという理論的問題は、その時代の政治状況との関わりで、すぐれて実践性をもつ論争であったといってよい。その意味でカントの抵抗権否認論は、進歩と理性を志向する市民革命の運動に水を差し、市民革命勢力のために掛けた梯子

を、カント自らが下から外すかのような衝撃性と問題性を孕んでいた。しかしこの対立図式は、保守主義者も人権やデモクラシーの諸制度を追認し、これを前提とする改革論を展開する今日の状況にあって、ほとんど実践性や有効性を失っている。抵抗権否認論を、保守反動の理論と位置付けることは、もともと理論的にも疑問がある上、「進歩主義対反動主義」という図式が政治的リアリティを持ち得なくなった今、この理論図式を維持する実践的意義や土壌は失われている。インゲボルグ・マウスに代表されるように、抵抗権否認論を、国民主権の帰結と捉える共和主義的な理解が今日優勢となっているのは、こうした事情と無関係とは言えない。

　この意味でカントの『法論』の理解は、現代の政治哲学や憲法理論の領域において論争的な主題となっている自由主義対共和主義という図式から見直す方がはるかに生産的でありうるし、意義深いと思われる。この枠組みからは、政治参加のあり方をめぐって、闘技的（agonistic）民主制か、討議倫理に基づく理想化されたコミュニケーションモデルによる民主制か、伝統的な代表民主制かといった民主制のあり方をめぐる論争とも関わるし、平等の実質をめぐって、ロールズ的な格差原理を認める平等観、「平等の配慮」を求めるより徹底した形態、あるいは古典的な機会の平等かといった論争にも連なるものとなる。これらの議論を掘り下げる点でカントの国家論は一つの古典として、今なお数多くの示唆を与えるテキストたりえている。

　しかし本書でより強調したいことは、次の点である。カントの議論を自由主義対共和主義という枠組みで捉えるとしても、この図式をドメスティックな自由や平等のあり方をめぐる論争局面だけに限定するならば、カントの国家像をめぐるこれまでの議論に付け加えるものはない。何よりもそのような限定を加えるならば、所有論から世界市民社会の構想に至るカントの法秩序構想を全体として理解することは初めから断念しなければならなくなる。既述のように、自由主義は今日、再び国境を超えた資本の膨脹運動を生み出し、それに伴い国境や主権の相対化現象をもたらしている。自由は、主権諸国家の併存する伝統的な国際法秩序を震撼させる力をテクノロジーの進歩によって与えられ、グローバリズムと不可分の関係にある。こうした現象を背景として、従来、国民国家の枠組みで実現され、理解されてきた「自由」と

「平等」の意味理解は大きな改変を迫られる。伝統的な国民国家枠を棚上げしようとするリバタリアン的な自由主義理念は、平等原理を強調し、反国家的な立場を採ってきた伝統的左翼の支持を受けるものであると同時に、政治的には保守主義でありながら資本主義の担い手であった保守・右翼陣営からの支持も受けている。このことは反グローバリズムの支持層が、旧来の左右両翼の勢力を包含する形となっていることにも対応する。要するにグローバリズムは、旧来的な理解に基づく自由主義対平等主義のような党派対立の図式を無効化している。

　国境が相対化している今日の現象に対し、我々はカントの法秩序観からどのような認識や示唆を得ることができるだろうか。グローバリズムとの関わりで言えば、『法論』や『永遠平和論』で展開される国際的な連合が念頭に浮かぶが、その歴史的恣意性の故に、国境を非理性的な根拠なきものと見るならば、人類全体を包括するグローバルな世界国家は、理性法国家の究極の目的ということになるであろう。しかしカントは世界国家そのものを批判している。その理由をテクニカルな意味で現実性をもたないという点に求め、世界共和国を、理性法秩序の究極目的とみなしていた、と解釈するならば、今日のグローバリズムの進行とカントの議論は調和させることができるだろう。そのような解釈が成立するかどうか、これはカント解釈論としても吟味を要するが、この問題は、今後、人類がグローバルな世界国家を志向するべきなのか、それとも一定の境界内に限定される、諸国家の併存を前提とする法秩序を模索するべきなのか、という法秩序観の根底的な対立図式を形成するものでもあり、このことは既存の「国民」概念と「領土」概念に対する再考を迫るものともなる。

　このようにカントの理性法国家論について、「進歩対反動」「市民革命対封建主義」といった旧来的図式の中で議論することは、今日有効性を失っている[9]。しかし自由と平等の対立、グローバルな法秩序と国民国家の対立といった今日の論争的なテーマを考える上で、カントの国家論はいまだ多くの示

---

9)　わが国におけるカント国家論と法哲学研究の多くは、新カント派全盛期から余波の残る時期に盛んであったこともあり、こうした解釈図式への本格的な移行は学会の共有するところとはなっていないように思われる。

唆を与えると思われる。何故なら国民主権的なデモクラシー、個人主義、共和主義、さらにその基盤としての領土主権など、近代の主権的な国民国家の構成要素をすべて備えている点で、カントの国家論は、啓蒙主義自然法論の諸潮流の交錯点といえる立場にあり、現代の政治哲学や国家論に関わる論争に対し、古典としての新鮮な視点を提供し続けていると考えられるからである。本書は、こうした観点から『法論』を中心とするカント理性法論の解釈を試みるが、その過程で、否応なく顔を現し、意識せざるを得ない「政治的なるもの」[10]に注目し、これを共和主義と主権論を支えるものとして読み取っていく可能性を提示したい。

(2) 本書の構成

以上の問題意識から、本書では『法論』を中心とするカントの法哲学と国家論の検討に際して、第一章、第二章では「土地（領土）」、第三章、第四章では「主権」、第五章及び第六章では「公共空間の形成」という三つに主題を分け、論じている。

第一章と第二章では所有論を通じて「領土」の側面を検討している。ここでは土地所有権の基礎づけに焦点を当て、カントの土地所有論と所有秩序観を、ロック的な所有個人主義の理念で理解することの困難さを指摘する。私的土地所有権の確立と、公法上の領土主権の確立が密接な関係をもつこと、このことを『法論』「私法」部分のテキスト内在的な論理から示していく。すなわち、第一章では、人格上の権利が「内的な私のもの」として基礎づけられること、これに対して「外的な私のもの」としての所有権が「可想的占

---

[10]「政治的なるもの」とは問題性のある概念だが、ここで想定しているのは、「友・敵」の区分を可能とするカール・シュミットの概念に近い、「我々」の国家を「彼ら」から根源的に区別する実存的な概念である。それは実際的には言語や民族、文化的差異による集団意識に対応することが多いが、同一の言語や民族でも根源的な政治的対立が生じ得る以上、それらの概念によっては代替できない。またそれは社会契約論に引きつけて言えば、集合的人格としての国家形成をめざして契約する、一定の画定された集団を根底で支える意識であり、社会契約（が存在すると仮定しても、それ）に先行して存在し、抽象的な道徳的人格主体としての「個人」を、何らかの具体的な政治的集団へ統合してゆく概念である。

有」の観念によって基礎づけられていく過程を取り扱う。『法論』テキストの順序が「私法」から「公法」に流れている構成を単純に受け取るならば、国家法以前の自然状態において「暫定的」に成立する所有権と私法が、公法秩序と国家に論理的に優越するという見方も成立する。しかし本書はこの理解を逆転させ、ここから公法の優越を読み取っていく。『法論』は「土地」を外的な物件の「実体」とみなし、それを前提として可想的占有の観念を成立させていること、また土地の「可想的占有」が主権的権力の成立を要請している点に着目する。ここからカントの所有観はロックと異なり、個人の動産所有を想定する所有個人主義の文脈では把握しきれないこと、また労働所有説は、土地を取得する局面において、労働所有説としての純粋性と一貫性を喪失しており、土地所有の根拠づけがロック的な個人主義の枠では理解しきれないことを指摘する。

　第二章では、第一章を承け、最初の物件取得とされる土地の根源的取得の条件を検討する。カントは自然法論の伝統にならい、土地が人類の根源的共有にあるとした上で、最初の土地取得の要件を時間的な先行である先占に求めている。先占は歴史的な既得権秩序の追認とみなされることが多いが、時間的先行としての先占が、非経験的な超越論的方法と矛盾するものではないこと、また先占論において登場する所有主体が、一定規模の権力主体として想定されていること、ここからカントは、土地所有秩序の成立が領土主権の成立と同時的な関係にあると見ていることが示される。

　第三章と第四章では主権の成立と所在の問題を扱う。三章ではロックに見られる社会契約論や立憲主義成立史の中で重要な役割を演じてきた「抵抗権」がカントの主権論において否認されていく過程を検討する。ここでは『人倫の形而上学の基礎付け』からカントの自由概念を確認する。カントは抵抗権が否認されるべき理由を、国民主権下において、国民自らが権力に抵抗する事態の不可能性に求めている。だがその論拠は必ずしも一貫していない。しかしそうした混乱を含みつつも、カントは、フランス革命による国民主権的秩序と、それを包囲し対抗するイギリス立憲主義の法秩序観という対決図式の中で自らを位置付けている。カントは抵抗を正当化し、抑制と均衡という経験主義的な法概念に立脚するモンテスキュー＝イギリス型の権力分

立的法秩序観を批判する。名誉革命に見られるような、抵抗権行使による新国家の正当化は同時代においてすでに非現実的なイデオロギーになっており、そこで達成された身分的諸権力の均衡による体制をカントは「穏健な体制」とし、これを批判する。カントの意図は、あくまで封建的な法秩序を清算しうる主権的法秩序の確立にある。

　第四章では、前章の抵抗権否認論と密接な関わりをもつ「主権者」の内実を浮き彫りにしていくことで、理性法国家の国制観念を明らかにしていく。抵抗権否認論で援用される主権者は、否認論の論拠によっては、伝統的君主も包含しうる。それはホッブズ的意味での「代表者」でもあり、またルソー的な人民主権理念に基づく「代表されえない主権者」という二重の側面をもっている。こうした揺れを本書は一貫性のなさとして片付けるのではなく、その背景事情を探る。ここではすべての政治的体制が「代表性」原理と「同一性」原理の中間にあるというカール・シュミットの洞察を参考とすることで、カントの国家観において求められる集合的人格の理論が、ホッブズに代表される「代表性」原理と、ルソーに代表される「同一性」原理という二つの極致の中間で揺れ動いていたことを指摘する。この認識と第三章での認識から、カントの国家論は、主権の確立と、目的として扱われるべき「人格としての国家」の確立を目的としていたことが示される。上記の「代表性」原理への着目によって、従来カントの前近代的要素として批判されてきた、投票権を有する「能動的国家公民」と、投票権をもたない「受動的国家公民」の区分に対する再解釈も可能となることが示される。どのような民主的体制においても、投票権を行使し得ない、ある種の「受動的国家公民」は程度の差はあれ存在し、そうした集団はすでに挙げた「代表性」の原理を通じ、主権者としての国民へと統合されていく。したがってより本質的な問題として検討されるべきことは、代表される国家公民を含めた、「国民」を成立させる「政治的実存」の枠組みがいかなるものかであり、その枠組みはいかなる論理的構造によって決定されているのかという問題である。

　第五章では、第四章での問題提起を受け、「政治的実存」に由来する「国民」主権的な体制と、普遍人類的な妥当性を要求する理性法的自然法論とがどのように調和するかをカントの公法理論と国際法理論、世界市民法理論を

通じて検討する。理性法国家が、根源的契約理念のように、純粋に理性的かつ非経験的な方法で基礎づけられるとすれば、理性法秩序が全人類を包括する世界国家ないし世界共和国に至ることは自然な帰結となる。しかしそのような国家は歴史上存在しなかったし、カントもこれを否定する。ここでは世界国家を否認するカントの諸論拠を取り上げ、それを通じてカントが根源的には、小国を理想とするルソー主義的な共和主義的国家観を取っていることを読み取っていく。同時に、そこにはカント固有の（民族に由来する）「国民」観念と「国土」をも対象とする独自のパトリオティズム観念が内在していることに着目する。

第六章は、第五章での国民国家への志向に対して、「理性の公的使用」を手がかりとして、論述の少ない世界市民主義の内実を明らかにすることをめざす。共和主義者としてのカントは、国土に象徴される祖国愛を強調するが、これを普遍的な法的体制とどのように共存させようとしたのか。理性法国家論は、「国民」の政治的実存を可能とする境界設定を求める「国民国家」だが、国民国家の主権的な統制を緩和し、理性の公的使用を完全に展開させる、もう一つの枠組みとして世界市民社会を位置づけることがそこでは試みられる。このことは今日盛んに論じられている理性的な対話空間としての公共空間がどのようなものであるべきかを示唆するものとなろう。

3．『法論』を中心とするカント評価と研究

(1) 権威主義をめぐる議論

序章を終える前に、ここで『法論』を中心とするカントの法哲学や国家論がこれまでどのような形で批判ないし評価され、また今日の国家論からはどのような観点で評価されているのか、この点について最低限の確認をしておきたい[11]。

最初に指摘するべきことは、三批判書に代表されるカントの主要著作への評価と比較して、『法論』への評価はきわめて低く、長い間無視ないしは非

---

11) 以下、文献のみの紹介について、ここでは著者名と書名、出版年だけを記す。出版社については巻末の文献表を参照。

難にさらされてきたということである。そうした低評価の代表格としてショーペンハウアーを挙げることができよう。ショーペンハウアーは『意志と表象としての世界』(Arthur Schopenhauer, "Die Welt als Wille und Vorstellung", 1819) においてカントの認識論を高く評価しつつも、労働による取得を説くロック的な所有権理論の正当性について言及し、労働所有説を批判する『法論』を非難している。「私にとってカントの法論全体はもろもろの誤謬が互いに引き合っている奇妙な絡み合い」であり、「これはひとえにカントの老衰に基づく」[12]ものとされる。この批判の矛先はとりわけ、カントが所有権の基礎づけを最初の先占に求めた点に向けられる。しかし本論部分で後述するように、労働所有説批判と先占取得は—その議論に賛成するかどうかは別として—、一定の論理的根拠のあるものとして評価すべき点がある。少なくとも先占論を批判するのであれば、相応の理論が必要であり、決して「老衰」の一言で片付けられるべきものではない。しかし『法論』を「老衰」の産物とする評価は、ショーペンハウアーに限られるものではない。ベイナーの編集した、ハンナ・アレントによる『カント政治哲学講義』(Hannah Arendt, "Lectures on Kant's political philosophiy", 1992) は、『判断力批判』第一巻の重要性を説き、普遍的判断の背景として「共通感覚」に着目し、ここにカント政治哲学の意義を見出している。それによれば「法の観念はカント実践哲学において非常に重要であり、そこで人間は立法的存在者として理解されている。だがもし我々が法哲学一般を望むならば、我々は間違いなく、プーフェンドルフやグロティウスやモンテスキューに向かうであろう」[13]と、アレントはショーペンハウアーに同調し、『法論』は「退屈でペダンティック」とその評価は容赦ない。アレントの『講義』は、批判書のみならず、認識論や政治哲学、歴史哲学など多岐にわたるカントテキストを自在に引用するものでありながら、『法論』にはまったく触れられることがない。

　容易に想像できるように、こうした低評価の背景には、共和主義者アレントにとり、『法論』の国制構想があまりに権威主義的、反革命的であり、硬直的なものとして映ったということと無関係ではあるまい。理性法の構想者

---

12) Arthur Schopenhauer、邦訳、281頁。
13) Hannah Arendt [1], pp. 7.（邦訳、4頁）。

カントのイメージと調和しがたい『法論』の国制構想に対しては、古くからプロイセン的、権威主義的、官権国家的、といった非難が加えられてきた。ギールケによる『ヨハンネス・アルトゥジウスと自然法国家論の系譜』(Otto von Gierke, "Johannes Althusius und die Entwicklung der naturrechtlichen Staatstheorie", 1879) は、カントを絶対主義に仕える啓蒙主義者として描き出した[14]。このイメージは、ダリエスやスヴァレスといったプロイセンの啓蒙官僚たちが、カント哲学の徒を自任し、大王の死後もプロイセンの啓蒙改革を推進させたといった諸事実によっても補強されるものとなろう。今日でもなおこうした理解は一定の支持を得ており、たとえばヘラ・マント (Hella Mandt) は「カント政治思想における歴史・政治的にみられる伝統的要素」(Hella Mandt, "Historisch‐politische Traditionselemente im politischen Denken Kants", 1976) において、治者と被治者の立場が原理的に交換可能な、自由平等な市民たちの共同関係として「市民社会」を理解する西欧的見方とは逆に、カントは治者と被治者の関係を部分的にはホッブズ的カテゴリーを通じて理解しているという[15]。「ホッブズ的」イメージでカントを理解する立場は、テキスト内在的にも一定の根拠をもつことは否認しえず、とりわけ革命に際して表明された抵抗権否認論は、こうしたカント理解を支えるものとなっている。とはいえ、ホッブズ的なカント理解は、主権の絶対性を強調する限りで、ルソー的な理解へと反転する可能性を含んでいる。主権の絶対性が強調されるとき—その主体が君主ではなく、人民であるとしても—、それが権力正当化のイデオロギー的作用しか果たし得ないとする認識を強調するならば、キールマンゼック『人民主権　民主的正当性に関する条件についての研究』(Peter Graf Kielmansegg, "Volkssouveränität -Eine Untersuchung der Bedingungen demokratischer Legalität-", 1977) で指摘されるように、カントの説く「国民主権」観念は、人民民主主義体制を先取りする絶対主義的な契機を含んでいたとする理解は不自然なものとは言えない[16]。西欧的な市民社会の理念と絶対主義的な諸要素が共存していること、また抵抗権

---

14) Otto von Gierke, S. 211f.
15) Hella Mandt, S. 293.
16) Peter Graf Kielmansegg, S. 230f.

否認の論拠が、―その結論は否認で一貫しているが―、相互に相反するかにみえる複数の論拠が提示されているのを見るとき、確かに「老衰」と言わないまでも、『法論』テキストがきわめて不完全なものであるとの印象は拭えない。ここからクルト・ボリース（Kurt Borries, "Kant als Politiker", 1929）にあるように、『法論』は「一気に書き下ろしたのではなく、かなりの部分を様々な資料から成る草稿から継ぎ合わられたもの」であり、結果的に「欠陥ある結論構成が導かれ、荒削りな内容からもたらされる不整合をなくすことができなかった」[17]という推測も生まれてくる。

　いずれにせよ、『法論』から見出される権威主義の諸要素は、「ホッブズ主義」、あるいは東プロイセン的な「封建的残滓」などといった要素を雑多に混同させた形でまとめて非難される。しかし、こうした「前近代的」諸要素を「イデオロギー」として単純に否定するのではなく、これらの諸要素を近代市民社会の基層にあるものとして位置付けようとする立場もあり得る。マンフレッド・リーデルによる「支配と社会」（Manfred Riedel, "Herrschaft und Gesellschaft. -Zum Legitimationsproblem des Politischen in der Philosophie-", 1976）は、理性法と根源的契約が、経験的要素を残存させていた社会契約観念から、事実性を払拭したと位置付けながら、なおアリストテレス以来の古典的政治社会（societas civilis）の残存を指摘する[18]。投票権を付与される「能動的国家公民」には、自権者としての「自立性」が資格要件とされているが、アプリオリな基礎づけの中に、こうしたアポステリオリな、経験的なものが混入してくる問題をリーデルは指摘する。同様に村上淳一も『近代法の形成』において、カントが既得権とは別に、「政治状態」の中で観念的な所有を基礎づけ、古典的政治社会における所有のヘルシャフト的側面を否認した反面、「対物的対人権」の形で現わされるような家長の権利を温存しており、そこになお「自権者の法共同体」としての性格が維持されていると指摘する[19]。

---

17)　Kurt Borries, S. 199.
18)　Manfred Riedel, S. 141f.（邦訳18-19頁）。
19)　村上淳一［1］、86頁。

このような家共同体と密着しているかに見えるカント的な実質的価値倫理は、法治国家思想とナショナリズムの高揚する前三月期の自由主義運動においても支持されてきた[20]。だからこそカール・シュミットのカント理解に代表されるように、ドイツ国法学、国家学の伝統の中で、カントの国家論は、市民（ブルジョワ）的法治国家の典型として位置付けられることも可能となった[21]。一方、『法論』は、私法理論、一般民法典の編纂に対する影響という形でも評価され、あるいは論議の対象とされてきた。ヴィーアッカーは、カントの実践理性批判が、古代・中世の伝統の中に生きていた実体的社会倫理を、形式的な義務倫理と自由倫理に置き換え、サヴィニーを通じ、パンデクテン法学の社会倫理に受容されたと見る[22][23]。定言命法がツァイラーを通じてオーストリア一般民法典に与えた影響もよく知られている[24]。最近では筏津安恕『私法理論のパラダイム転換と契約理論の再編』が、カントの物権・債権の峻別論と、サヴィニーとの継承関係を指摘し、『法論』の着想がサヴィニーを通じてドイツ私法学に与えた影響を強調している。

(2) 超越論的方法をめぐる議論

以上のように、法学、とりわけドイツの実定法学に対するカントの影響は、少なくないにしても、そうした影響は、カントの保守的とも言える実質的価値倫理、つまりその家族観や教育観などが抵抗なく受容された19世紀ま

---

20) 前三月期の自由主義運動家で政論家でもあるカール・フォン・ロテックは、カントの立法概念を継承している点で、ベッケンフェルデは彼を理性法体系の系譜に位置付けている（Ernst-Wolfgang Böckenförde, S. 100）が、村上淳一［3］、64頁以降は、『国家事典』を執筆したロテックやヴェルカーは家、家族が個人主義を支えるものとして重視していたことを詳述している。
21) Carl Schmitt［1］, S. 126.（邦訳158頁）。
22) Franz Wieacker, 邦訳466頁。
23) しかしサヴィニーのカントに対する評価は単純ではない。書簡や講義録に見られる理性法則に対する批判からも、サヴィニーとカント実践哲学の間には断絶があるとする見解もある（この点は、耳野健二、1章を参照）。『使命』論文に代表される保守的なロマン主義・民族主義的国家観と、立法の役割に対する消極的な評価が、カント的な理性法国家モデルと重なる余地はないといってよい（この点は河上倫逸、第7章も参照）。
24) この点に関しては、たとえばKiefnerを参照。

での社会事情を背景とするものであって、カントの法哲学を構成する要素のうち、どこまでが真に理性的で超越論的性格を備えていたのかという点が残るであろう。『法論』が、誤解を含めて様々な程度で、同時代や後世の理論に影響を与えたことは事実だとしても、それらは偶々実質的価値倫理を共有していただけ、ということであれば、時代の変化と共に、『法論』の価値も失われていくであろう。またそうであれば、『法論』は啓蒙期に大量生産された、ありふれた自然法国家論の一つにすぎず、現代において取り立ててこれを俎上に上げ、検討する意義はないということになる。つまりアレントが言うように、プーフェンドルフを読んでいればそれで十分に足りるという指摘である。『法論』が超越論的ないし批判的な性格をなお保持しえているかどうか、つまり『人倫の形而上学の基礎づけ』で試みられた規範の根拠づけが、その法秩序構想や国家論において、どこまで貫徹されているか、という疑問は、カントの純粋哲学上の方法が実践領域で成功しているかどうかということに関わってくる。

　この点で、新カント派の立場はきわめて興味深い。新カント派は、19世紀半ば以降の唯物論やヘーゲル主義的観念論、あるいは実証主義万能の時流に抗し、カント哲学の再評価を図ろうとした運動であり、その主張は各諸潮流に分かれ、単純にまとめることは困難であるが、法哲学分野においてはカントの批判主義をカント以上に厳格に適用する、批判的法哲学の体系構築が熱心に試みられた。その代表としてシュタムラー、ラスク、ケルゼン、ラートブルフなどが挙げられよう。これらの批判的法哲学体系樹立の試みが成功したかどうかの評価はともかく、彼らに共通しているのは、カントの批判主義を評価し、これを応用する形で法哲学体系の構築に努めるものでありながら、当のカントが著した『法論』をまったく評価の対象としていないことである。ケルゼンによれば『法論』は18世紀プロテスタントの土壌から生まれた古典的自然法論の一つに過ぎず、シュタムラーにおいてもそれは批判的方法を放棄した自然法論でしかなかったのである。すでに述べたように、家共同体を前提とする対人的物権や、能動的／受動的国家公民といった『法論』の区分は、たしかにそのような評価を招きうるものがある。しかしそうした外形によって、カントの法哲学や国家論が、新カント派からもまともに相手

にされていなかったことは、不幸なことといわねばならない。

　この問題は、『徳論』を含む『人倫の形而上学』が、批判期の思想とどのような関わりの中で成立しているのかという『法論』成立史に関わる評価にも左右されうるであろう。『人倫の形而上学』に関わる書物の構想は、『純粋理性批判』（第一版）に先立つ15年前となる1765年の段階で、『自然哲学の形而上学的原理』と並んで『実践哲学の形而上学的原理』という形で構想されていたことが、「ランベルト宛書簡」で示されている（Briefe 7, X, 54f.）。しかしこの構想は実行されることのないまま、1781年に『純粋理性批判』（第一版）が出版され、いわゆる「批判期」を迎えるが、『法論』と批判期思想との関わりを考える上で、重要となるのは、1786年に出版された『人倫の形而上学の基礎付け』であろう。ここにおいてカントは『法論』で示される「合法性」と「道徳性」を区分けする「義務」の観念を明らかにしている。義務に基づく道徳性の基礎付けを明らかにした後、『人倫の形而上学』がこれに続くはずであるにもかかわらず、それは出版されることなく、翌年には『純粋理性批判』（第二版）が出版され、さらに翌1788年の『実践理性批判』へと続くのである。こうして当初の構想から30年以上を経て、大革命という近隣国家の政治的事件を横目に見ながら、1797年にようやく『人倫の形而上学』として『法論』とそれに続く『徳論』が出版されることになる。

　『純粋理性批判』は当初の構想においては、理論認識と実践認識への批判を含むものであったが、『基礎付け』を経て『実践理性批判』が成立したことにより、『実践理性批判』は「純粋実践理性批判」として、また『純粋理性批判』は、「純粋理論理性批判」の書として位置付けられることになった。このように『法論』の予備学としての『基礎付け』は、批判期の構想にも微妙な変化を与えるものといえる。『法論』を『基礎付け』の延長上にある存在と位置付けるならば、『法論』は批判的方法との間で不可分の関わりをもつということになる。しかし『法論』の構想そのものはその出版の遙か30年前に遡るものであり、『法論』が批判的方法とは無関係に成立したものと見る余地も確かにある。すでに見たように『法論』本文に見られる権威主義的・伝統主義的に見える側面は、義務に基づく法則への服従によって根拠付けられた人格的自由の理念とは無関係なものとみることも可能であるし、現

にそのような解釈がなされてきたことはすでに見た通りである。ただ『法論』のみならず、『人倫の形而上学』における「本文」部分と「序論」とを区分して評価しようとする見方も成立する。本文部分は、それが構想された批判期以前にすでに成立していたもので、「自然法講義」のテキストであるアッヘンヴァールのラテン語をちりばめたにすぎないが、「序論」部分は批判的方法が反映されているとする見方である。要するに『人倫の形而上学』を成立させる前批判期まで遡る個々の資料がすでに存在していた上に、カントがこれを批判期以降に見返し、編成した作品とみられるのである[25]。

このように『法論』を批判期以前の作品として否認するか、序論のみを部分的に評価するかという違いがあるにせよ、新カント派以降、『法論』の本論部分に対する否定的評価は長らく支配的であったといえる。ただ1970年代以降、『法論』そのものの中から批判主義的方法の反映を見出し、さらに『法論』を批判的方法固有の領域と見なそうとする動きも出てくるようになる。そのきっかけとなるのがクリスチャン・リッターによる『初期文献からのカント法思想』(Christian Ritter, "Der Rechtsgedanke Kants nach den frühen Quellen", 1971) である。リッターは、カントの法哲学は、晩年の『法論』刊行以前の、初期の頃よりすでに構想されていたものとし、『準備草稿』や『法哲学省察』を援用して、その法思想の形成を跡付けている[26]。リッターによれば、初期においても晩年においても、細かな点での学説の転換にもかかわらず、批判哲学以降の『法論』との間には連続性が保たれているとしたのである。

これに対して、『法論』の中から、批判期の哲学体系特有の性格を見出そうとするのがフリードリヒ・カウルバッハによる『後期カントの法哲学とその超越論的方法の研究』(Friedrich Kaulbach, "Studien zur späten Rechtsphilosophie –Kants und ihrer transzendentalen Methode–", 1982) である。彼によれば、カント後期の法哲学は、批判期以降確立された超越論的方法の付随的な適用領域というものではなく、『法論』にみられるその法哲学は、本来的に超越論的方法固有の領域にあるとした[27]。同様の批判としてはラインハ

---

25) 中島義道、137頁以降。
26) Christian Ritter, S. 14f.

ルト・ブラントによる「許容法則、もしくはカント法論における理性と歴史」(Reinhard Brandt, "Das Erlaubnisgesetz, oder : Vernunft und Geschichte in Kants Rechtslehre" 1982.) がある。ブラントは『法論』にたびたび登場する「実践理性の法的要請」や、他者の自由侵害を禁止する法則が一定の条件下で解除される「許容法則」[28]の重要性に着目し、これをカントの理性哲学と歴史的性格とを媒介するものとして、『法論』の中心的概念として位置付けている。この中心概念は完全に後期になってから登場したものであるとして、『法論』の構想を批判期以前から見出すリッターの見解を批判している[29]。「許容法則」の存在は、『法論』にみられた「前近代的」「封建的」といった歴史的な諸要素と批判哲学との調和を可能にする概念であり、『法論』に見られる実質的価値倫理に基づく諸制度を、理性的な制度が実現される過程の中で暫定的に承認されるものとして位置付ける。

このような見方に通じるものとして、クラウディア・ランガーによる『原則にしたがった改革　カント政治理論の研究』(Claudia Langer, "Reform nach Prinzipien -Untersuchungen zur politischen Theorie Immanuel Kants-", 1986) がある。ランガーによれば、カントの啓蒙主義は権威主義的国家に合うような形で受容されたにすぎず、権威主義国家の理論そのものではない。カントの政治哲学は実質的自然法論から手続的自然法論への転換であり、社会変革の基準として作用するものとされる[30]。また批判方法と『法論』とを調和さ

---

27)　カウルバッハの紹介としては、松本和彦［1］に詳しい。
28)　許容法則（das Erlaubnisgesetz）は、『カント事典』においても「権限（Befugnis）」の項目でわずかに触れられるに過ぎず、独立の項目をもたないが、歴史哲学との調和を考える上で不可欠の位置を占める。命令法則、禁止法則と並ぶ許容法則は、それによって「単なる権利一般の概念からは導き出せない権能を我々に付与する」(RL, VI, 247)。これによって最初の占有者に対して他者はその使用を控えるべきとの権能が付与される。つまり今後なされてはならない獲得の方法であるが、所有の状態そのものが否定されるものではない、そのような権能である。したがって永遠平和を展望する予備条項のいくつか（偽装された平和条約、暴力による内政干渉、暗殺等の禁止）は厳格法則に属し、完全に禁止されるが、その他の条項（併合禁止、常備軍禁止、戦時国債の禁止）は延期も許される、許容法則に属する (ZeF, VIII, 347)。これによって理性法国家論は硬直性を免れ得るが、同時に非理性的な歴史的現実を追認することにもなりかねない。
29)　Reinhard Brandt, S. 237f.
30)　Claudia Langer, S. 56f.

せようと努める現代の趨勢の中でもっとも包括的なカント解釈をおこなっているのが、ヴォルフガング・ケルスティングによる『秩序づけられた自由 イマニュエル・カントの法哲学と国家哲学』(Wolfgang Kersting, "Wohlgeordnete Freiheit -Immanuel Kants Rechts - und Staatsphilosophie-", 1. Aufl., 1993) であろう。ケルスティングもまた『法論』その他カントの政治思想関連について、批判主義的方法の反映とみると同時に、今日から見れば不完全なカントの民主制的な契機を歴史哲学的な位相から理解しようとする[31)32)]。

(3) 平等をめぐる議論

『法論』テキストから批判主義的方法を見出そうとする傾向は近年強くなっているが、当然のことながら、これらの論者が皆、同一の国家観や法哲学を読み取るわけではない。国家論や正義論争としては今日、古典的な自由主義を徹底させたリバタリアン的な国家像か、伝統的な社会福祉政策を重視し、「格差」や「階級」解消を主要任務とみるリベラリズム的国家像かは一つの対立図式を形成しているが、カント国家論の解釈も、この対立に巻き込まれることになる。このうち、リヒャルト・ザーゲの所論 (Richard Saage, "Eigentum, Staat und Gesellschaft bei Immanuel Kant", 2. Aufl., 1994) は、カントを所有個人主義に基づく初期ブルジョワ的国家の理論家と位置付ける、今日における一つの典型を形成している。ザーゲは『法論』第一部の私法と第二部の公法を架橋する、自然状態と市民的状態の関係把握において、自然

---

31) ケルスティングに限定されることなく、近年の『法論』を批判主義的観点の徹底として再評価しようとするドイツでの動向について、詳細な俯瞰を提供する邦語文献としては、松本和彦の一連の研究文献が参考となる。
32) このような立場からは、たとえば、樽井正義 [4] のように、カントが、人に対する人格的な権利について、物権とも債権とも異なる「対人的物権」(樽井は「物権的債権」とする) というカテゴリーで把握した点を評価する立場が生まれてくる。つまり対人的物権の前提である「家」秩序も「私」の権利として構成する個人主義的な側面に、カント私法論のもつ積極的意義が見出されるとする。たしかにカントは夫の権利、妻の権利を、物権から区別すると共に、婚姻を契約による結合と構成しながら、単なる債権ともみなしていない。このような枠組みは、今日でも身分法が民法の一部を構成しながら、総則の機械的な適用を免れ、財産法とは異なる独自の解釈を必要とする特殊領域を形成していることから見ても不自然なものとはいえない。

状態での暫定的な所有をロック的な自然権に近いものと位置付け、市民的状態における権利の「確定」を、自然権としての所有権の追認と位置付ける。こうした理解は伝統的には前三月期以来、カントをブルジョワ国家観と自由主義的な法治国家論の先駆と位置付ける公法学の領域では比較的一般的な見方であるように思われる。カール・シュミットは『憲法理論』において繰り返しカントを「財産と教養」を基盤とする市民的法治国家論の典型としている。

これと対極にあるものとして、古くはフォアレンダーなどに代表される社会主義者としてのカント、ないしは社会国家論者としてのカント理解がある[33]。今日ではザーゲのような古典的な市民法治国としてでなく、むしろ社会国家に近いものとして把握する方が優勢のようである。ゲルハルト・ルフは、『自由と平等　カント政治思想の現代性』(Gerhard Luf, "Freiheit und Gleichheit. Die Aktualität im politischen Denken Kants", 1978) において、アプリオリに結合した意志の原理から直接に所有の修正原理を導き出そうとし、ケルスティングもまた根源的契約を媒介とする、社会国家原理の正当化に論及している。こうした状況の中で、ケルスティングと並び、注目されるのがインゲボルグ・マウス (Ingeborg Maus, "Zur Aufklärung der Demokratientheorie", 1994) によるカント解釈である。「反革命」や「絶対主義」といったカント解釈が依然として強い中で、マウスはカントの立場を、啓蒙と人民主権を掲げたフランス革命の直系として位置付けている。とりわけマウスがカントから読み込み、重視しているのが、議会立法を中心とする主権的体制の確立であり、ジャコバン主義に見られる共和主義の契機である。中央集権という革命の伝統にきわめて忠実なこの理解は、20世紀後半以降の世界において、必ずしも広い支持を受けうるものではなく、アナクロニズムと言われかねないものを持っている。今日の立憲主義理解は、自由と人権保障の観点から、連邦制や分権制度が重視されると共に、議会立法の権威を超える憲法典とそれを有権的に解釈する違憲審査機関の意義が強調されているが、マウスは人民主権と民主的自己決定契機の徹底という観点から、こうし

---

33)　この点については、福井徹也 [3] を参照。

た今日の趨勢を正面から否認し、アメリカ合衆国をモデルとする自由重視の立憲主義理解を「分権絶対主義」「立憲民主制の再封建化」「身分制化」などと激しく批判している。カントをフランス革命、とりわけジャコバン主義と密接に関連づける理解は必ずしも荒唐無稽なものではなく、ルソーに酔い、大革命に狂喜したカントの一側面をたしかに捉えているものといえる。本論部分で述べるように、本書もカントのルソー主義的性格に注目し、この点に解釈の多くを負う点で、マウスの解釈とも重なる。マウスは司法を通じた個別・特殊的な人権解釈が横行し、「立法する主権者」意志の意義が棚上げされることで主権的な統一が阻害されつつある今日の現状に対するアンチテーゼとして、カントの共和主義的解釈を示している。第三章で問題とする抵抗権否認論は、カントの共和主義的な解釈によって有効に理解されうる領域といえよう。

だがこの立場は私法論に対する着目がほとんどなく、自由主義・個人主義的な契機への評価がない点で、全体主義に容易に転化する危険性を孕んでいる。またマウスの法秩序理解は、国民主権の枠組みのみから成立しており、カントが国際法、さらに世界市民法へと拡大させた契機はほとんど問題とされていない。国民国家の枠組みだけに偏した強度の共和主義理解は結局のところ、ジャコバン的独裁や人民民主主義的な専制主義国家観に陥ることになるのではないかとの疑念が残る。

(4) わが国における『法論』研究

わが国において『法論』を主要な関心対象とする研究は必ずしも多くないが、新カント派の方法論と人格主義に浸かりきったかつてのカント解釈[34]から一歩踏み出した近年の包括的な作品としては片木清『カントにおける倫理・法・国家』がある。これはわが国におけるカントの法哲学研究において、体系的で詳しい叙述といえ、『法論』の『準備草稿』や『法哲学省察』の丹念な参照がおこなわれている。とはいえ、やや古いこともあり、既述のような『法論』を批判主義的方法の反映とみるカウルバッハやケルスティン

---

34) 代表としては日本法哲学界の草分けでもある恒藤恭の著作（文献リスト参照）がある。その他、原田鋼『カントの政治哲学』など。

グラによる解釈は織り込まれず、超越論的方法の不徹底や不適合が指摘され、『法論』のもつ権力主義的契機に注目することで、その非啓蒙的性格や前近代性の「残滓」を強く読み取るものとなっている。こうした読み方に見て取れるように、著者はカント的人格主義と権威主義の分裂に思い悩むという伝統的な枠組みにとどまっている。

　中島義道『カントの法論』は、超越論的方法からの再評価を踏まえた上で、『法論』を問題としている著作としては、近年のわが国におけるもっとも掘り下げられた研究といえる。そこでは『人倫の形而上学の基礎づけ』と『実践理性批判』との関係、『人倫の形而上学』において「法論」が「徳論」に先行することに着目し、定言的命法と道徳性、適法性、法的自由について考察されている。『人倫の形而上学』は刊行の30年以上前に構想されたもので、前批判期の思想を反映しているが、『人倫の形而上学』全体と、法論、徳論それぞれに付せられた序論は、批判期以降の思想を反映したものであると中島は見ている[35]。とはいえ、そこでは具体的な私法や公法の構想に対する言及や批判はおこなわれていない。

　これに対して樽井正義の一連の研究は、上記カウルバッハ以来の『法論』再評価を受けて、「私法」論を中心とした詳細な検討を加えている。可想的占有を出発点とする所有論から、旧政治社会の残滓と批判される「対人的物権」概念と可想的占有論との関わりがそこでは掘り下げて吟味されている。カント私法論を超越論的方法から再評価を試みるわが国における有力な一角を形成しているが、「公法」部分への言及はあまりなされていないようである。

　三島淑臣『理性法思想の成立』は、「本論」部分を含む、今日のわが国における『法論』研究の一つの頂点を形成しているといえる。三島は『法論』から、「反封建」としての近代性を見出すと同時に、ブルジョワ的意味での近代性を克服する、「反近代」の性格を読み込もうと試みている。ザーゲに代表されるような、ブルジョワ的権利を確保することを目的とする道具主義的な国家観はたしかに自然状態における「暫定的権利」という点から読み取

---

[35]　中島義道、138頁。

ることができるし、これを『法論』における私法の公法に対する「論理的優越性」を認めるものといえる。ただこうした見方と並行させる形で三島は、私法に対する「公法論の存在論的優越性」とよぶべきものを、義務としての根源的契約や、実践理性の法的要請として導かれる市民的状態論から見出している。三島は、『法論』におけるこの側面からヘーゲルやマルクスに見られた近代批判につながる契機を見出している。本書もまた『法論』における「公法」の重要性に着目する点で、この三島の成果に多くを負っており、この傾向は上述した、マウス的な共和主義的・主権優位的な解釈にも通じる側面をもつと考えられる。とはいえ、国際的な平和を主題とする国際法論や世界市民社会論への言及は余りなされていない。

　以上、大雑把なものながら、これまでのカント法哲学と国家論に関わるいくつかの論点とその流れを概観したが、研究史から容易に見て取ることができるように、法哲学・国家論だけに限っても、カントの立場を包括的に理解した上での『法論』研究は、かつての不毛なイデオロギー的批判がおこなわれなくなった今日においても、特にわが国においては今なお乏しい状況にある。そのテキストの偉大さ故に、古典研究は過去の研究史研究に陥り、個々の論点だけが鋭く掘り下げられ、全体像の把握が困難になるという弊害も存在する。こうした困難さを踏まえつつ、本書は、序章の1. で指摘したような国民国家の形成という観点から、『法論』全体の趣旨を汲み取ろうとする立場に立脚する。議論の中心はカントの法哲学と国家論の解釈となるが、それは古典研究としてのカント研究ではない。ここで主題とするのは、19世紀に本格的に確立する、主権的な国民国家を基礎づける啓蒙主義自然法（理性法）論が、「政治的なるもの」を取り込み、自らを実現していく過程を解明していくことにある。

第一章 「実体」としての土地
―労働所有説批判と可想的占有論―

1. 土地所有とその政治性

　何を譲渡しうるか、あるいはできないか、という線引きをめぐる問いは、哲学的所有論の課題であるだけではなく、所有秩序としての市場がいかに生成されるべきか、またその生成に際して国家は何を規制し、どこまで関与できるかという、法哲学・国家哲学上の論点と交錯する地点でもある。モノを獲得、所有し、交換することは人間の生存にとって不可欠の営為だが、人間が何らかの法秩序の中で生存する存在だとすれば、その営為は法秩序内で、正当な行為として承認される必要がある。所有、譲渡といった経済行為には、常に何らかの意味での正当化と法的位置づけが法共同体の中で与えられなければならない。この法共同体を広義の国家と捉えるのであれば、所有論は、常に、何らかの特定の国家像と結びつかざるを得ないし、ある特定の国家構想を具体化するためには、その構成員の財産と経済行為をいかなる論理の中で秩序づけるかが不可欠の課題となる。所有論は、つねに国家論と結びつくことで、自らを実現するという関係にある。

　ところでロックに代表されるような、啓蒙期の自然法的国家論は、身体の自己所有とその延長としての外的なモノの「所有」に、個人の不可譲の自由を見出し、これに依拠して自然法上正当とみなされる国家像を提示した。カントが『法論』において、第一部を「私法」とし、これに続けて「公法」を置いたことはこの伝統の系譜上にあるものといえるが、この構成を重視し、カントの『法論』から、私法の先行的性格と、公法への移行という要素を重視するならば、フランコ・ヴォッタ[1]のように、カントの国家論を、ロック

と同様に、最小限の国家規模を要請する「所有個人主義」の理論と読むことも可能となる。カントを市民（ブルジョワ）的法治国家論者とみる立場は、程度の差はあれ、このツォッタのような所有個人主義的な見方を共有するといえる。これに対し所有は、普遍的立法意志の下にある市民的状態ではじめて確定されるという契機を重視するならば、所有の公的な配分の可能性を読み取り、社会国家論としてのカント国家論という見方も可能となる。いずれの見方を取るにせよ、『法論』における「私法」と「公法」の構造的連関を明らかにすることの意義は、経済・金融政策のあり方がつねに最大の政治課題となる現代において、強まりこそすれ、弱まることはない[2]。この意味で自然状態における暫定的所有と市民的状態における確定的所有、という対立図式の中で、カントの国家論をブルジョワ的なるものか、社会国家的なるものかを検討する意義は、現代においてもそれなりの意義をもっている。

　だが本書の問題意識によれば、カント所有論を検討する意義は、この対立図式を掘り下げることではない。ブルジョワ国家か、社会国家かを巡る対立は、既存の国民的な主権国家という枠組みの中で、国民の財産秩序をどのように規律づけるか、つまり自由重視論と平等重視論という、いずれの一方も完全否定されることのない、立憲的秩序を前提とする地平での論争でしかないからである。この問題意識からは、序章で触れたように、グローバルな帝国的な法秩序と理性法論との関わりが見えてくることはない。ここで問題とするのは、啓蒙主義自然法論の枠組みにおいて、特定の境界（領土）を要求する「政治的なるもの」としての主権国家が、どのように埋め込まれているかということである。この問題意識に基づき、本章では労働所有説批判と結びついているカントの土地論とその政治的含意について注目する。

　ところで超越論的に基礎づけられるべきカント所有論にとって、所有の対象が土地か動産かということは二次的・副次的なものにすぎず、所有の根拠づけにおいて区別を設けるのは批判主義とは無関係であるとするのが、今日でも広く流布する見方といってよかろう。この見解によれば、カントが土地を物件の「実体」とし、「最初に根源的に取得されるもの」と説明している

---

1) Franco Zotta, S. 36.
2) Carl Schmitt [2], S. 24.

ことは理解困難となり、結果的に『法論』は「超越論的方法の不徹底」な「反動」の産物とみなされる。しかしながら土地に特殊性を認める思考を封建主義の残滓と片付けてよいか、検討の余地はないのだろうか。近代の国家が、海洋に対する法的な管轄権を放棄することで海洋を「自由」とし、さらに海洋勢力の根拠地を含む陸地への完全な法的管轄権を徹底することを通じて、均質な主権的法秩序を確立したという歴史的経緯を重視するならば、カール・シュミットが言うように「大地は神話的な言語において、法の母と名付けられる」ものとなり、土地を実体視するカント的な観念や思考も生きてくると思われるからである。

シュミットは海洋に対して、大地の有する特性を三つ挙げている。耕作という力の投入とその結果としての収穫という関係の中で、大地は正義の尺度となること、また一定の分配を可能とする確固たるラインを土地は示すことができること、大地はその確固たる基礎に基づいて人間の共同生活と場所の確定を明確にするという点を挙げ、これらの特性をまったくもつことのない海洋とを対比させている[3]。シュミットによれば「陸地取得は、内と外に向かって、すべてのそれ以後の法の基礎になっている最初の権原」となるのであり、それ故に陸地の取得は、公法と私法、支配と私的所有権、"Imperium" と "Dominium" といった区分に先行する。この見解を補強する過程で、シュミットはロックとカントを引用する。ロックによれば政治権力の本質は土地に対する管轄権であり、この認識はノルマンディー公ウィリアムによるイングランド征服によって開始された中世土地封建法の伝統の中にある。またカントが土地に対する上級所有権を認めていることをシュミットは指摘し、所有と秩序が土地の根源的取得に由来するものであるとしている。その意味で「土地における一切の物件を私のもの・汝のものとに分配する法律」はいかなる意味での実定法律でもなく、「まったく具体的・歴史的かつ政治的な出来事である土地取得の真の核心であり、そうあり続けている」[4] という。

シュミットのこの解釈をいかに評価するかはここではまだ留保しておかな

---

3) Carl Schmitt [3], S. 13.
4) Carl Schmitt [3], S. 18.

ければならない。ただこの理解は、土地の取得にはじまる啓蒙主義自然法論の国家論がいかなるメカニズムの中で「政治的なるもの」を自らに組み込んでいくかということの仮説であり、本書の問題意識とも合致する。土地が単なる私的所有権の対象にとどまるものではなく、公法の基礎となる法秩序の淵源でもありうること、この観点からカントの所有論の構造を明らかにしていこう。

2．「内的な私のもの」から「外的な私のもの」へ

　カント所有論[5]の特性とその公法秩序・国家観との関わりを考える上で、最初に確認しておくべきことは、法（権利）と外的な自由がいかに理解されているかという点である。『法論』の第一章は「外的なある物件を自分のものとしてもつありようについて」とする表題から始まり、続けて「外的なある物件を取得するありようについて」と題される第二章中において「物権」、「対人権」、「対人的物権」といった私権の基本的分類がおこなわれる。そして第三章「裁判所における主観的に制約された取得について」において私法の部は終了し、第二部「公法」へ移行する構造となっている。カントの法体系は、自然状態を前提とする啓蒙主義自然法論の伝統に従いつつ、私法―私権と公法―公権とを体系上区分することによって、公法と私法の二元的な構造を提示している[6]。

　しかし「公法と私法」を議論する前段階として、『法論』は「法論のため

---

[5]　「所有」の語について Besitz が通常は占有、Eigentum は所有、所有権を指すことが多い。しかしここでの Besitz は実定民法上の意味での「占有」を意味するものではない。したがって併せて、「所有論」と表示する。特に区別が必要な際には原語を付する。

[6]　グロティウスの理解によれば、自然状態における権利とは、「私法」上の権利に限定されるものではなく、刑罰権の行使や戦争権も含むものであった（この点について、詳細は、太田義器147頁以下を参照）。カントのいう自然状態はこれに対してはじめから理念的であり、主権国家成立後に制定される私法と私権の論理的前提として、自然状態が語られる。とすれば「先占」による「最初の土地取得」は、あくまで私法上の意義をもつ行為にとどまるのか、何らかの意味での権力的・公的意義を備えるものと理解すべきかが問題となる。この点については第二章で検討する。

の序論」を設け、法論の性質、法の概念、法の普遍的原理、法と強制を問う形で法一般についての考察を進め、実定的な法秩序を形成する基礎的な観念を確認していくが、私的所有権の根拠づけにおいて、大きな役割を果たしているのが、「生得的権利（angeborenes Recht）」と「取得的権利（erworbenes Recht）」との区分である。そこでは法（権利）を、客観的意味における法と、主観的意味における法とに区分しているが、前者の客観的意味の法を、自然法と実定法とに区分し、これに対して他人を義務づける力としての法、すなわち主観的権利を「生得的権利」と「取得的権利」とに区分している（RL, VI, 237）。個人の自然権としての権利能力の規定はここから始まる。この区別は文字通り、取得されたものか、生得的に享有するかという違いに由来するが、そもそもこの区分にはどのような実践的意義があるのかが問題となるが、そこで着目されるべき点が「内的な私のもの／外的な私のもの」との対応である。

「内的な私のもの／外的な私のもの」の区分は、カントがテキストとして使用していたアッヘンヴァールの『自然法』にも見られるもので[7]、カントの独創にかかるものではないが、カントはこの二つを、権利を享有する仕方に対応させている。前者の生得的権利とはただ一つの「内的な私のもの」ものとされ、それは「一切の法的行為と無関係に、すべての人各自に本性上に帰属する権利」（RL, VI, 237）である。具体的には他人の強要的意思からの独立を意味する自由、生得的な平等、さらに「自分自身の主人（sein eigenes Herr）」を意味する「自権者（sui iuris）」[8]として理解される。この説明から

---

7) 「あらゆる財（Gut）は、人間の内におけるものか、人間の外におけるものである。前者は内的なものであり、後者は外的なもの、もしくは外的な状態にある財である」（Gottfried Achenwall, S. 91, § 264）。
8) カントは「自権者であること」を、生得的な権利と捉えており、ここでの「自権者」は土地所有者であると同時に政治的支配権を行使した伝統的な「自権者」ではない。カントは経済的独立や土地所有等をもつ市民を「能動的国家市民」とし、この階層の人間のみに投票権を承認するが、カントはこうした市民だけを「自権者」と呼んだわけではなく、国家をこうした「自権者」の共同体と捉えていたわけでもない（これに対して村上淳一［1］、86頁）はカントの所有論が所有権のもつヘルシャフト的要素をはじめて積極的に否認したと評価しつつ、そこで構想される社会は「自権者たる家父長の社会」と理解する）。リーデル（Manfred Ridel, S. 137f.）は、カントのいう能動的国家市民

分かるように、生得的権利とは、一切の法秩序に先行する、自然的な、「内的な私のもの」として理解される。「自分自身の主人」という表現からも見て取れるように、カントは生得的な権利を「所有」の枠組みによって理解している (RL, VI, 238)。問題となるのは、この生得的権利と取得的権利は、同じく理性の法則から導かれるアプリオリな法命題でありながら、前者はあらためての論証を要しない、私が私であることから分析的に導かれる命題であるのに対し、後者は総合的な法命題であるという点である。生得的権利からは、身体の自由とその不可侵性が必然的に導かれる。ここから同時に「私の身体」と経験的・物理的に結合した物件の占有に対する権利も導かれる。私が今、現に所持しているりんごを私から奪うことは「外的な私のもの」に対する侵害ではなく、「内的な私のもの」に対する侵害である。「経験的占有」に対する侵害は、「内的な私のもの」への侵害として構成される。だから「法に適った経験的占有についての命題は、ある人格がそれ自身についてもつ権利を越え出ることはない」(RL, VI, 250) のである[9]。

しかし法とは「ある人の意思が他人の意思と自由の普遍的法則にしたがって調和させられうるための諸条件の総体」(RL, VI, 230) と考えられる以上、時間・空間的限定を受ける経験的占有の諸条件をすべて捨象した上で、外界に対する支配、つまり「私の外にある物件を可能とする命題」、つまり「外的な私のもの」を、いかにして他者との調和の中で論証していくかが次に問題となる。それゆえに「内的な私のもの」は、外的な自由を規律する法の領域で問題となるものではなく、「序論」部分に組み込まれる。すなわち法秩序の基礎付けとして主に扱われるべきは、「外的な私のもの／外的な汝のもの (äußere Mein und Dein)」の根拠づけである。

　像について、アプリオリな原理による政治・法制度の基礎づけと、アポステリオリな原理による基礎づけとの混在としつつも、カントの立場を「自権者たちの共同体」とするような解釈は正当にも採っていない。
9) 三島淑臣 (125頁) は、「占有」について、生得的権利から直接に導かれるものと、「外的な私のもの」としての取得的権利から導かれるものとの二種類に区分している。「内的な私のもの」としての生得的権利についてはあらためての論証は必要ない以上、経験的－物理的占有については、論証すべき対象とはされない。それ故に「ある人格がそれ自身についてもつ権利を越え出ることはない」のである。

2．「内的な私のもの」から「外的な私のもの」へ　37

　このような事情から、『法論』本論となる第一部「私法」での検討は、「外的なあるものを自分のものとしてもつあり方について」の考察から始まる。ここでカントは他者の利用を排除しうる権原をもつ「外的な私のもの」を「法的な私のもの（rechtliche-Meine）」と規定するが、これを可能とする条件は、「他人が私の同意なくそれを使用しようとすれば、私を侵害するであろう」（RL, VIII, 353）という形で私と結合している関係が存在することである。この状態は「占有（Besitz）」とよばれるが、この占有が法的な意味をもっていると言えるために、経験的・物理的な所持をしていなくとも、物件が私と結合しているといえる状態でなければならない。「私がたとえ物件を現実的に占有していなくても、なおかつ私が侵害されることがありうる」ような意味あいをもっていれば法的な占有としては十分であるし、また法的な性格というためには、占有主体と物件との間で、時間的・空間的な結びつきを要件とするものであってはならないということになる。

　法的占有を可能とするこの観念を、カントは特に「可想的占有（intelligibler Besitz）」とよび、時間的・空間的な結合関係にある物理的・経験的占有に対置させている。この可想的占有の観念によって、物件を物理的に所持していない状態でありながら、「外的な私のもの」への侵害可能性が生まれる。盗まれた私のナイフは、現在物理的に所持していなくとも、返還を請求できるし、手元にない金銭についても、いまだ充足されていない債権として私はその返済を他人に要求しうる。問題はこうした観念の存在をいかにして証明（演繹）するかであり[10]、『法論』の§6以下ではこの非経験的な観念の証明が試みられる。私の身体と物理的に結合した物件については「内的な私のもの」として自由の理念から分析的に導かれるものとして説明することができる。だが私がその物件を占有していないにもかかわらず、それを「持つ」といいうる「可想的占有」の観念はいかにして可能になるのか。この課題は、

---

[10]　カントの批判哲学において「演繹（Deduktion）」は、帰納法の対比として存在するものではなく、法廷における法的論証としての意義をもつ。正しさの論証はより上位の正しさを援用するほかない以上、究極の正しさを論証することは不可能であり、カントの試みていたことはいわば超越論的な演繹であった。このことについては、浜田義文「法廷としての『純粋理性批判』」、石川文康『カント　第三の思考　法廷モデルと無限判断』を参照。

「いかにしてア・プリオリな総合的法命題が可能であるか」という形で問い直される（RL, VI, 255）。この問題設定は、第一批判において問われる「いかにしてアプリオリな総合判断は可能か」という問いに対応しているが[11]、この問いに対し、カントは、理論理性上の認識によっては答えられるものではないとする。もし自由が理性によって定立されるア・プリオリな命題であるとすれば、「私の意思の外的な自由」も、普遍的法則にしたがい、他者のそれと調和しうるものとして実現されなければならず、そのためには、時間的・空間的条件からは捨象された形で私と結合した「持つこと」一般が想定されなければならない。逆にもし、この意味での占有が認められないとすれば、意思の外的な自由が否定されてしまい、理論理性からの要請とは矛盾する背理に陥ることになってしまう。「可想的占有」は批判書によって採用された理性のアンティノミーを援用した論証によって、すなわち「実践理性の法的要請」によって導かれるものとされている[12]。

　こうして導出された可想的占有を以て、『法論』の「私法」は、「権利一般」を可能とする観念とし、単なる物権（所有権）の基礎観念以上の位置づけを与えている。すなわち権利の客体となりうるものすべての基礎にあるものをカントは可想的占有に求める。その対象として挙げられるのは、有体的な物件に加え、ある特定のおこないに向けられた他人の意思、さらに私との関係における、ある他人の状態、つまり妻子、僕婢などに対する「物権的様相をもつ対人権」の3つである。これらの客体に対応して、私法上の権利

---

11) 純粋理性批判で展開される超越論的方法は、アプリオリな総合的法命題としての可想的占有の証明に成功しているかどうか、この点を肯定的にみる立場としてはカウルバッハの議論が必須だが、最終的には成功していないとみる立場が支配的である。Kersting [1], S. 228f. も指摘するように、この証明はなお矛盾あるものとして問題性を孕んでいる。カントはこの問題に対し、最終的に「実践理性の法的要請」により決着をつけようとする。しかしその論理構成が成功しているかどうかの検討はここでの課題とはしない。
12) 可想的占有は経験的占有を前提とし、経験的占有は可想的占有を前提としている点で、『法論』における可想的占有の論証は成功していないとする見解もある（片木清、119頁）。しかし「いかにしても洞察しえない」とカント自身が述べているように、理論理性上の認識としてはもともと不可能であり、これを以て論証に成功していない、というのは批判として失当であるように思われる。

は、物権、債権、物権的な対人権という3つの形態に区分され、この3つに基づいて私法体系全体が構想されることになる。

この体系は「物権的な対人権」という問題性をはらむ類型を含みつつも[13]、後のサヴィニーに援用されるような独立した私法体系の基礎を形成している。カントは、ヴォルフに代表される「義務の体系」としての大陸型の啓蒙主義自然法論を、「権利の体系」に転換せしめたとされるが、このような転換を可能とする出発点は「可想的占有」の観念にあると見てよい。可想的占有の観念は、権利の非経験的な、超越論的性格をあらわすものとして提示された超越論哲学の問題意識から生まれたものであるとしても、実践的には「権利」中心に構成される統一的な私法体系の基礎という性格も併せもつものと理解することができるのである[14]。

こうした理解を貫徹させるならば、可想的占有の観念は、国家ないし公法秩序から独立して先行する私法体系を形成するものとして、前国家的な自然権の基礎であるとの解釈が可能となるであろう。カントは自然状態を以て「外的な私のもの／汝のもの」が暫定的に成立する状態と理解し、これに法的状態を対置し、「外的な私のもの／汝のもの」が公権力によって確定され

---

13) この特殊な権利類型を、直ちに家父長主義を背景とするイデオロギー性の現われとして否認するべきではない。家父長主義が公式に否定される現代の市民法にあっても、身分法上の権利は、一取引ごとに解消されるものではなく、継続的かつ人格的な結合を前提とする点で、債権と同視することはできず、また物権的な構成が適切であるわけでもない。カントの方法論や社会観に立脚しなくとも、別の類型に入れる根拠は存在する。物権的な対人権が、あらたな権利の類型をめざしていたことについては、三島淑臣、167頁以降を参照。

14) 筏津安恕（121頁以下）は、カントが「法的占有」を権利と交換可能であることを見出し、可想的占有論を単なる所有の基礎づけとみるのではなく、権利体系への転換を可能とするものとみている。実体法上の権利としての物権と債権の区分もまた、従来の契約中心主義的な構成から、可想的占有を上位概念とする権利体系への転換を反映しているものと位置づける。筏津の成果は、『法論』を啓蒙主義自然法論の系譜に位置づけつつ、その根源的な転換を図り、サヴィニーに代表されるドイツ私法学の体系思想の基礎を作ったことへの認識を深めさせるものである。とはいえ、このことは逆に、サヴィニー以降、私法学と公法学とが分離・断絶してしまい、私法学が国家論との交渉を一切もたなくってしまった淵源としてカントを位置付ける見方にもつながってくる。ここで問われるべきは、カントの私法上の体系が、同一の書で展開される公法論や国家論とどのような有機的な連関を示しているか、ということである。

るとみている。しかし、ここでいう自然状態と法的状態が、時間的にどのような関係にあるのか、また存在論的にどのような次元に置かれているのかが必ずしも明らかではない。§9では、自然状態においてはその権利は「現実的」だが、暫定的な占有でしかありえないとしている（RL, VI, 256）。また「確定的な占有を可能とする法的状態への移行を快しとしない」人間が、自然状態における暫定的な享有を侵害しようとする行為に対して、これに「抵抗する権利をもつ」と述べているように、自然状態は単なる論理的仮構とはされず、一定の現実性をもつ歴史的・経験的な次元として捉えられているように見える。「すべての人々と相互に隣接する関係が不可避なのだから、自然状態を出て法的状態へ、つまり配分的正義の状態へ移行するべきである」とする公法の要請は、法の概念から分析的に導かれる（RL, VI, S. 307）。この要請はアプリオリなものとして理解されるが、ここではなお、法的状態以前の自然状態が経験的次元で存在しているかのように解釈する余地が残る。

　そうなると、カントの所有論は、『政府二論』のロックと同様に、国家の形成を促進・指導する自然権としての機能をもつという理解も可能になってくる[15]。すなわちカントもまたロックと同様に、所有優位、私権優位の、ブルジョワ法的な意味での「近代的」な国家論を採用しているかにもみえるのである。とはいえ、この部分だけを取ってカントの法秩序観をザーゲの解釈にならい、「近代」の「所有個人主義」的な法秩序観の持ち主と直ちに断定することにも問題がある[16]。というのも、可想的占有の観念は、意思の外的

---

15) カントの「自然状態」をロック的な意味での「社会状態」として、前国家的な自然法秩序と見ることにも大きな困難がある。たしかに暫定的な意味で「外的な私のもの」を成立させる構造はロックと同様の、自然権的な所有権を承認するものであるかにみえるが、同時に「自然状態」から「法的状態」への移行は、「暴力」と対置される「法」の概念から生じるものとされているからである。すなわち、外的にしたがう法則のない自由の状態にとどまり続けようとする状態は、「互いに攻撃をしあうとしても、相互に不法をなすことにはまったくならない」（RL, VI, 307）。ここでは自然状態において主権者の定める法が存在しない以上、違法合法の区別はないとするホッブズ的な自然状態モデルが見られる。しかし同時に、この自然状態に留まろうとすることは、「最高度の不法を犯す」ものとして、やはり法的状態のもつ規範的な側面が維持されている。こうしたホッブズ的な側面とロック的側面の混在は、『法論』のみならず、『省察』『準備草稿』を含め一貫しない形でみられる。

自由を可能とするための、法の理念から要請されるものであり、ロックのように、経験的存在としての個人や労働によって導かれる所有の観念とは基本的な性格を異にするはずだからである。ロックの場合にはその所有論から、その構想する法秩序を容易にイメージできるが、カントの場合、その所有観と、公法秩序観との間にある必然的な関係性はなお見えていない。「可想的占有」は、いまだ「所有権」ですらない以上、そこから法秩序全体の構想を直ちに導き出すことはできないからである。それ故に可想的占有論は、有体物の所有の権原を認める具体的な「物権」へと議論の中心を移行することが不可欠といえる。

可想的占有と権利に関するこうした不明瞭な関係性を理解するために、ここでは次にロックに代表される労働所有説をカントがいかに見ていたかを検討し、カントの所有観を明らかにしていきたい。そもそも所有に対する可想的な権原を認めることと、労働を通じて、身体の自己所有の延長上で物件の取得を認める論理とは、いわば相反する関係にあるが、『法論』で展開されている労働所有説批判の立場を、カントもはじめから確立していたわけではなかった。批判期以前のカントは、労働所有説を信奉していたが、批判期以後、『法論』の時期において、労働所有説に対する明確な反対を表明する。可想的占有論の提示は、労働所有説的な法秩序観の何を転換しようとしているのだろうか。

3.「身体の延長」と占有の可想的性格

(1) ロックの労働所有説

所有論の基礎となる可想的占有は、「権利」の非経験的性格を明らかにす

---

16)「近代」の概念は多義的だが、三島淑臣（118頁）の整理によれば、「近代」には封建的秩序や法制度の克服という意味でのそれと、「ブルジョワ」的意味での市民社会・資本主義的な諸制度の克服という二つの意味が見いだされる。国家に先行するブルジョワ的な意味での市民社会と法の思想が前者の意味での「近代」性であり、可想的占有の思想からはまぎれもなくこの要素を見出すことができるわけだが、問題はこの意味での「近代性」ではカバーできない、「国家」の優越的性格が、カントにおいては見出されるのではないかということである。

るものであって、これ自体が所有権の規範的正当化を意図したものではない。これに対してロックは「身体の自己所有」という「内的な私のもの」を前提とした上で、労働を媒介として、外的物件を自己の身体の一部とするべきとする規範的な論理に外的所有の根拠を求めている。この規範的な性格を備えた所有論が最終的に国家の正当化根拠を提供することになるが、これに対し、可想的占有は必ずしも特定の国家観を演繹するわけではない。この点でカントの立場は、ロックの労働所有説とは相容れないものに見える。

しかし批判期後期に位置する『法論』以前においては、カントは労働所有説に敵対していたわけではなく、むしろその信奉者であった。しばしば例に挙げられるように、『美と崇高に対する省察』の準備草稿では、カントは「木を伐採」する行為を「私を徴表する」ものとして捉えているし（GSE (BMK), XX, S. 66)、『自然法講義』で、カントはグロティウスやプーフェンドルフ以来の、伝統的な先占理論を踏襲するアッヘンヴァールの自然法教科書を使用しつつ、「労働による所有」に近い論理を展開している[17]。こうした点を考慮すると、労働所有説へのカントの共感はある時期までは相当強いものであったと推測できる[18]。しかし理論的には明らかに明瞭さを損ない、また政治的には反動化、反個人主義化とみなされ、あるいは老衰などと批判される、労働所有説批判への転向は、どのような背景から生じているのか。またその転換は批判期以降の方法との間で、理論内在的な必然性があったのかが問題となる。そこでここではまず、ロックの労働所有説について確認することにしよう。

---

17) 「ある人が最初に或る土地を発見し、そしてそこに旗を立てて、占有をした場合に、彼はまだその土地に対して何らの権利ももっていない。しかし彼がその土地を加工し、その土地に彼の力を用いた場合、彼はそれを把捉する（apprehendirt)」（Kants gelesen (1784), XXVII, II, II, 1342)。この部分を見る限りでは、カントは apprehensio の契機を重視しており、労働とは apprehennsio を成立させるためのものという位置付けとなっている。

18) 髙橋洋城［1］、42頁によれば、初期カントの労働所有説は、基本的に「徴表―労働所有説」であり、身体の自己所有と労働、それに基づく獲得が論理的に不可分な関係にあるロック的な労働所有説とは異なるとしている。要するに労働を重視する初期のカントにおいても、その所有理論は必ずしもロックのものとは同一ではない。

3.「身体の延長」と占有の可想的性格

　ロックの所有論は、『政府二論』[19]の後編第5章において詳細に展開されているが、その第一の出発点といえるのは、人は出生により、生存のために自然の物を取得する権利を認められるとする自然権である。もともと地上に存在する被造物は本来誰の独占物でもないが、神は「生活上、それをもっとも有利に利用するための理性とさらに便宜を与えた」。それ故に「大地が自然に生み出す果実や養う動物はすべて、自然のおのずからなる手によって生み出されたものであるから、共有物として人類に属する」(§26)。「自然状態」においては、全地とその被造物が誰にも帰属しないこと、あるいは共有状態にあることは自明のものとも思われるが、このテーゼはいうまでもなく、神がアダムとその子孫に世界を与えたとするフィルマーの家父長国家論の否認を意味している。しかしこのことは「家父長的専制国家論対個人主義的国家論」といった対立図式の形成だけでなく、後に述べるように、法秩序観の大きな転換を含むと考えられる[20]。

　問題は、本来、神によって付与され、共有の状態にあるはずの自然物について、諸個人がこれを独占的に占有、利用する権原がいかに認められ、正当化されるかである。所有論を展開する上での最初の課題となるこの問いに対し、ロックは「大地と人間以下のすべての被造物はすべての人々の共有物であるが、しかしすべての人間は自分自身の身体に対する所有権（property）をもっている」(§27)とする、いわゆる身体の自己所有テーゼを提示した上で、次のように言う。

　　「彼の労働、彼の手の働きはまさしく彼のものであるといってよい。そこで

---

19)　ロックの『政府二論』の引用については、John Locke, "Two Treatises of Government", edited by Peter Laslett, Cambridge UP, 1970のパラグラフを本文中括弧で記す。

20)　ここではフィルマーの議論に入り込む余裕はないが、本書との関係で確認しておくべき点として、その家父長論が家父長的専制のイデオロギーであったということとは別に、フィルマーの考えている法秩序観は、法秩序の根拠を血統的な正当性に求めるもので、主権的な国際秩序が成立する以前の、いわば属人主義的な法秩序観を反映したものであったといえる。誰の承認も必要とせず、労働により土地を取得した所有権者たちの契約によって成立する法秩序は、必然的に属地主義的な法秩序観につながる点で、フィルマー的な法秩序観と好対照をなしている。

彼が自然が備え、そこにそれを残しておいたその状態から取り出すものは何でも、彼が自分の労働を混じえたのであり、そうして彼自身のものである何者かをそれに付け加えてたのであって、このようにしてそれは彼の所有となる。そのものは自然によって置かれた共有の状態から、彼によって取り去られたものだから、この労働によって他人の共有権を排除する何かがそれに付け加えられたということになる（§27）」。

ここで想定されているのは、いわば原始的な採集経済である。万物は共有状態にあるが、人は生存のために食物を自然から取り出し、この時点ではじめてそれは彼の所有に帰する[21]。このような状態において、可想的占有の観念が必然的に要請されることはない。なぜならここで想定されている事態は、ある人がある物件を文字通り、物理的に把捉している状態を意味する「所有」であって、自らが手にしていない「外的な物件」を、自分の所有と主張することが求められる事態ではない。言い換えれば、現に私が物理的に所持している物件を私の意思に反して奪い去ろうとする行為は、カントに引き写して表現するならば、「内的な私のもの」に対する侵害として構成することで十分に否定できる。この段階では、私の身体から物理的に離れた「外的な私のもの」に対する権原、すなわち可想的占有を語る必然性はない。

むろん獲得された物の蓄積や、その取引を必要とする所有秩序が成立するためには、このような原始的な、「内的な私のもの」だけを想定した所有論はすぐに不十分となる。市場取引が安定しておこなわれる所有秩序が成立するためには、自己の身体を離れて存在する「外的な私のもの」に対する支配権原を説明することが次に必要となる。可想的占有とは、すでにみたように、ある物件について私がそれを物理的に所持していなくとも（自らが労働を加えて獲得した物かどうかはともかく）、それは私の物とみなされる占有で

---

[21] 自然状態において「共有」されている物件・財は、最終的に個人の排他的支配に服することになるが、これを可能とする論理をどのように構成するかについては問題がある。ウォルドロン（Waldron, p. 153）は、共有について、プーフェンドルフと同様に、「消極的共有（negative communism）」と理解することによって、複数の人間による分割請求の可能な民法上の共有とは別に理解する。消極的所有は、特定の人間に帰属していないが故に、誰もが取得しうる状態として理解しようとする。

ある。この権原を認めなければ、所有物の拡大や蓄積も、また所有秩序の成立も説明できない。可想的な占有の観念が必然的に要請されるのはこの段階である。

　ではカント的な意味での「可想的占有」の契機を、ロックはどのように構成しているのかといえば、それは「自分自身の身体に対する所有」の延長上で理解される。すなわち自分自身の身体と同様に、「彼の身体の労働とその手の働きはまさしく彼のもの」であることを根拠に（自然の共有物が他人にも十分に残されている場合には、という条件設定をしつつも）、「ひとたび労働が付け加えられたものに対しては、彼以外の誰も権利をもつことはできない」のである（§26）。

　　「こうして私が他人と共有権をもっているいずれかの場所で、私の馬の喰う草、私の召使いの刈った芝草、私の掘り出した鉱石は、誰の譲渡も同意もなしに、私の所有物となる。私の労働がそれを、それが置かれていた共有の状態から取り出したのであり、こうして私のものであった労働がそれに対する私の所有権を確立したのである。」（§28）

　外的な物件は、私がどんな労力を払おうと、労働を混入しようと、それは私の身体そのものとは異なる。カントはこの点を「内的な私のもの／外的な私のもの」として区別をつけようとしていた。これに対してロックの場合、「労働の混入」によって「自己の身体」と外界を区分する境界線は移行し、外界にあった物件は、「自己の所有物」として自己の内に取り込まれ、「自己の身体」との間でなし崩し的な一体化が進行する。私の所有物に対する私の権利は、私の身体に対する権利と同様に、自己のアイデンティティを構成する要素である。こうして当該の加工された物件は、労働者の身体から物理的に離れても、その者の所有物であり続ける。私の労働によって取得された「私の馬」が、手綱を離れてどこを歩いていようと、それは私の馬であり続け、私の馬が食べた草もまた私の権原にある。こうして私の身体から離脱した外的な物件に対する支配の権原は、「可想的占有」といった非経験的な観念を必要とすることなく、ロックにあっても当然に認められるのである。外

的な私のものは労働の混入によって、「内的な私のもの」の一部となるのである。

(2) カントによる労働所有説批判

これまでの段階について言えば、「外的な私のもの」への権原に関わる両者の違いは、用語と説明方法の違いであって、身体から離脱した外的な物件に対する私の権原が認められるべきという実質的な結論そのものにおいて、対立が見られるわけではない。それでは労働所有説批判に転じた『法論』の意図はどこにあるのか。またこの違いは理論上どのような影響を与えることになるのだろうか。まずは労働所有説を批判する『法論』の言説を確認しよう。

『法論』私法の第二章以下で、カントは本来、誰の支配にも属さない物件が、いかにして根源的に取得されうるかについて検討を加えているが、§17において次のような形で身体の「延長」理論を取る労働所有説への批判が展開されている。

> 「土地について最初になされる加工、区画、または一般的な形態付与は土地取得の権原を付与するものではない。言い換えれば、偶有的なものの占有（Besitz des Akzizdens）は実体の法的占有の根拠を与えるものではない。そうではなくてむしろ逆に私のもの・汝のものは、規則に従って、実体の所有権（Eigentum der Substanz）からの帰結でなければならない。またすでに前もって彼のものとなっていない或る土地に労力を費やす者は、その土地に対して徒労をなすにすぎない。このことはそれ自体においてあまりに明白なので、ある非常に古くからの、そして今なお広範に通用している例の俗説について言えば、その原因はひそかに人心を支配している錯誤以外には求めがたい。その錯誤とは物件を擬人化してあたかも誰かがそれに対して労働を費やせば、そのことによって彼はその物件を拘束して彼以外のどの他人の用にも応じさせないようにさせうるかのように、人はそれらの物件に対して直接的に権利をもつと思いこむ錯誤以外には、他の原因を挙げがたい（RL, VI, 268f.）」（傍点筆者）。

ロックの名こそ挙げられないが、この批判がロック的な労働所有説を念頭に置いたものであることは明らかである。労働の混入という経験的な契機に

よって物件を「身体の延長」とみなし、それに対する権利を認める擬制的論理は、「物件の擬人化」[22]であるとみなされ、かつて自ら信奉していた労働所有説は、ここにおいて厳しい批判の対象となるのである。この転換にはどのような背景が存在するのだろうか。

しばしば指摘されるように、所有権を含めた権利一般は、人格相互の関係に関わる「対人的性格」をもつものであり、人格と対象との直接的な関係として捉えることはできないという批判期特有の認識がこの転換の背景にはあるとされる[23]。この指摘は所有のもつ本質的な性格を踏まえたもので、至極正当といえる。だがこのような指摘は何もカントを待つまでもなく、グロティウスやプーフェンドルフにおいて「明示もしくは黙示による合意」による所有理論として、古くから主張されてきたものでもある。ロックがプーフェンドルフを熟読していたことはよく知られているが、そうしたロックが敢えて合意論を採らず、労働所有説を新たに主張したことは、合意論的な構成の問題点を踏まえた上でのものと考える方が自然であろう。ロックの労働所有説を以て、所有のもつ「対人的性格」を見落としたものと単純に評価し、結果としてグロティウスやプーフェンドルフ以前の理論段階に退行したかのように見る解釈は、ロック理解としてはきわめて不十分なものと思われる[24]。

---

[22] 森村進（169頁）は、「ロックはカントが…労働所有論者に帰しているような擬人的物質観など持ってない」とし、ロックも権利の対人的な性格を認めていると再批判する。結論的に権利が人と物との関係だけでないことはロックも承認するし、これは自明のことである。しかし問題はその説明の仕方である。権利の説明に際して「身体の延長」という擬制的論理の援用は、「可想的占有」を認めないが故に必要となる「物件の擬人化」である。

[23] その典型としてたとえば、三島淑臣（264頁）。「所有権を含めて一般に権利とは人と人との社会的関係に係わるのであって、人と物との関係に直接関わるものではない、という批判期に独特の透徹した認識がある」。

[24] 『政府二論』執筆の最大の目的はフィルマーの家父長国家論を反駁することであるが、フィルマーは自然状態における共有から、合意によって私的所有権が生み出される論理過程は幾つもの矛盾を抱えていると指摘し批判する（Filmer, p 209）。しかし「アダムとその相続人」の優越を否認し、個人の平等と自由の根源として所有権を根拠づけようとする立場を採るならば、私的所有権を万物の共有状態から導き出すモデルは死守しなければならない。そこでロックは、フィルマーによって指摘された合意理論のもつ弱点を避け、労働所有説という新たな理論を援用することで、共有状態から導かれる所

とすればカントが、所有のもつ対人的性格への認識を欠落させた状態で労働所有説をかつて支持していたとは考えにくいし、権利の対人的な性格への認識に突如目覚め、労働所有説批判へと転換したと考えるのはさらに考えにくい解釈である.る[25]。

そもそも所有のもつ「対人的性格」についての認識とは、余りに自明の、素朴なもので労働所有説もそれに対する反論は当然用意している。それによれば、そもそも所有のもつ人格間相互の関係的性質を根拠として、取得に際して何らかの合意や承認を要求することは論理として、必然的なものとはいえない。たとえば子を出産した親には、その子を養育する義務を負い、子は親に対して養育を求める権利をもつと考えられるが、この義務や権利は他者の同意や意見の一致なくして、自然的に発生するものと考えられる。労働による原始的な取得も、子の親に対する養育を求める権利と同様に、自然的なもので、その成立は他者の同意や合意を条件とするものではない、といったものである[26]。この批判を取り上げるならば、合意理論は、「権利の対社会性」という側面において、説得力をもつ反面、必ずしも全面的に妥当するものではないということになろう。合意理論を採ることは、所有理論における進歩なのか、退歩なのか。

　有理論の基礎付けを試みていると見るべきであろう。つまりロックは、合意論を捨てることで、共有状態から所有権を導く啓蒙主義自然法論の理論系譜を維持しようとしているのである。労働所有説による私的所有権の論証が成功しているかどうかの評価は別として、ロックが合意理論を放棄したことについて、これを権利の「対他的性格」への認識欠如などと片づけることはできない。

25)　同旨、高橋洋城［３］、130頁。
26)　森村進174頁以下。しかしこの批判は、合意理論を採るプーフェンドルフ自身が「両親の権威」を自然法によって承認する論理でもある。プーフェンドルフ（Pufendorf [1], pp. 124）によれば、自然法それ自体によって、子が社会性をもって成長できるよう、両親には養育の義務が課せられると同時に、子は暗黙の同意によって両親への服従義務を負う。とはいえ、この場合の議論は、身分法上の権利義務に関わる問題であり、所有の合意論的な基礎づけを否認する根拠として援用できるかどうかは別の問題として残る。

4．土地の特殊性

　この疑問を考察するために、カントが「所有」の権利を体系上どのように位置付けていたかを確認しておこう。カントは所有を可能とする権利一般を詳細に区分している。§10では取得されるべき「外的な私のもの／汝のもの」の対象区分として、実質（客体）に即して言えば、①有体的物件（実体）、②他人のなす給付（原因性）、③「私が任意に処分する権利を認められている限りでの人格の状態」（他人格との相互性）に区分される。これら3つの区分は、取得の形式に即して①物権、②対人権（債権）、③他人格を物件として占有する物権的対人権という権利の区分に対応する。さらに取得の権原に即して言えば、①一方的（事実的行為による）、②双方的（契約による）、③全般的（法則による）か、いずれかの意思の作用による区分に対応させられる（RL, VI, 259f.）。

　このようにカントは可想的占有の観念に依拠させた権利一般の理論を構想し、その中で物権、債権、身分的権利を説明し、これら諸権利を抽象的な権利一般の下位区分として体系上位置付けている。こうした区分は、すでに述べたように、後のサヴィニーによる体系化された私法上の諸権利の先駆となるものだが、これを可能とする理論的背景となるものが、第一批判のカテゴリー表における、「実体性カテゴリー」、「原因性カテゴリー」、「相互性カテゴリー」であり、物権、債権、身分権は、批判哲学によって基礎づけられるこれらのカテゴリーに対応するものとして位置付けられている（KrV (B), III, 105f.）[27]。

　ここで注目するべき点は、カントが①の有体物に対する物権として想定する対象を、さらに二つに区分していることである。①の有体物は、実体性のカテゴリーに入るものとされるが、これはさらに実体（Substanz）としての土地に対して、付属物（Anhängenden）ないし内属（Inhärenz）としての動

---

[27] 『純粋理性批判』に対応させるこうした区分はその後も権力分立における立法・執行・司法の区別で現れる。『法論』ではいかに第一批判におけるカテゴリー表の適用が意識されているかを示している。

産とに区分される（RL, VI, 261）。この区分もまた認識論の「関係のカテゴリー」における「実体と内属 (Substanz und Inhärenz, substantia et accidens)」の区分に対応している。カントによれば土地こそが実体としての物件であり、土地の上に存在する可動物、すなわち動産はすべて「付属物」「内属」であり、実体なくしては存在しえない「偶有的なるもの」である。

この区分に注意すると『法論』における労働所有説批判は、実体としての物件の取得、すなわち土地取得の局面に向けられていることが分かる。最初に取得されるべき物件は、超越論的論理学における「実体」でなければならず、それはすべての可動的物件が存在するための基盤となる「土地」なのである[28]。これに対してロックの労働所有説がモデルとする、最初に取得される物件は、無主の土地上で自然に生育する「果実」や「獣」である。このことは労働による所有をめぐって、両者の議論にどのような影響を与えることになるだろうか。

ロックが自然権としての所有権の必然性を論証する舞台は、生存に不可欠な物件（すなわちカント的にいえば、偶有的でしかない可動物・動産）を取得する局面であり、それは小規模かつ原始的な採集経済による生活を想定したものであった。では非本質的な、動産を労働により取得することについてカントはどう考えているかが問題となるが、『法論』では、労働による「動産」の取得について、何らの批判も言及も加えられていない。カントが労働所有説批判において引いているのは、労働を通じた「土地」取得の局面についてだけなのである。むろん土地のみを物件の実体とする『法論』の議論からすれば、物件取得の理論として土地を最初にもってくるのは当然であり、わざわざ動産の「最初の取得」を議論する必要はない。ではロックは土地を取得するという行為についてどのように考えているのだろうか。ロックは次のように述べている。

---

[28]「土地（この語によって一切の居住可能な陸地が意味される）は、その上にある一切の可動的な物との関係においては「実体」とみられるべきであり、他方可想的な物の現存はただ内属 (Inhärenz) としてのみ見られるべきである。理論的意味において偶有性が実体なしに現存しえないように、実践的意味において土地の上にある可動的なものはもしある人があらかじめその土地を法的に占有していると認められるのでなければ、その人にとって自分のものであることはできない」(RL, VI, 261)

4. 土地の特殊性

「所有権の主な対象は、今では土地の果実やそこに生存する獣ではなくて、土地そのもの―その他一切のものは土地の中に含まれ、土地の上に見出される―であるが、土地の所有権も同じようにして獲得されたことは明白だと思う。」(§ 32)

ここには二つのポイントが含まれている。一つは、今日において、所有権の「主な対象」が土地そのものであるとされ、この点で土地を物件の実体とみなすカントと同様の認識が表明されているということである。それにもかかわらず、ロックにおいては土地とその他の動産の「取得」のありようについては、区別されることなく、果実と同様に、土地も個人の労働によって取得されるとみる点で、カントと大きな違いを見せている。ロックは、動産と不動産を、概念として一旦は区別し、経済的観点に基づく区別の重要性を認めつつ、いずれも労働を通じて取得されるとみる点で、それぞれの権利根拠について区別を認めることはないのである。

だが土地と、その他の動産の根源的取得のあり方を同列とすること、つまり土地の取得を個人の労働と直接に結びつけることはできるのだろうか。労働所有説はもともと最低限の生存維持、つまり食物の採取という自然状態のモデルから出発している。これに対して生存そのものに不可欠というわけではなく、また歴史的な生産形態でしかない、土地の排他的所有についてまで、前者の論理をそのまま適用することはできるのだろうか。このことはあらためて吟味を要する問題である。そもそも自ら植林したわけでもなく、森の中で自然に成長した樹木を立木のまま、「私のもの」とみなし、他者による果実の取得や伐採を常時排除し続ける権原とは一体どこから生まれるのだろうか。その森林を所有すると称する者が、いかに当該土地の囲い込みに労力を払ったとしても、それは当人の自然的な生存維持と直接的に結びつくものではない。土地を囲い込み、他者の立ち入りを排除して、独占的な狩猟区としたり、専用の農地として、他者の立ち入りを排除する権原は、経済的価値の産出に結びつくとしても、そこから生じる利益を耕作者等が独占できるとする根拠は何に由来するのか。つまり問題は、生存維持とは無関係の局面で、他者を排除しうる権原がなぜ自然的なものと見なされるのか、その根拠

である。土地の改良とは、将来産出される食糧獲得をめざす場合もあるが、それは住居や道の建設であったり、譲渡による利益獲得を目的とする行為でもあり得る。土地に対する労働投入と独占は、その意味で抽象的で幅広い目的を含みうるもので、これを自然状態における食糧確保を目的とする労働モデルに還元し、自然権として理解することは、論理として飛躍という他ない。土地に対する労働投入とは、単なる生存維持を動機とする物の取得とは比較にならない程の複雑な約束事を前提とする文明的な営為なのである。

また「労働の混入」理論を徹底すれば、所有のもつべき規範性は限りなく稀薄化され、本来、権利としてのもつべき実体や輪郭すらも失われることになる。ノージックの例が示すように、この理論を純粋に徹底すれば、たとえば私が労働によって取得し、所持しているトマトジュースを大海に注ぎ、その分子が海中に広がるとき、海洋は私の排他的占有に帰するという結論すら導きかねない[29]。仮に労働の混入によって排除の権原が認められるとしても、次に排除の限界を画定することが必要となる。だがその線引きはどのような原理に基づいておこなわれるべきなのだろうか。

この疑問に対する回答が容易ではないことは、『政府二論』において、ロックが土地所有の根拠について、動産の取得と同様の論理に基づくとしながら、所有の正当化に割いている説明の長さからも推し測ることができる。ロックは土地所有と労働の関係について、次のように述べている。

> 「神と人間の理性とは、地を征服することを人間に命じる。すなわちそれを生活に役立つように改良し、そこに彼自身のものであった何者かを、すなわち労働をつぎ込むことを命ずるのである。」（§32）。
> 「神は世界を人間共有のものとして与えた。しかし神はそれを人間の利益（benefit）のため、またそこから生活の便益（coveniencies）を最大限引き出すことができるように与えたのであるから…」、「神はそれを勤勉で理性的な者（the Industrious and Rational）の利用に任せた。」（§34）

「労働の混入」理論それ自体では、この問いに回答することが困難である

---

[29] R. ノージック（島津格訳）、邦訳292頁以降。

ことを、この引用部分は裏書きしている。ロックは果実取得に際して援用した「労働の混入」概念に加え、土地の取得に際して、新たに「便益」という功利の増大を命じる神の意志や理性の命令を付け加えている[30]。トマトジュースを大海に注ぐという行為は、何ら世界の富を増し加えたものとはいえず、無意味な行為というほかないが、この行為は神の意志にも理性にも合致するものとはいえないが故に、その労働もどきの行為が注がれた不動産（この場合は海洋）に対して、権原が認められることはないであろう。また管理できないほどの土地や消費し尽くせない大量の財の所有は、便益の最大化を命じる神の摂理に反するが故に正当化しえない。これが「不腐敗の原則」を含む、いわゆる「ロック的但し書き」だが、この「但し書き」は神によって付与された財をもっとも有効に利用することを命じる功利性原理であり、これまで援用してきた「労働の混入」とは異質の原理というほかない。この意味でロックの労働所有説は、土地の排他的占有を正当化する局面において、もはや純粋な意味での労働所有説とは言い難いものとなっており、その質的変容を余儀なくされているのである。

　農業を主に想定した歴史的な生産形態としての土地所有制度は、権原なき者の利用を排除するための独占を一般的に要請してきた[31]。このことは富の生産と蓄積という功利的な目的にとっては合理的な制度であり、この制度のもつ合理性をロックは多くのページを割きながら説いている。近代以前の、非西欧地域においてもこの制度が見られることはその合理性を証するものであろう。しかし土地の排他的な占有と利用について、自然権を援用してこれを正当化することと、排他的占有のもつ合理性を説くこととは、別問題のはずである[32]。もし神の意志に裏付けられた功利性といった実質的な義務倫理

---

30) 三島淑臣（257頁）は、これをプロテスタンティズムと結びついたロック特有の「創造主体的個人主義」とよんでいる。ウェーバー『資本主義の精神』でも言及される信仰深いフランクリンの勤勉の精神はその典型例と考えることができよう。勤勉かつ正直な営利追求は神の意志によるものであり、倫理的な自己目的でもある。

31) このことは権利庇護の関係、つまり縦の関係で多重的に成立する分割所有権の存在とは矛盾しない。分割所有権の認められる法制度下においても、実際に耕作する者は単一の主体であって、境界内での権利者は明確なのである。

32) 下川潔（115頁以降）は、ロックにみられるこの断絶を次のように理解する。生存に

を混入させることなく、労働所有説が説得力をもつとすれば、それは万人が立ち入り可能な無主の地で、人々が自由に狩猟や採集を営む局面にせいぜい限定されるとみる他ない。言い換えれば、自然的な生存維持を目的とする労働によって、収穫物たる消費財の取得を正当化することは可能であるとしても、土地という「生産財」の排他的な独占がなぜ導かれるのか、労働所有説はその内在的論理によってこの問いに答えることができないのである[33]。

カントによる労働所有説批判の背景を、権利のもつ対社会的・客観的性格に対する認識に求めることは必ずしも不当ではないことはすでに確認したが、上記見解に立脚するならば、この理由づけが労働所有説批判としては必ずしも全面的に妥当するものではないということになるだろう。つまりロックが例に出すような、木の実や獣を取得する行為（労働）のみが権利を生み出すという命題は、「生存の維持」を自然的な権利として一旦認めた以上、必ずしも不自然な論理ではないし、説得力を欠くわけでもない。ロックは合

とって必然的な、木の実や動物を獲得し、栄養にする行為については、排他的な所有権が発生する必然性を示したものであり、これに対し、土地取得において精密に展開される労働による取得については「どのようにして」所有権を獲得するかを説明したものであるとして、段階的な区分を設けて理解する。しかし「どのように」取得されるかを説明する範囲は、「所有権の必然性」として論証された範囲にしか妥当しない。土地が所有の対象となる「必然性」は示されていないままである。

33) この点で興味深いのはアレント『人間の条件』にみられる「労働（labor）」と「仕事（work）」、「活動（action）」の区分である。アレントは生命保持を目的とする行為を「労働」とみなすのに対し、世界を支える永続性と耐久性のある事物を生み出す作業を「仕事」として「労働」から区別している。最終的には、公共的な政治の営為である「活動」が付け加えられることになるが、ここで重要なことは、後のマルクスに至る「労働」優位の社会理論の先駆としてロックが取り上げられていることである。「ロックが述べた『生存の必要』という観点から見ると、労働と消費は余りに密接に結びついているので、この二つはほとんど同じ一つの運動をなしている」（Arendt [3], p. 100、邦訳154頁）とアレントが指摘するように、ロックの労働所有理論の目的は本質的に「消費」のための所有にとどまっている。「土地」は消費されるべき「労働」の目的ではない。土地の改良や耕作はまさにアレントのいう「世界を支える永続性と耐久性のある事物を生み出す」行為に該当すると言えるが、そのような事物は「仕事の産物であって、労働の産物ではない」（Arendt [3], p. 94、邦訳148頁）。土地への働きかけは、消費と異なり、他者の承認を要請する点で、「労働」とは区別される「仕事」である。「仕事」から所有権の自然権的淵源を見出すことはできない。ロックの労働所有説は土地に関する限り、自らの守備領域を飛び越える形で説かれているのである。

意論的な所有権を採るプーフェンドルフに学びつつも、もし取得に際して万人の同意が必要とされるならば人々は餓死し、生存の権利を失うことを指摘し、自ら取得した物への支配が必然的に認められるべきことを繰り返し説いている（§28）。だがここで取得される対象となるのは、動産という「内的な私のもの」の延長で理解しうる物件にとどめられなければならない。私が取得した果実を強引に取り上げる行為が、私の権利に対する侵害であると構成できるのは、私の身体、つまり他者の承認を不要とする生得的権利（自然権）への侵害だからである。私の取得した果実や獣に対する権利は、たしかに誰の同意も要することなく、自然的に認められる。

これに対して、土地は本質的に、「内的な私のもの」として構成することのできない特殊な物件である。厳密な意味で土地を「物理的に」所持することはできず、土地は自然的にはすべての存在者に開放された空間の基盤である。その意味で土地の排他的な占有が成立するためには、対社会的な、つまり何らかの形での公共的な承認が不可欠となる。カントのいう「外的な私のもの」とは、むろん土地に限定されるものではないが、動産は「内的な私のもの」でも「外的な私のもの」でもありうるのに対し、土地の占有はいつでも、つねに「外的な私のもの／汝のもの」という形態でしか現れることはない。

その意味で土地を外的な物件の「実体（Substanz）」とみなし、可動的な物件を実体に対する「内属（Inhärenz）」と位置付けたことは、カテゴリー表にあらわれたカントの批判的認識論の強引な適用であるとはいえない。「外的な私のもの」の相互承認が所有秩序を成立させる上での中心的な観念であり、その典型的モデルとしての性格を土地が備えているとすれば、土地を物件の実体と考えることは決して不自然ではない[34]。『法論』における労

---

34) したがって物権の主要対象を土地とする見解について、「土地が主要な生産手段であった18世紀東プロイセンの社会経済状態を反映している」（樽井正義［2］、160頁）といった説明がこれまでしばしばなされてきた。また三島淑臣（154頁）は、『法論』のもつ意義を高く評価しつつも、その物権論の限界について、取得の権原問題を「実体」としての土地取得問題に還元してしまったとしている。三島は物件を「実体―内属」に区分するカントの姿勢を、第一批判の手続と『法論』を並行化させようとする欲求の根強さに見出している（三島181頁）。だが本文中に述べたように、この区分はカントの超越

働所有説批判が、土地取得の局面において現われていることはその意味で当然のことと言わなければならないし、外的な物件の占有を可能とする可想的占有の観念は、理論内在的には土地の占有を第一次的に想定したものと位置付けることができ、実定的な所有秩序を可能にする条件となっている。

5．根源的取得論への架橋
― 第一章の結びとして ―

　近代的意味での所有権はその「観念性」にあるといわれる[35]。可想的占有の観念はこの点をもっとも明確に表現したものといえるだろう。本章では、『法論』における労働所有説批判と「実体」としての土地観念への検討を通じて、この観念が成立する論理的構造を追ってきた。可想的占有観念が、「観念的」な近代的所有権の確立に果たした意義はしばしば言及されるが、そうした文脈を支えるものとしての動産と不動産たる土地を区分することの意義は十分には意識されてこなかったといえる。「身体の延長」としての所有物とは、カント的文脈に即して言えば、物理的占有を伴う「内的な私のもの」といえるが、こうした理論構成は所有に伴う経験的な力の混在を完全に排除することができない。この意味で「内的な私のもの」からの類推（つまり身体の延長）で所有を把握しようとし続ける限り、ゲヴェーレ的性格を残存させた所有権観念の混入を避けることはできず、旧政治社会の所有秩序の追認につながることになる。カール・シュミットが、カントと同様にロックの土地所有論から秩序と場所確定という契機を見出し、これを評価しつつも、ロックの理論がノルマンディー公ウィリアムのイングランド征服に由来する中世的・封建的土地法の伝統にあると見ていることは、この関係をよく捉えているといってよかろう。

　それでは土地所有について「内的な私のもの」からの類推を否定し、これと完全に断絶させられた「外的な私のもの」として把握することには、どの

　　論的体系に合致させるための単なる辻褄合わせと見るべきものではなく、実体的にも十分理由があり、指摘には賛成できない。
35）　川島武宜、109頁。

ような実践的意義が見出されるのであろうか[36]。このことを考える上で「外的な私のもの」と、それを可能とするための「可想的占有」観念の要請と切り離すことはできない。いかなる力の要素を伴うことなく、「そこは私の土地である」というただそれだけの権原によって土地所有権が確保され、保障されるということは、不完全な暴力が併存する多元的な封建的秩序を克服し圧倒する、抽象的な唯一の主権を要請する。この観念を実効化する権力の成立によってゲヴェーレ的な土地支配権力はその歴史的使命を終了させられることになり、またこの新たな基盤の上で「(土地)所有権の社会性」という観念もはじめて理解可能となるであろう[37]。可想的占有は、哲学的所有論の文脈においては、権利の超越論的性格を示したものとして評価されてきたものの、その意義はそれだけにとどまるものではない。可想的占有観念は「土地」と結合することによって、主権的な実定法秩序の理論的形成を主導する機能を果たしている。『法論』において、土地の占有が最初に置かれていることは、こうした文脈で理解可能となる。

　この結論を確認した上で問題となるのは次のことである。土地の排他的占有を認めるためには、いかなる権原や手続きが必要とされるか、つまり最初の土地取得がどのような権原に基づくかということである。本章では触れることができなかったが、このことは『法論』における「先占」行為をいかに理解するべきか、という問題と関わる。またそこでいう先占する主体とは一体、ロック的な個人か、あるいはホッブズにおいては認められていた一種の征服者的な政治的権力なのか、という問題が次に生じてくる。この点を検討することで、所有秩序と、所有秩序を可能とする主権的な領土高権との関係も明らかにされるであろう。本章ではそうした問題を検討する前提として、『法論』における実体としての土地観念を封建的残滓と切り捨てることなく、

---

36) したがって「物理的使用のために不可欠な排他性の契機が、物理的占有のみでは十分に継続的に保障されない」(森永毅彦、206頁)が故に、可想的占有が要請される、といった説明、つまり可想的占有を物理的占有からの延長で捉えようとする思考は、ロックの思考枠組みに規定されている。「外的な私のもの」とは、本質的に公共的な承認と権力による保護を要請する点で、「内的な私のもの」と論理的に断絶した観念であることが認識されなければならない。

37) 川島武宜、118頁以降。

その区分に再評価を加えると共に、法秩序にとって土地所有秩序のあり方が本質的な契機をなすことの一端を示すことができたのではないかと思う。

第二章　法秩序形成としての根源的取得

1．土地支配の起源

　ロックは土地の取得について、動産を取得する場合と同様の論理、つまり身体による労働を通じてその正当化を図り、動産の取得と不動産たる土地取得の間に本質的な区別を設けることはなかった。しかし前章で見たように、土地は物理的な把握が不可能であり、その「排他的占有」には他者の承認が求められるのに対し、動産の占有は他者の承認を必要としない、身体の自己所有の延長として思考しうる点で、両者は論理的に断絶したもので、少なくとも土地の取得について労働を根拠とする所有論は成立しないことを示した。このために土地所有の権原として、純粋に非経験化された可想的占有という観念が要請されること、また可想的占有に基づく所有権を実定的に保障するための前提として、抽象的な主権が要請される構造を前章では確認した。

　以上の認識は、私的土地所有権の成立を、純粋な私的・個人的な行為として把握することの困難さを示唆する。「近代的な私的土地所有権」は、一般的な土地支配権ではなく、政治支配的要素を捨象した経済的用法に限定された権利として通常観念され、個人主義的な性格をもつ。しかしこの認識と、私的土地所有権は個人の私的な行為だけで生み出しうるとする認識とは区別することが可能であろう。「経済」の語源であるオイコスの観念からも理解できるように、物に対する「支配」の観念は、もともと私経済的の領域に限定されるものではなく、政治的・権力的支配を伴うものであった。その意味で所有権が私経済的な領域に制限されるということは、権利の純化を求める近代的な作為の産物と見るべきものであり、このことは土地所有秩序成立に際

して何らかの政治的契機が存在せざるを得ないことを意識させる。私的土地所有権の確立と、もっぱら政治的支配権に純化された領土高権の成立が同時的であるという歴史的な知見はこのことを裏付けるものでもあろう[1]。

いずれにせよ、近代的な所有秩序の成立にとって重要な契機となるのは動産ではなく、不動産たる「土地」所有権の根拠づけである。動産の所有自体に、公的性格を見出すことは困難であるため、動産をモデルとする所有権理論は、土地所有に本来的に伴っていた公的機能が近代において削ぎ落とされ、捨象されていく過程を見落とすことにつながる。とはいえ、私的土地所有権成立と領土高権成立の密接な関わりを指摘する認識は、マルクス主義や法社会史等の知見によってこれまで説かれ、主張されてきたものであり、取り立てて新しい認識というわけではない。問題は、土地所有が一つの公序であるという政治的な契機が、国家と法の規範的正当化を目的とする啓蒙主義自然法論の中にどのようにして意識的・無意識的に取り込まれているかという過程と構造である。この構造を明らかにすることは、普遍主義を求める理性法論と一定の枠内で成立する主権的な国民国家との関係に光を当てることになる。

所有秩序を公序と見ることは、個人的所有の絶対性を批判し、財の再配分を主張する現代の社会国家論につながるが、社会国家論において、再配分を正当化する根拠となるのはたいてい市民法秩序内での「平等」や「公正」であり、所有秩序に内在する政治的契機への洞察に由来するわけではない[2]。すなわち所有秩序のもつ政治的契機はここからは見出されず、依然として「個人の権利」としての所有権という思考枠組みの中になる。このロック的な思考枠組みに則している限り、社会国家論を取るにせよ、その配分の論理は依然として、純経済的な市民社会の論理の中からしか出てこないであろう。労働所有説を通じて個人主義化された所有論が、きわめて堅固な伝統を形成していることは、所有秩序を非政治的文脈の中で理解しようとする市民

---

1) 川島武宜、118頁以降。
2) その現代における典型は、原初状態を想定した上で、格差是正を原理的に認めるロールズといえる。ここでは所有の分配原理はもっぱら私人間における「公正としての正義」観念に依拠するものとなっている。

社会的な動機の強さを示している。

　そこで、ここでは『法論』に内在する土地取得の起源論を検討することを通して、土地所有論における個人主義的・純経済主義的な思考の相対化を試みることにしたい。前章では所有論における土地と動産の質的断絶を指摘したが、土地取得の起源が、公法秩序の成立とどのような関わりをもっているかを問題とすることで、理性法論における土地取得論、すなわち根源的取得論のもつ政治的な含意が明らかとなる。

2．土地とその先占について

　所有対象としての「土地」について、カントは次のように述べている。

> 「土地（この語が意味するのは居住可能な陸地すべてである）は、その上にある一切の可動的な物との関係においては実体（Substanz）とみられるべきであり、他方、可動物の現存はただ内属とだけ見られるべきである。理論的意味において偶有性（die Akzidenzen）が実体の外で現存しえないように、実践的意味においても土地の上にある可動的なる物は、あらかじめその土地が誰かに（その人の自分のものとして）法的に占有していると認められるのでなければ、その人にとって自分のものであるということはできない。
> 　というのも土地が誰にも属しないと仮定すれば、私はその土地そのものを占拠するために、その土地にあるいかなる可動的な物件をもその場所から取り去り、すっかりなくしてしまうことができるし、それによって他の人のどんな自由も、その人がまさにそのときにその土地を所持しているのでなければ、損なわれることはない。すなわち樹木、家屋等などの破壊しうるもの一切は（少なくともその素材（Materie）にしたがって）可動的である。そしてその形相（Form）を破損することなしには動かしえないような物件を不動産（Immobile）とよぶにしても、前者（筆者注：素材にしたがって可動的なもの）に関する私のもの・汝のものは、実体についての私のもの・汝のものではなくて、実体の付属物についての私のもの・汝のものと解されるのであって、その付属物は物件そのものではない。」（RL, VI, 261f.）

　土地は物件の「実体（Substanz）」である。これに対して建物のような不

動の物であっても、破壊して運搬しうる以上、それは可動的なものであり、実体たる土地への付属物（Anhängenden）とみなされる。この思考は、ロック的所有論の中には存在しないものであったが、外的物件の最初の取得（根源的取得）に内在する論理といえる。すなわち、もし土地が誰にも所属しなければ、私はその土地を最初に占拠し、その上にある他者の動産一切を撤去することが許されることになる。なぜならその土地は私の占拠によって私の所有に帰したのだから、その上にある他者の動産すべてに妨害排除の請求が可能となるからである。逆に土地に対する確定した権利の存在しない世界においては、物件に関する権利のすべて（建物や立木も含む）は、不確定な状態にとどまる。「他人の土地におけるある可動的な物件をもつことは可能ではあるにしても、それはもっぱら契約を通じてのみ可能となる」（RL, VI, 266）。すなわち可動物たる動産の帰属については、「私の土地／汝の土地」の確定をその先行条件とするというのが『法論』における所有論の基盤である。誰かの土地であることが確定していることによって、はじめて私は譲渡を受けるにせよ、賃借するにせよ、その土地上の物件をコントロールする地位を承認される[3]。物件の最初の取得が土地であるとはこの意味においてである。リヒャルト・ザーゲも指摘するように、カントは所有本来の媒介（Medium）を土地に見ているのである[4]。

しかし、そもそも物理的な把捉が不可能であり、その形態上、万人に開放されている土地が根源的な意味において「取得される」というのは、いかなる事態を意味し、またそれはどのような行為によって可能となるのだろうか。根源的取得が想定されるのは実定的な法秩序の存在しない世界であり、その中で、当該土地の取得者はどのような根拠に基づいて、他者を排除しうる力をもつのか、この点が問題となる。

ロックの労働所有説は、この課題に対する一つの回答であった。ロックは

3） 但し、カントは遊牧民族の支配下における例外を認めている。とはいえ、この場合には土地が無主物であるというわけではなく、「土地全体は人民に帰属し、その使用は各個人に帰属している」（RL, VI, 265）とみることができるから、所有秩序は成立するのである。

4） Richard Saage, S. 52.

所有を、労働する個人と物件との関係で把握し、労働による価値の投入を以て、当該物件を労働する者の身体の延長とみなす。この論理を通じて、物件は身体と同様の不可侵性を獲得する。近代の個人主義的所有権を基礎づけるこの議論は、同時代の自然法論教科書として多大の影響力を有していたプーフェンドルフの合意理論に対する、もっともラディカルなアンチテーゼを形成していたといってよい。プーフェンドルフによれば、すべての事物は当初、神によって無差別に万人が利用できるようにされ、事物は誰にも帰属するものではなく原始的共有の状態にある。しかし地上の事物は、各人の所有物という形を取って分割され、この状態を人々は受け入れる。所有による事物の分割を受け入れた後、人々は黙約を結び、最初の分割で誰にも帰属しない事物は先占者の手によることが取決められるという。土地の先占（occuopatio）はこうした前提下でおこなわれ、暗黙の合意によって、占拠した土地の所有が認められる。これがプーフェンドルフ理論の流れである[5]。

　最初の取得の根拠を労働に求めるか先占に求めるかはともかく、世界の始まりにおいて万人による土地の抽象的共有を想定するプーフェンドルフやカントの思考は、ロックの思考と重なる。ロックによる労働所有説は、プーフェンドルフによって支配的となったこの理論枠組みを前提としつつ、無主物を自己のものとして取得する契機として援用されてきた先占論を放棄し、その代わり労働による価値付与を通じて、事物に対する権原が自然法と神の摂理によって承認されるという構成を取る。この構成を取ることで、プーフェンドルフの依拠していた黙示的な承認による所有の基礎づけという理論構成は不要となり、所有は、社会ないし国家に先行する個人主義的な権利として再構成されることとなった。

　この理論系譜を確認すれば、前章で述べたように、カントが批判期以前において、身体の自己所有理論と労働による所有の基礎づけを承認していたにもかかわらず、後に労働所有説批判に転換したことは無視できない意義をもっている。労働（による価値の増加）という経験的で実質的な契機から所有権を基礎づけることは、批判期を経て構築されている『法論』の立場とはも

---

5 ）　Samuel Pufendorf [1], pp. 84.

はや相容れるものではない。しかし同時に、合意による所有論、つまり所有の権原として対社会的な承認を要求することも、非経験的な権利の基礎づけをもくろむ批判的方法とは相容れるものではない。そこから言えることは、カントの労働所有説批判は、プーフェンドルフ的な合意理論への回帰という性格が認められる反面、今度はプーフェンドルフ的な自然法論に付着していた歴史的・実質的な承認という契機をどのようにして払拭し、理論的に純化しうるのかという課題を新たに突きつけられたということである。

物件の実体を土地と見なすことで、根源的取得の客体が土地以外のものではありえない、としたテーゼはこうした観点からも重要な意味をもつ。土地はその占有のメルクマールとしての、物理的な所持が厳密には不可能である。それにもかかわらずその所有を可能とする権原として想定されるのが、空間的・物理的な所持なき可想的占有であり、この観念を通じて、土地のみならず動産一般にも適用される抽象的な所有秩序が可能となる。問題はその始まりとなる取得について、いかにして非経験的な論理を通じて基礎づけるかである。

『法論』は、土地の根源的取得を可能とする条件として、「人類全体による土地一般の根源的共有」の理念を想定した上で、事実的な法的行為としての「先占」を掲げている。そしてこの先占に法的意味を付与するものとして「普遍的意志」が実践理性の理念から要請されている（RL, VI, 263）。「根源的共有」の理念は、プーフェンドルフの想定する自然状態における共有状態に相当するが、カントはこの理念を支える根拠として、球体たる地球上の土地面積が有限であるが故に、人類は無限に分散できず、各々がどこかの土地を占拠しつつ、その占拠を相互に承認しあう共同体の形成を余儀なくされることの必然性を指摘する。地球上の土地すべては人類により、根源的な意味において共有されていると考えられなければならない（RL, VI, 263）[6]。し

---

6) 三島淑臣（148頁）は、根源的共有理念の根拠について、地球という経験的＝現象的個体の球形性に求めることの背理を指摘する。しかし認識成立の条件として、「時間」と共に「空間」が挙げられ、この形式の下での経験的直観から我々の認識のすべてが始まるというカント認識論の構成を見ても分かるように、空間の形態を援用することが矛盾であるとは思われない。ここでは球体云々というよりも、人間の生存しうる空間の有限性という意味で理解することで決着が付くと思われる。

がってこの根源的共有は、歴史的な意味での原始的共有ではない、実践的な理性概念である（RL, VI, 251）[7]。これを前提として、カントは土地を根源的に取得する主観的な条件として「先占」の観念を提示する。『法論』§14の表題は「取得のための法的行為は先占（Bemächtigung［occupatio］）である」とされているが、この主観的行為によって、はじめて一定の区画における土地の取得が可能となる。カントは次のように述べる。

　「空間におけるある有体物の所持の始まりとしての占有取得（Besitznehmung［apprehensio］）が、あらゆる人々の外的自由の法則と（したがってアプリオリに）調和するための条件は、時間に関して先行すること以外のものではありえない。つまり選択意思の行為である最初の占有所得［prior apprehensio］の他にはない」（RL, VI, 263）。

ここで注意しておくべきことは、カントが労働所有説を支持していた時期から"apprehensio"の観念を援用していたことである。第一章で引用したように、1782年冬学期における『自然法講義』において、カントはアッヘンヴァールと同様の"apprehensio"を援用したが、この観念は必ずしも労働所有説との間で排除し合う関係にはない。ただ労働所有説の放棄によって、"apprehensio"はもっぱら「時間的先行」による取得という対他的・主観的な一方的行為として位置付けられ、そこから所有は開始されることになる。とはいえ、主観的な事実行為だけから対社会的な「権利」が生み出されることはない。土地は純粋な「外的な物件」であり、第三者による承認と尊重が不可欠である。プーフェンドルフは、この第三者による承認の契機を黙示の契約に求めたが、これに代わりうるものとしてカントは「普遍的立法意志」を提示している。

　「右の一方的意思が外的取得の権原たりうるのは、ただその意思がア・プリ

---

7) こうした点がプーフェンドルフに帰せられる実質的ないし歴史的価値を織り込んだ啓蒙主義自然法論に対する決定的な優位を示す。プーフェンドルフはたとえば、自然状態を戦争状態とみなすホッブズ理論を引用し、これを批判するために、旧約聖書の歴史記述を援用している（Samuel Pufendorf [2], p. 111 (II, 2)。

オリに結合した（すなわち相互に実践的関係に入りうるすべての人々の意思を結合することによる）絶対的に命令的な意志の中に含まれている限りにおいてだけである。なぜなら一方的意思（双方的だが特殊的な意思も準ずる）は、それ自体としては偶然的であるようなある拘束性を万人に課することはできないのであって、これをなしうるためには全般的な意志、偶然ではなく、ア・プリオリにしたがって必然的に結合した、それゆえ立法的な意志が必要とされる（RL, VI, 263）。

　土地の根源的取得は、時間的に先行する占有取得（先占）という主観的条件と、上記の客観的条件を満たすことで成立する。この構成は、プーフェンドルフの「消極的共有」や「黙示の合意」という観念を継承したものでありながら、純粋実践理性の観点から方法論的な一貫性を図るために、歴史的経験や黙示の合意といった実質的要素を排除し、アプリオリな実践的な理性観念として再構成を試みたものといえる。

　しかしその目的はここで十分に達成されたものといえるだろうか。根源的取得の対象は「実体」たる土地とされたが、その取得に際して先占が要件とされること、このことは物件の法的な取得に経験的条件を要求するものであり、批判的方法という点で徹底していないのではないか、またそれは現状追認的なイデオロギー的動機に基づくものではないかとの疑問が生ずる。さらにもう一つの問題として、先占される「量」と「質」がどのように規定されるかということも疑問となる。労働所有説の場合、投入された労働によって取得される土地の範囲は、農地の開墾をイメージすることにより、「耕作した範囲まで」と、一応の回答が可能であろう[8]。しかし排他的占有の対象は、農地に限られるわけではない。山林や猟場のような土地や、一定範囲の海洋を排他的占有の対象にできるかどうかという問題も残されている。ロックは、労働の混入とは別次元の、不腐敗の原理をはじめとする実質的な功利性原理を援用することによって、この課題を克服しようとしたが、先占論を

---

8) 但し、農地の場合であっても、一定範囲の区画に、何故に他者の立ち入りや他者の植え付けを禁止できるのか、という形で「質」に関わる問いは依然として残される。また土地に対する物権的支配権が、何故に地上の空間にまで及ぶのか、及ぶとすればそれはどこまでなのか、という「量」に関わる問題も依然残るのである。

2．土地とその先占について　*67*

採る場合、先占による占有取得の効力はどの範囲まで及び、また及ばないのか。つまり根源的取得の範囲を画定する原理は何に求められるのかが問題となる。

　取得される量に対する回答としては、「市民的体制においてのみあるものは決定的に取得され得る。これに対して自然状態においてもむろん取得されはするが、それは暫定的なものにすぎない」という標題からはじまる§15の中で見出すことができる。カントは以下のように取得の限界を規定する。

　　「土地を彼の実力のもとにおくという能力の及ぶ限りにおいて、すなわち土地をそうして領得しようとする者がこれを防御しうる限りにおいてといわなければならない。それはちょうど『汝が私を保護しえないのであれば、汝は私に命令できない』とでもいうかのようである」(RL, VI, 265)。

　根源的な土地取得の範囲を画定するものは、占有しようとする主体の実力に依存する、ということがここでは示されている。しかしこれは文字通り、所有に際して、「保護と庇護（Schutz und Schirm）」の実力を要求される、土地支配者（Grundherr）による所有、つまりゲルマン法上のゲヴェーレ観念を反映した所有観を示しているのではないか。そうだとすれば土地の占有とその保持は、自権者たちの共同体としての旧政治社会的な社会観と権利観の中で説明されることになるだろう。当然の疑問として、このような回答は批判的方法とは無縁の、実力主義の顕われとしてカント解釈上の大きな問題となる[9]。この実力説が先に挙げた先占論と結びつくことによって、カントの所有秩序観は、主体の一方的行為を通じた、植民地主義的な土地配分の原理でしかないとも批判されることになる。労働所有説を放棄し、実力による土

9）　ザーゲはこの点、「騎士と封臣との間での保護と服従という封建的関係を同時に想起させるメタファー」とし、ホッブズとの類似性を指摘する。ただホッブズの自然状態が法的な前提をもたないのに対し、カントによる「私のもの／汝のもの」の区分は、普遍意志を通じて規範化された領域の中に存在するものと指摘している（Saage, S. 60）。たしかに外的な「私のもの／汝のもの」の区分に普遍意志が介在することは必然的である。しかしそれは着弾距離説が援用されるような経験的な局面で援用されるべきものではない。ここで問題とされているのは所有秩序を支える権力主体の具体的な支配領域であり、普遍意志という実践理性上の概念を用いることは正しくない。

地への先占を認めたことは「ルソーのみならず、ライプニッツ、それどころかロック以前」にカントが後退したことを示すものであり[10]、ロック所有論のもっていた個人主義的契機を捨て去ることになったと理解されるわけである。先占論と、後述する着弾距離説とが結びついた「実力説」に対する批判は、カント法哲学の歴史的限界を示すものということになるのだろうか。

しかし上記の先占論は、把捉の時間的先行性を取得の条件としているだけで、実力による侵奪を追認しているわけではない[11]。むしろ植民地主義的な土地侵奪は様々な箇所で厳しく非難されている。このような文脈からすれば、引用した上記の部分に見られる「実力」とは、あくまで先占により取得しうる範囲の「維持」や「管理」に関わる徴表的な要件であって、侵奪者の軍事力が自らの支配を正当化するとみるべきではない。要件となるのは純粋に「時間的先行」にすぎない[12]。すでに他者が先占した領域に対して、自己の実力がいかに強力なものであるとしても、侵奪行為による土地所有の権利が承認されるわけではない。先占論を実力主義と結びつける見解は、先占論を「もっぱら対他的な一方的実力行使としてのみとらえている」[13]のである。先占という要件だけを以て、『法論』に実力主義のレッテルを貼ることは、明らかに不適切な拡大解釈と思われる。

ここから、カント所有論に問題があるとすれば、それは「土地取得の『権原』を先占作用に求めた点にあるのではなく、むしろ取得の権原問題を『実

---

10) Kurt Borries, S. 108.
11) 三島淑臣、153頁以下、Kersting [1], S. 215.
12) 「時間的先行」という要件が、経験的要素とみなされる最大の理由は、それが歴史的な意味での既得権を想起させるものだからであろう。しかし「時間」は、認識批判にあるように、「空間」と並ぶ、認識直観を成立させる上で必須の形式的条件であり、その内でのみすべての現実認識が可能となる (KrV, III (A), S. 38f.)。時間の先後を指標とすることまで「経験的」であるとして排除できるものではない。その意味で無主物先占論それ自体を、歴史的・経験的な要素を顧慮したものということはできない。むしろ歴史的な既得権秩序に対する擁護を批判するのであれば、問題とされるべきは先占ではなく、取得の際の暴力や不法を時間の経過によって浄化、合法化する、広義の時効の論理や、抵抗権否認論で展開されているような、最高権力の歴史的起源について実践的意図から探索をおこなうことを禁止する命題 (RL, VI, S. 318) などであろう。時間の先後を要件とすることは、権利の超越論的基礎づけという構想を破壊するものではない。
13) 三島淑臣、153頁。

体』としての土地取得のそれに還元してしまった点」[14]に求めるべきとする見解も生まれてくる。しかしながらこのような理解も前章で指摘したように問題がある。土地を物件の実体とみなす思考は、土地がもともと「内的な私のもの」ではあることはできず、「外的な私のもの」であるとする認識と不可分の関係にある。今日でも一般に所有権の「社会性」が説かれる局面で想定されているのは、「内的な私のもの」化が不可能であり、その利用に際して常に他者との利害調整を必要とする土地である。このことは土地が「内的な私のもの」として語りえず、純粋に「外的な私のもの」としてしか所有を語りえない性質に由来する結果であり、その意味で所有秩序の構想において、土地が所有対象として、もっとも中心的に想定されるべき「実体」であるという認識とつながる。土地を物件の実体とみなすことを以て、カント物権論の限界と見ることも困難なのである。したがってこの批判はカントの所有論をまだ全体として捉えたものとは言い難い。根源的取得の対象を「土地」とし、その要件を「先占」とする立場は、論争誘発的ではあるものの、これを以て批判的方法の不徹底であるとか、経験的・歴史的な所有秩序の追認といった形での批判へ転化することは意外なまでに困難なのである。

　むしろ方法論的な一貫性という点から問題とされるべき点は、取得される「量」つまり土地取得の「範囲」に関わる点、つまりカントが取得可能な範囲を「力」の及ぶ範囲、と規定したことにある。なぜならこの認識は、これまでの議論の前提となってきた、法的な所有としての「可想的占有」の観念と相容れないもののように思われるからである。可想的占有とは、その物件が「法的な私のもの (rechtliche Meine)」であるという、ただそれだけを根拠として認められる権原であり、その占有を維持するに際して、物理的な力を要求されるということはあってはならないはずである。もしそのような契機が求められるとすれば、カント所有論は、前時代の、ゲヴェーレ的な所有秩序への回帰を意味することになるだろう[15]。カント所有論に見られる、経

---

14)　三島淑臣、154頁。
15)　ショーペンハウアーに代表されるように、先占論が自力救済権であるとの批判に対して、ケルスティングは、カントの体系内において、「権力 (Gewalt)」が占めている地位は、所有の「演繹」という局面においてではなく、自然状態における権利の貫徹と

験的性格や、実力主義的な性格として問題とされるべきは、むしろこの点にある。このゲヴェーレ的ないし実力主義的な要素を、一貫した論理の中に位置付けることができるかどうかが次に問題となる。

3. 根源的取得と力

(1) 暴力＝支配力の範囲

　根源的取得の要件として先占が要求されることを以て、カント所有論の実力主義的性格やその批判的方法の破綻を見て取ろうとすることは適切ではない。取得の要件としての「先占」は、単なる時間的先行の要求にとどまるものであり、普遍的立法意志の観念を通じ、これを批判的方法の中に位置付けることは決して無理なものではないし、またそれによってはじめて所有のもつ社会的性格を根拠づけることが可能となった。にもかかわらず、取得の権原問題を実体としての土地に還元したこと、この点がカント所有論の限界であり、それによって「多様な自然的・文化的産物のそれぞれに固有の所有権取得の態様を考察視野から放逐してしまった」[16]といった批判が加えられてきた。だがこうした批判は、なお『法論』における根源的取得と先占論の意義を汲み切れていない。むしろ、根源的取得の対象が土地に限定され、それが先占を要件とすること、このことの総体的な把握が困難である最大の要因は、「所有」という客観的規範の淵源を、飽くまで個人から理解しようとすることにあるのではないかと考えられる。土地取得の限界を主体のもつ力の

　　いう局面においてであるとし（Kersting [1], S. 215）、権利の基礎づけそのものに、経験的な権力が援用されているわけではないとする。反対にザーゲは原始的な先占を伴う権力のモチーフは、私的所有権の演繹に対して決定的な契機を示しているという（Saage, S. 59）。このケルスティングの理解によるならば、本文で指摘したような、可想的占有観念との矛盾はたしかに問題とはならない。この思考は、権利を確保する権力を単純な経験的領域に放擲するものであり、それによって簡潔な理解が可能となる。しかし確定的な権利取得の要件として市民的体制を要求し、この体制が純粋な理性法国家として展開されていく『法論』の構造に忠実であろうとすれば、権力の必要性と、批判的方法による権利の基礎づけとを単純に分離してしまってよいのか、という疑問が残る。

16)　三島淑臣、154頁。

範囲に限定しようとする§15の問題性を考える上で重要となるのは、そこで展開されている土地所有がどのような次元で論じられているかを明らかにすることである。

これまで所有論は、「内的な私のもの／外的な私のもの」の区別から出発しているように、もっぱら個人を主体とする局面で語られてきた。ケルスティングも指摘するように、カントとロックのいずれも、契約という媒介なくして、土地の根源的取得を根拠づけようとする出発点を共有しており[17]、この限りでロックの労働所有説に対する対比や批判が可能となっている。だがカントにおいて先占取得の範囲論で語られている「主体」とは、「個人」とは言い難い存在であることに注目しなければならない。土地の根源的取得の主体として想定されているのは、ロック的な個人ではない。かといってそれは旧政治社会を構成する家共同体とも言い難い。そこでは何らかの意味での政治的な権力主体であることが想定されている。先に挙げたゲヴェーレ的な所有観は、海洋の占有に関しても同様に敷衍されている。

> 「そこで自由な海洋ないし封鎖された海洋をめぐる争いも、このような仕方で決定されざるをえないだろう。たとえば砲弾の届く範囲内では、すでに特定の国家に属している陸地の沿岸において、漁をしたり、海底から琥珀を採取してはならない。」(RL, VI, 265)
> 「私が自分の居住地からして、他人のなす攻撃に対し、私の土地を防御しうる機械的能力を有する範囲で（たとえば海岸からする砲撃の射程範囲内で）土地は私の占有に属し、海上はその範囲内で封鎖される (mare clausum)。しかし広大な海洋そのものの上ではどんな居住地も不可能であるから、占有はそこまで拡大されることはなく、公海は自由である (mare liberum)。」(RL, VI, 269)

いわゆる「着弾距離説」を含むこうした言説は、批判主義とは無縁の、カント先占論のもつ、実力主義、ホッブズ主義を示すものとして批判されてきた。ただ上記の言説それ自体は、グロティウス『自由海論』が公刊された17世紀以来、自然法や万民法の分野において長く議論されてきたことで、カン

---

17) Kersting [1], S. 218.

ト特有の独自性や目新しさというものが特に存在するわけではない[18]。問題は、こうした権力的な主体を前提とする万民法ないし国際法上の議論が、根源的取得の局面においてなぜ登場してくるかということである。自然状態において、個人がその取得した土地を防衛するために武装することは十分に想定される事態である。しかし上記引用部分で想定されているのは、単なる実力主体を超えた一つの公的な権力主体であり、所有個人主義的な立場はすでに放棄されているように見える。

　この意味での土地先占主体を前提とする議論は、『法論』においてさらに続く。たとえば土地を無主の状態にとどめ、（外国との間での）中立地帯を作ることは認められるかどうかという問題、隣接する二つの民族（農耕民族と狩猟民族）が土地の利用方法をめぐって対立しつつ、それぞれの境界線の中で共存することが可能かどうかという問題、土地私有制度をもたない「野蛮人」を教化し、法的な状態への移行を促進させることを目的とする植民地建設の可否の問題（RL, VI, 266）等である。これらの具体的事例から分かるように、ここで土地を占有する主体として想定されているのは、明らかに個人ではない。もともと「外的な私のもの／汝のもの」の区別を可能とする可想的占有論は、個人を主体とする権利に関わるもので、それが『法論』の出発点とされていたはずである。しかし取得の対象として土地が語られ、その取得の要件として先占が挙げられ、議論の具体性が高まっていくにつれて、先占の主体は拡大し、ロックにみられたような、「所有個人主義」のイメージは完全に失われていくことになる。また先占範囲を画定する根拠が、先占主体の防衛力であるということも、可想的占有の観念からは理解しがたい。

---

[18]　グロティウスの自由海論は当時、イギリスをはじめとする海洋権益をもつ諸国から激しい反発を浴びたが、そうした勢力を代表する理論がジョン・セルデンによる『閉鎖海洋論』であった。ただ交通の発達や通商の促進という観点からすれば、自由海論には立法論上の説得力があり、閉鎖海洋論は18世紀初頭にはその影響力を失う。代わりに論点として浮上してきたのが、自由な「公海」と「領海」の区分であり、そこで採用された基準が1702年に出版されたバインケルスフークによる『海洋主権論（De dominio Maris）』で展開された「着弾距離説」である。着弾距離説はその後、イタリアのガリアーニらによって、その距離はほぼ3カイリとされた。距離についてはその後議論が続くが、一定範囲での領海が認められることは、確立された国際慣習となっていく。この点については松隈清、7章及び10章に詳しい。

この問題は、次のような理解の組み替えによって解釈するほかない。つまり、土地の根源的取得という局面においては、「所有権」の主体が問題とされているのではなく、所有権を可能とする「所有秩序」の主体へと議論が移行しているということである[19]。「外的な私のもの」のありようは、そうした所有秩序の内部における権利の超越論的な基礎付けとして論じられている。そうであるとすれば、先占が問題とされる段階で、このような転換が何故におこなわれているのかが問題となるが、この部分に関わる『法論』テキストは明らかに説明不足というほかない。

　これを補足する何らかの論理は存在するのかがここでは問題となる。そこでここではロック的な所有個人主義の発想から一旦離れ、自然法論や万民法論において、当時一般に説かれていた無主物先占理論の背景を確認し、無主物先占の理論と啓蒙主義自然法論との関わりを確認することで『法論』記述の背景を具体的に探ることにしたい。

(2) 国際法上の無主物先占論

　南極のような一部の例外を除き、地球上の陸地が主権国家の領域として埋め尽くされている現在において、国際法上の先占論が問題となることは今日ほとんどないと言ってよいであろうが、「地理上の発見」に端を発する大航海時代において、陸地取得をいかなる権原に基づかしめるかという問題は、すぐれて実践的な論点であり、先占論はそのような時代状況を背景として盛んに論じられた。この理論はもともとローマ市民法上の無主物先占論の系譜の中で語られてきた。ローマ法学では無主物先占について、不動産と動産とを区別しなかったが[20]、先占の対象として議論されてきたのはほとんどが動産に関してであり、不動産たる無主地の先占とは、発見された小規模な島などの帰属について問題とされる程度であった[21]。しかし大航海時代以降、この状況は一変する。国家の起源を説明する意義をもつ先占論は、同時に植民

---

19) Manfred Brocker [3], S. 26f. は、根源的取得をおこなう先占者が自然状態において「法」を生み出し、公的な権力を根拠づける主体でもあることを認めている。
20) 原田慶吉、107頁。
21) 太壽堂鼎、61頁。

地獲得の権原を説明する実践的な意義をはらむようになる[22]。とりわけスペインの征服者たちによって「発見」された土地に対する権原は、そこに居住するインディオに対する取扱いと共に大きな問題となる。

　グロティウスの先駆として評価されるスペイン・後期スコラ学派のヴィトリアは、すべての諸民族の間（inter omnes gentes）で妥当する"ius gentium"を構想することで、インディオとその土地に対する征服の権原を否認した。ヴィトリアは、地球上の土地支配に対する権原として、教皇による認許やトルデシリャス条約のような形による、陸地取得の権原を否認し、「発見」と「先占」を万民法上の陸地取得の権原として承認したのである。むろんそこでいう「発見」は、当然に「最初」のものでなければならず、ヴィトリアはインディオに対しても法的人格性を認める以上、スペイン人を「最初」の発見者と認めることはできない。ヴィトリアによれば、インディオは異教徒であり、また野蛮人ではあるが、アリストテレスのいう生来的な奴隷ではないため、その権利主体性を否認し、それによってスペイン人による支配を認めるという論理は成立しない[23]。つまりインディオの居住する土地を無主地として「先占」する権原が、スペイン人に認められることはない[24]。このことは言い換えれば、インディオも居住しない無主地の場合には、それを先占する権原をヴィトリアは承認することになるのだが、本章との関わりでいえば、その先占者として、いかなる主体が想定されているのだろうか。

　ここで論点となるのが、ヴィトリアの依拠する「万民法（ius gentium）」は、すべての諸個人を包括する「万民」的な意味での法なのか、それとも法主体を（広義の）国家や民族に限定する「国際」的な意味での法なのかということである。この点、ヴィトリアをグロティウスに先行する国際法理論の

---

22) 太壽堂鼎（86頁）。最終的に、先占論はアフリカ分割を画定した1884年のベルリン議定書によって理論としての確立をみたといわれている
23) ヴィトリアの議論は、「インディアスの破壊」を教皇庁に報告したラス・カサスの議論とも密接な関わりをもった。インディオに対する非人間的な処遇を、アリストテレスによる「本性的な支配者・奴隷」区分を援用することで正当化しようとする勢力に対し、ヴィトリアの万民法理論は、異教徒・キリスト教徒を同じ自然権を有する人間として平等に扱うものであり、ラス・カサスの糾弾を支える理論的根拠となった。
24) Francisco Vitoria, p. 264 (Q2, A3).

先駆として評価する立場から、ヴィトリアが万民法を定義する際に、ガイウスによる"inter omnes homines"の定義に倣わず、これを"inter omnes gentes"としたことを根拠として、ヴィトリアは国家間を規律する近代的な国際法を構想していたのだと理解する見解もある。だがここでいう"inter omnes gentes"とは、諸民族を構成する、人間すべてを意味することが意味上排除されるわけではなく、インディオに対しても権利を認めたヴィトリアの立場からすれば、ここでいう"ius gentium"とは近代的な国際法ではなく、私人の法主体性も認める普遍人類的な法であったと理解するべきであろう[25]。そのように理解するならば、無主物先占を、個人による私的先占として理解することも妨げられない[26]。

ヴィトリアの自然法論や万民法論の影響を受けつつ、主権国家間における法としての国際法を体系化したグロティウスの場合、新たに発見された土地取得について、ローマ法学上の無主物先占理論を発展させ、その権原を説明している[27]。すでに述べたように、もともとローマ法学は動産と不動産の区分を設けなかったため、無人島のような土地に対する無主物先占は認められていた。グロティウスは私的所有権の原始取得は先占によってのみなされるとした上で、先占の主体を私人だけではなく、国家にも広げ、大航海時代以降の国家の領土権拡大という局面においても無主物先占理論を援用した。すなわちグロティウスは先占の主体を、命令者による「全体の占有（occupatio per universitatem）」と「個人による占有（occupatio fundos）」による二つの場合に区分した[28]。先占主体に関するこうした明確な区分は、普遍人類的な法として私人による先占を主に想定していたヴィトリアの理論に対する近代的な意味での発展といえる。したがってそれに応じて、占有される所有物に対する支配をもグロティウスは区分し、一方を「支配権」、他方を「所有権」とし、そのいずれにおいても無主物先占の理論は適用されるものとした[29]。

---

25) この点の議論については、伊藤不二男「ヴィトリアの国際法理論における ius gentium の観念について―国際法学説史の課題―」114頁を参照。
26) 太壽堂鼎、51頁。
27) グロティウスによる無主物先占に関わるこの部分の構成は、太壽堂、前掲論文に負っている。
28) Grotius [1], p. 432 (II, chap. 2, IV).

この区分から容易に推測できることは、命令者による「全体の占有」とは、いわば国際的先占であり、その支配は今日でいう主権を意味する公的な所有権に対応する。また個人による占有は、私的先占として、私的土地所有権の根拠づけに対応するものと理解できる。このようにグロティウスにおいては、領土高権と私的土地所有権との概念上の分離が達成されていると一応みることが可能であるが、グロティウスのテキストをみるならば、この対応関係は必ずしも一貫しているわけではない。たとえば公戦と私戦の区分について述べている中で、「これまでに述べてきたことと異なり、政府の中には完全なる所有権の中で保持されているもの、すなわち世襲によるものもある」[30] ということを認めている。また物件の原始的取得について言及する箇所においては、「支配権のみならず完全な私有権も、一般的にはまず最初、人民または君主に帰属させられ、それから後に、私人の間で個別的に分割される。しかし彼らの所有権はなお先行する所有に依存するというべきである」[31] と述べている。

こうした言説から理解できるのは、グロティウスの構想する主権が必ずしも完全に公的なものとして位置付けられているわけではなく、公的権力と私的権力とがなお混然とした当時の状況を反映しているということである。先占する主体とは、純粋な個人でも、純粋に公的な地位に高められたものでもない。またこのことの反映として、グロティウスの土地所有権論には、純粋な私的・経済的利用に限定されることのない、政治的支配の要素も必然的に混在するものとなる。その意味でグロティウスの理論は、無主物先占の対象を動産に限定し、無主の土地をすべて国庫に帰属させる近代法の原則からはなお離れたものであり、国家の領土に君主の私有財産としての性格を認める、家産国家の思想をなお残存させている。要するにグロティウスにおいて、「先占」の主体は、私人でも国家でもありうるのであり、私的な先占と国際的先占とは完全に分離していないのである[32]。

---

29) Grotius [1], pp. 455 (II, chap. 3, IV).
30) Grotius [1], p. 285 (I, chap. 3, XII).
31) Grotius [1], p. 479 (II, chap. 3, XIX).
32) 太壽堂鼎、63頁。

家産君主的な所有観を残していたグロティウスの先占論に対し、国家による領土主権と私的所有権との完全な分離につながる先占論を展開したのが、ヴァッテルである。ヴァッテルによる『諸国民の法』[33]は、サンピエールやルソーと並び、カントの『永遠平和論』形成に際しての影響という点で欠かすことのできない著作だが[34]、その議論は、国際法史の上でも、従来の家産君主国家観から脱した、より国民国家的な国際法理論に依拠している。そこでは先占主体としての個人は除外され、主体を国家に限定することで、国民的な主権国家による秩序を前提とする国際的先占の理論が基礎づけられたと評価される[35]。ヴァッテルは以下のように言う。

「すべての人はまだ誰にも所有されていないものに対して平等の権利をもつ。そしてこれらの物は最初に占有した者に属する。ある国が人の住んでいない無主の土地を発見した時、その国は合法的にその土地を占有することができる。そしてこの点に関する意思を十分に知らしめた後、他国はその土地を奪うことはできない。こうして主権者から委任を受けて発見の航海をおこない、島またはその他の無人の土地を見つけた航海者は、その国の名においてこれを占有した。こうしてこの権原は、現実の占有がまもなくそれに続くとき、たいてい尊重された。」[36]

このように先占、またその紛争の相手方となる主体は、国家に限定される。むろん発見者や先占者が私人であることもありうるが、そのことを国家または統治者が追認することによって、国家はそれを自己の名による行為と認めることになる。事実として私人の先占はありうるとしても、もはや国家の名によらない先占は法的な意味をもつことはない。したがって先占は以下

---

33) ヴァッテル著作の原文はフランス語だが、ここでは Emer de Vattel, "Law of nations, or principles of the law of nature applied to the conduct and affairs of nations and sovereigns", by Joseph Chitty, 1853 の版を参照している。
34) 第五章で後述するように、『永久平和論』は、国家を以て道徳的人格とみなし、それを根拠として、家産国家観から引き出される国土の分割・譲渡のような行為を禁止している。こうした議論は、国土を君主の私有財産とすることを完全に否定した上で国際秩序の構想を試みたヴァッテルの国際秩序観と対応するものである。
35) 太壽堂鼎、66頁。
36) Vattel, p. 98 (I, 18, § 207).

の要件によって成立するとまとめられる[37]。

1．先占の主体は国家である。先占は国家の名において、その委任を受けた者によってなされることが必要である。しかし国民の行為を追認することによっても可能である。
2．先占の客体は無主の土地である。しかし人が居住していても、遊牧民の土地は先占しうる。
3．先占の精神的要件として、国家の領有意志が十分に表明されねばならない。
4．先占の実体的要件として、現実の占有がおこなわれなければならない。現実の占有とは土地の使用・定住・植民のような行為を指す。

占有の権原を付与するものは教皇の認許でも発見でもなく、モニュメントの設置のような空虚な儀式でもない。英米の国際法学に対するヴァッテルの影響を通じ、占有の主体を国家もしくは国家の委任を受けた者に限定する、国際法上の無主物先占の原則はこうした形でようやく確立された。このことは、先占主体が誰かという問題にとどまらず、土地に対する所有（及び支配）を国法体系上いかに位置付けるかということと相関的な関係にある。占有する主体によって、所有は、ある特定の領域に対して領土を使用・収益・処分する権原としての "dominium" と、最高の管轄権を意味する "imperium" という側面に明確に分けられることになると同時に、国家はこの両者を統合する固有の排他的権利の主体になるとヴァッテルはいう[38]。

所有が一定領域に対する政治的な支配権と、私的な使用・収益に対する権原とに分離されることは、すでに見たように、グロティウスにおいても意識されていた。だが家産君主が国家を私有財産として、現実に譲渡・相続していた時代にあって、グロティウスの理論区分によって当時の現実を整理し、把握することは困難である。「支配権のみならず完全な私有権も、一般的にはまず最初、人民または君主に帰属させられ、それから後に、個別的に個人に対して分割される」といった言及はそうした当時の現実を反映するものだ

---

37) この部分のまとめも太壽堂鼎、69頁に負う。
38) Vattel, p. 98 (I, 18, § 204).

が、18世紀のヴァッテルに至り、この区分は理論上も徹底されてゆく。ヴァッテルは言う。

　「君主に付与された所有権なるものは想像の産物にすぎない。…国家は君主の世襲財産ではないし、そうではありえない。なぜなら世襲財産の目的とは、所有者の利益に向けられたものであるが、これに対し、君主とは国家の利益のためだけに定立される存在だからである」[39]

　グロティウスにあってなお残存していた政治的支配を伴う土地所有権と、家産国家的な主権論について、ヴァッテルはこのように批判した。この批判は、国家が私有財産ではなく、公共的な存在であることが意識されつつある18世紀の歴史的現実を反映したものといえるだろう。つまりここまで引用してきた、ヴィトリアからヴァッテルまでの理論的変遷は、歴史的な状況として、主権的権力が未成熟な状態から自己を確立し、最終的には一つの法人格として、自らを目的そのものへと高めていく成長過程を示している。そしてこれに対応して、土地の根源的取得＝先占論において現われる主体も、多様な私人を含むものから、公的な政治的権力主体へと収斂する過程を見て取ることができるのである。

　以上のようにカントと同時代に生きた、ヴァッテルに至るまでの国際的先占論の影響を見るならば、『法論』理解において、土地取得の起源をめぐる国際的先占論の視点を、無意味な混乱と片付けることはできない。国家ないしはそれに準じる、何らかの権力を、土地の根源的取得＝先占主体と想定することは唐突なものではなく、またそれは私的性格を伴っていた権力に公的性格を付与するという先進的な側面も有している。ただそこで問題となるのは、土地の先占者としての政治的権力主体を、理性法論の中で体系整合的に位置づけることができるのかどうかである。権力主体の実力による「保護と庇護」という経験的＝事実的要素は、超越論的な権利の基礎づけとはまったく無関係なものとして理解されるべきものなのだろうか。

---

39) Vattel, p. 25 (I, 5, § 61).

4．根源的取得による上級所有権

(1) 上級所有権

　ケルスティングに代表される自由主義的な理解によるならば、カント所有論の基礎づけと上記の権力的な契機は無関係であるという。超越論的な権利論は、取得されるべき量や質について言及することはできない。それはあらゆる目的論的な根拠づけを断念し、自由主義的な所有の基礎づけを試みたことの代価であって、もともと根源的に取得される権利の限界を可視化するような理論は存在しない。さらにロックの労働所有説は自然状態の中においても相対的に安定した権利を導いているが、先占による所有権にはこうした安定性が存在しない。したがってカントの根源的取得に際して「権力」が語られるのは、権利の基礎づけではなく、すでに基礎づけられた権利を自然状態下で貫徹するという必要から求められるものにすぎないということになる[40]。

　だがこの理解は、ロック的な所有権理解に立脚した自由主義的な側面を偏重するものであるように思われる。仮にこの理解を採るのであれば、カントにおいても国家は、ロックと同様に、すでに自然状態において確立された所有秩序を事後的に保障する手段的な機構として位置付けられることになる。だが『法論』における「公法」の局面を重視するならば、この理解は自明のものではない。カントは理念に基づく国家を構想しているが、「権力」の存在は、法の本質たる「強制」として、理性法と超越論的方法の中で正当に位置付けられるものでなくてはならないはずである。

　この立場を『法論』理解の一つの原則とするのであれば、土地の根源的取得の主体をめぐって唐突に登場するかにみえる権力主体も、公法部分において、より明確かつ意識的に位置づけられ、体系的な連関が明らかになるように思われる。カントは次のように言う。

---

40) Kersting [1], S. 215f.

「土地はそのもとにおいてのみ外的物件を自分のものとして持つことが可能となる最も根源的な条件であり、それら物件の占有と使用をなしうるための最初の取得的権利をなしているのであるから、これら一切の権利は Landesherr としての、あるいはさらに適切にいえば、上級所有権者（Obereigentümer [dominus territorii]）としての主権者から導かれなくてはならない」（RL, VI, 323）

"Landesherr" とは、分割所有権秩序における最上級に位置する存在であり、土地所有権の根源が君主に由来することがここで表明されている。この用語は、先に触れたグロティウスの不徹底な主権論を想起させる。グロティウスは主権が「完全なる所有権」であるとして、統治者の世襲を容認し、また「支配権のみならず完全な私有権も、一般的にはまず最初に、共同体またはその元首によって取得され、それから次に個人に対して分割される」とした。ここにはなお家産君主的国家観の残滓を濃厚に見て取ることができ、この点をヴァッテルは執拗に批判する。「君主に付与された所有権」は否認されるべきものであり、もしこれを認めるならば、国家にとって有害であるとし、家産国家的観念からの完全な訣別を表明していた。とすれば、土地所有権は上級所有権者[41]としての主権者に由来するという上記引用に見られるカントの認識は、理性法論とは無関係の、家産君主的国家観への後退ということになるのだろうか。

しかしながらカントは文言上、"Landesherr" という家産国家的な表現を維持しているものの、上記引用部分だけに着目して、家産君主的国家観まで追認したと理解することは適切ではない。カントによれば上級所有権者は「自分自身以外の何ものも自分のものとして占有しない」として、私的所有権の主体であることを否認している。「土地はもっぱら国民（しかもそれは集合としての国民ではなく、個別的に考えられた国民）に帰属する」のである。それ故に「最高命令者は、御料地（Domänen）をもつことも許されない」

---

41) 原典において Obereigentümer とされているこの語は、「最高所有者」（岩波書店『カント全集11樽井・池尾訳）、「最高所有権者」（中央公論社『カント』三島淑臣訳）などと訳されている。ここではカント所有論も分割所有論の用語の中で構想されている背景を踏まえて「上級所有権者」とする。

(RL, VI, 324) という。つまりカントにおける上級所有権者とは、最高命令権者と同一人格である公法上の存在であり、所有権者としての自然人的な人格概念を払拭した、抽象的存在である。"Landesherr" といった呼称にかかわらず、君主は、私的な性格を一切もつことのない象徴化・儀礼化された世襲君主ないしは共和制的な国家元首をも内包しており、「主権者」「最高命令権者」として理解しうる幅広い概念となっている。つまり伝統的な家産君主のイメージとは断絶したもので、国民の普遍的な立法意志を通じて結合した政治共同体という理念とも矛盾するわけではない[42]。このことは同じく§49Bの言及からも読みとれる。

> 「しかし上級所有というのは、市民的結合の一理念にすぎない。この理念によって表象されるのは、国民に属するすべての人の私的所有が公的普遍的な占有者のもとに必然的に統合されるということ、(部分から全体へと経験的に進む) 集合の諸原則にしたがってではなく、法の諸概念に基づく区分（土地の分割）の必然的形式的原理にしたがって、個別の所有が規定されるということである。法の諸概念にしたがえば、上級所有権者はいずれかの土地を私的所有とすることはできない（というのもそうすれば自らを私的人格にすることになるから）」(RL, VI, 324)。（傍線筆者）

「(部分から全体へと経験的に進む) 集合の諸原則」の否認とは、経験的・歴史的な私権の積み上げによる法秩序観の否認を意味している。したがって『法論』は分割所有理論を類推した形での法秩序観を表明しているにもかかわらず、もはや幾重にも重なった、身分制時代の分割所有の集積という形態は捨てられている。上級所有権とは、ア・プリオリな「法」の概念にかなう形態として、（物理的暴力の独占によって）絶対化され純粋化された公的な最高命令権と同義となり、逆に経済的な利用に限定される土地所有権は、純粋に私的な権利へと完全分離させられている。国家は君主の家産ではないとするヴァッテルの認識をカントは共有している。それにもかかわらず、あえて

---

[42] ザーゲもまた「上級所有権者」について、後期中世の等族国家を想起させる伝統的な用語法から出発しているものとしつつ、「特殊市民的なるもの」への結合が図られているとする (Saage, S. 91)。

家産君主のイメージを引きずる「上級所有権者」として、カントが最高命令権者を位置づけたことは、公的な領土高権と私的利用に限定される土地所有権というものが本来別個のものではなく、もともと一体のものとして、公的ないしは私的性格の濃淡によって何重にも分かれていた支配権が、主権的体制の成立によってそれぞれの特性を純化させ、純粋に二分されたという動的な構造を示すものとなっている。続く箇所で、カントは修道院領や騎士団領の没収を正当化する議論を展開している。これら中間的権力を廃止した大革命での出来事について、カントは最高命令権者を上級所有権と同一化する上記の理念によって現実を追認しているが、このことは彼の理性法国家モデルの投影と解釈しうるであろう[43]。純粋に経済的用法に限定された私的な土地所有権の成立は、純粋に抽象化された上級所有権理論の徹底を通じて生み出されるのである[44]。

(2) 主権の成立

では土地の根源的取得と、「市民的体制」の成立を理念的に根拠づける根源的契約との関係をいかに理解するか。両者を時間的な先後関係モデルによって把握することに困難が伴うことは上記の認識からすれば当然ということになる。とはいえ、『法論』、とりわけ「私法」の中には、自然状態の後、市民的状態が形成されるという時間的な流れを認めることができる箇所は少な

---

[43] 以上の趣旨はより具体的な例を挙げて説明されている。特権を付与された騎士団領は否認されるべきこと、課税は国民が国民に課するものとして、最高命令権者のみが課税の権利をもつこと、国家による「査察の権利」として、公共の福祉に影響を与えうる秘密結社は許されず、組織のあり方を公表する義務などが列挙されている（RL, VI, 323f.）。これらの具体例は「封建的諸特権の廃止」として修道院領を没収するなどしたフランス革命での出来事を念頭に置いているが、最上級所有権＝最高命令権の観念は、中間団体の勢力を削減ないし清算しようとする近代国家の行為を正当化する根拠となる。

[44] カール・シュミット『大地のノモス』（Schmitt [3], S. 16）も同様の認識を示す。「たとえ最初の陸地分割がまったく個人主義的な私的所有権あるいは団体適合的な氏族的所有権を基礎付ける時でさえもまた、この所有権は共同の陸地取得に依存」する。したがって「たとえ後の分割が純粋の共同体所有権にとどまらず、完全に個々の人間の『自由な』私的所有権を承認するものであるとしても、陸地取得はすべて内に向かっては常に共同体全体の一種の上級所有権を創るのである」。

くない。たとえば、

> 「外的な私のもの・汝のものは、市民的体制以前においても（あるいはそれを無視するとしても）可能とみなされなければならない。同時に外的な私のもの・汝のものが保障されうるような体制に私たちと共に加入するようにと、わたしたちといずれかの仕方でかかわりをもつことになりうるすべての人を強要する権利もまた可能であるとみなされなくてはならない」(RL, VI, 256f.)

こうした箇所を見ると、カント解釈においても自然状態は国家以前に成立し、国家の役割は自然状態と自然法の中で暫定的に承認された所有権を追認し、保障するという見方が当然生まれてくる。とはいえ、先占と実力による防衛について言及している§15では、私的所有権の事後的保障機関としての国家像が徹底されているわけではない。ここでカントは根源的取得の権原について、経験的権原と理性的権原とに分けている。経験的権原の徴表としては身体による占有を認め、さらに土地を占有する量的な限界を占有者の「支配力」に求めた。他方でカントは「取得の理性的権原」として、「すべての人のアプリオリに統合された（必然的に統合するべき）一つの意志という理念」を要求している。この理念に従い、立法のために普遍的に現実に結合した一つの状態が市民的状態である。この市民的状態について、カントは以下のように述べている。

> 「それゆえに、市民的状態という理念と調和する限りでのみ、つまり、市民的状態とそれがもたらすものを考慮する限りでのみ、とは言え、市民的状態が現実となる前に（というのもそうでなければ取得は導き出されたものとなるだろうから）、したがって暫定的でしかないが、外的な何かを根源的に取得することができる。確定的に取得されるのは市民的状態においてだけである」(RL, VI, 264)」。

国家は自然状態における権利を無批判的に追認するわけではなく、「市民的状態という理念と調和する限りでのみ」権利を保障する。市民的状態をもたらすのは、アプリオリに統合された意志の理念であり、これは「根源的契

約」の理念に基づくものとも言い換えられている。根源的契約とは、「公法」の部分で、「国民が自分で自分を一国家へと構成する行為」とされるもので、「本来それは国家の理念、つまり国家の正当性を考えるときに唯一従うことができる理念にすぎない」(RL, VI, 315) とされる。同様の議論は『理論と実践』においても見出される。「すみずみにまで法がゆきわたった体制」の基礎とできるのは「根源的契約以外にありえない」のであり、根源的な契約は公法的体制を正当化する理念として位置付けられている。しかしながら「根源的契約が事実として存在することを前提とする必要はまったくない（それどころか事実として存在することは不可能である）」。つまり根源的契約は「単なる理性の理念」であり、「あらゆる公法の正当性の試金石」(TP, VIII, 297) であるにとどまる。

　これらの点で考慮すれば、根源的契約を通じ、ある特定の時点で市民的状態がもたらされたと考える思考モデルを採ることは、理性法論においては不可能といえる。市民的状態への移行をもたらすものは、理性理念からの要請に基づくものである以上、これを通常の「契約」のような、たとえそれが想定であるにせよ、ある特定の一時点で締結されたと考える思考モデルは不適切である。この点は、一般的な社会契約論とカントの根源的契約論との間に横たわるもっとも重要な違いといえる。啓蒙主義自然法論における社会契約論のほとんどは、「社会契約」を歴史的事実と見るわけではない。ただこれらの古典的な社会契約論が、自然状態をあたかも実在のものとして想定し、これを近代以前の歴史的な文脈の中に投影し、類推しがちになってしまう最大の理由は、それが通常の経験的な契約と同様に、ある任意の一時点において締結されたものと擬制されていることにある。これによって、読者は時間的な前後関係の中でこの擬制を捉え、自然状態があたかも過去に実在し、その後に国家が生じたものであるかのような錯誤に、無自覚のうちに陥ることになる。こうして無政府的な自然状態における権利の実在や、政府の設立行為といった単なる論理的仮定があたかも歴史的事実であるかのように現象することになる。

　その意味で上述のように、「根源的契約が事実として存在することを前提とする必要はまったくない（それどころか事実として存在することは不可能で

ある）」と言う箇所は、カント理性法論の理解において、強調しすぎることはない。この認識は、根源的取得と市民的状態設立の時間的先後関係を否認する上での核となる。根源的契約が事実として存在する必要がない、ということは、市民的状態への移行以前に存在すると擬制的に想定される「暫定的所有」もまた事実として考える必要はないばかりか、それは不可能である。この見方を採ることで、市民的状態＝理性法国家ははじめて、歴史的事実にも、仮想的事実にも依拠しない、規範的要請の結果として基礎付けることが可能となる[45]。

それ故に、「市民的体制においてのみ、あるものは確定的に取得されうる」という命題は、一見したところ、ロックと同様の公権力観を要請しているかのようにみえるが、ロック的文脈とは異質のものとして理解しなければならない。ロック的な法秩序観において、政府は、先行する法・権利秩序の事後的な保障機関であるがこの論理で説明される公共的権力の創出とは、上述のカントの言葉を借りれば、「（部分から全体へと経験的に進む）集合の諸原則」に立脚する思想の反映に他ならない。私的所有権確立の後、権利者たちによる任意の契約によって、公的な領土主権が任意の時点で成立するという論理構造は、理性法理論において取り得ない[46]。

こうした理解が正当とすれば、土地の根源的取得と先占主体としての公権

---

[45] Manfred Riedel (S. 137f) は、カントが契約概念を事実的なものから、アプリオリな規範的法概念に転換したことにより、事実と規範の峻別を可能にしたことを評価しつつ、カントは市民社会構想に、経験的概念をひそかに規範的アプローチの中に取り込み、矛盾を犯したと指摘する。「自立性」を要件とする能動的国家公民はその例として挙げられる。リーデルは根源的契約が、アプリオリな原理によって社会の政治的・法制度を基礎付けたものとしているが、「自立性」ある国家公民だけに「投票権」を認めることに対しては「アポステリオリ」な原理による基礎付けとして批判している。能動的国家公民と超越論的方法の位置付けについては、別に論じるが、筆者の観点からすれば、「暫定的」な所有とは、アプリオリな方法に依らず、自立的な権力を有する「自権者」の占有を想定したものと理解すべきものとなる。言い換えれば「市民的状態」と段階的に区分される「自然状態」の暫定的所有とは、超越論的方法に混入したアポステリオリな原理の現われ、と見なければならない。

[46] ザーゲは、国家以前の状態において、私的所有は完全に形成されており、自然状態における所有を、ロックと同様に確立したものとして、国家の事後的・契約論的性格を強調している (Saage, S. 74f)。同様の見解として Borries, S. 107。

力が同時的に登場することについての論理的な疑問は払拭される。土地の根源的取得と普遍的な立法意志による市民的体制の成立は、いずれも規範的な要請である以上、時間的先後関係の文脈に載せて理解する必要はなく、両者は同時的に成立していると見るのが適切である[47]。市民状態における「確定的な権利」と対比される、自然状態での「暫定的な権利」とは、この意味で何ら具体性をもつものではなく、権利（法）状態を作るべきという抽象的な要請にとどまる。なぜなら土地の根源的取得とその秩序化がおこなわれていない段階においては、不動産にせよ、動産にせよ、具体的な所有権はまったく考えることはできないからである。自然状態から市民的状態へ、と二段階的に区分される思考は、『法論』に内在する論理からすれば、あくまでひとつのレトリックと見なされなければならない。根源的契約が、事実的なものではなく、統制的な理念であるとする認識は、こうした理解によってはじめて生きた意味をもつことになる。

5．普遍的意志と権力先占
―第二章の結びとして―

　理性法的な秩序は、自権者によるゲウェーレ的な所有秩序から断絶されたものでなくてはならないが、これを可能とするのが、「実体」としての土地を第一に想定した可想的占有の観念であったといえる。「土地」を物件の実体とみなす思考は、封建的所有秩序の追認ではない。外的物件の典型としての土地が、所有論の出発点とされることによって、物理的支配の延長として思惟され、形成される所有秩序観は、根底から否定されることになる。つまり労働所有説に対する批判は、「内的な私のもの」や「物理的支配」の延長上で思惟される動産中心の所有論を克服するために、必然的に要請されるも

47）　シュミットは「陸地取得」という場所の確定が法を基礎付けるのであり、場所確定と法は同時的に生じる（Schmitt [3], S. 50）と見るが、この認識は本文での検討と重なる。むろんそこでいう法は、氏族的、封建的、個人的なあらゆる歴史的な所有形態を含みうるものだが、根源的契約の理念は、そうした既存の所有秩序に対して、統制的に妥当しつづける。このように考えることで、土地の根源的取得と市民的体制の成立を時間的文脈の中で理解する解釈は不要となる。

のであったといえる。

　本章では、この実体たる土地が、根源的にどのように取得されるのか、そのありようを取り上げることで、労働所有説の前提とされている所有個人主義が、法秩序の形成という観点からは維持し難いことを示そうとした。最初の土地取得の主体を「個人」とすることは、可想的占有という抽象的な思考の中では思惟しうるが、所有秩序の根底となる土地取得において、個人を単位とする思考は維持できない。「先占」の主体を公権力とする、混乱にも見える記述はこのことを示している。権力主体による土地先占は、市民的状態の確立と表裏一体の、同時的な関係にあり、自然状態と市民的状態を時間的な先後関係として二段階化する論理構造は維持しえない。この意味で第一章で指摘したように、可想的占有観念の意義とは、個人的権利の基礎付けだけに尽きるものではなく、所有秩序を可能とする「主権」を論理的前提として要請する。「すみずみまで法の行き渡った体制」（TP, VIII, 297）である主権的法秩序とはこうした土地秩序論の帰結といえる[48]。大地の取得が法の淵源であること、このことを超越論的な所有論は内在的な前提としている。

　ただここで問題として残るのは、やはり「先占」のもつ意味である。先占論が権力主義的であるとする批判が批判として不適切であることはすでに述べた通りである。先占とは、超越論的な構造の中で時間的先行だけを要件とするものであり、旧政治社会における既得権秩序を追認する性質のものでもない。しかしながらその主体となるのは「個人」ではなく、まぎれもなく、何らかの「権力主体」である。この意味において、先占論を「権力主義的」と評する余地はなお残されているとも考えられる。しかも先占の論理は、土

---

[48]　筏津安恕（52頁）は、カントの所有権論が、その観念化という点で高度なレベルに達していることを認めつつも、カントが所有権の移転時期について、合意のみによる移転を認めず、伝統的な引渡主義を採用している点に着目し、これをヘーゲルの合意論的な契約理論へ発展していく過程として描いている。しかしカント所有論の基点とされる土地について言えば、「引渡」はもともと何らかの擬制によって成立する観念的な行為でしかありえない。移転時期を引渡時点か、合意時点と見るかの問題は、私法技術上の問題として議論されるとしても、所有の観念性が確立されたかどうかという点では、その違いに大きな意味はない。

地取得の局面だけにとどまるものではない。土地の根源的取得と法秩序の形成が同時的であるとすれば、法秩序の形成主体もまた、何らかの権力主体ということになる。「『法論』への注釈的覚書」において、カントは次のようにも述べている。

「(それ自体統合されず、それ故に無法則である)人民の意志を、主権をもつ(一つの法則にしたがって万人を統合する)意志に無条件に服従させることは、もっぱら最高権力を先占すること（Bemächtigung）によって始められうる行為であり、こうしてはじめて公法を基礎づける行為となる」(RL, VI, 372)

普遍的結合の意志である根源的契約の理念が一方で表明されると同時に、「先占」の観念は、法秩序の成立においても、上記のように認められている。法秩序の形成と土地の根源的取得が同時的なものであれば、この表明は当然の帰結ともいえる。上記の言説は次章で論ずる抵抗権否認論の文脈で登場するものだが、人民が主権に服従するという行為と、根源的契約の理念によって自ら結合するという行為の中に、個人主義的自由の契機は存在するのだろうか。カントはどのような公法秩序を構想したのか、またその中で、法的な意味での個人的自由が存立する余地はあるのだろうか。次章ではこの点からカントの抵抗権否認論を素材として検討したい。

第三章　抵抗と自由
—主権と合法的正義の優越—

1. 抵抗権をめぐる対立軸

　前章では可想的占有論の帰結として主権が要請される構造を示したが、それは土地こそが物件の「実体」であり、可想的占有論の中核にある、という認識に依拠している。可想的占有を前提とする土地所有権とは、それが「私のもの」であるとする何らかの外的徴表のみによって保障されることを要請し、結果的に個々人を超越する権力主体を要請する。「外的なあるものを自らのものとして持つことは、ただ公的・立法的権力の下にある法的状態においてのみ、つまり市民的状態においてのみ可能である」(RL, VI, 255) という命題は、この認識を裏付けるが、この命題は同時に、理性法論における「自由」が、ある特定の領域に画定される実定法秩序と密接な関わりをもつことを示唆している。それ故にその「自由」は、ロックが想定したような、国家なき自然状態で享有可能な、私的所有権を基礎とする自由とは質的に断絶している。その自由は一定の領域・境界を論理的前提としているからである。本章ではこの問題を、市民のもつ究極的な自由ともいえる「抵抗権」問題として考察したい。

　周知のようにカントは一方で、フランスでの革命を歓迎しつつ、同時に革命の生み出す恐怖政治に戦慄し、抵抗を否認すると共に、ルイ16世処刑を激しく批判している。そこで展開された否認論は、「労働所有説批判」と同様に、同時代の人々を戸惑わせただけでなく、後世のカント研究者、とりわけカントの道徳理論に依拠した自由の理念とその展開を説く者にとっては解釈上の鬼門でもあり続けてきた。序章で述べたように、『法論』に対する否定

的評価の多くは、抵抗権否認論に代表されるカントの国権擁護の姿勢と、実践哲学上の自由との齟齬を調整しえない点に起因するといってよい。カントの抵抗権否認論は、「カントにおけるホッブズ主義」としてしばしば言及されてきたが、ホッブズの場合、自然状態を戦争状態と理解しているから、戦争状態を克服したコモンウェルスに対し、「（ロック的な意味での）自然権」侵害を根拠として、主権者に抵抗することは、無法な戦争状態への回帰となる。したがって主権者への抵抗は、コモンウェルス設立の目的に反することで、これを認める論理的余地はない[1]。抵抗権を認めるかどうかにおいてロックとホッブズの結論は対照的ではあるが、これはもともと両者の想定する自然状態観に、正反対といえる程の違いが見られる以上、結論の対照性は当然の帰結といえる。

これに対して、カントの否認論は、必ずしも上記二者のような明確性をもつものとはいえない。自然状態の規定自体が明確なものではないため、実定的秩序と自由の関係は不鮮明なものとなり、結果として抵抗権否認論の評価は、大きな論点であり続けてきた。この結果、抵抗権否認という終始一貫し、揺れることのない結論にもかかわらず、カント「主義」や批判的法哲学の立場からは、抵抗権否認論が、理性法論内在的なものといえるのかどうか、ということが問題とされてきたのである。しかし抵抗権論の評価に関わる論争がそれぞれの論者の自由観を反映したものだとすれば、抵抗権否認論の論拠を吟味することは、理性法による法秩序観と自由を具体的に吟味し、確定する上で不可避の論点ということになろう。またここでの議論は、「理性の私的使用の禁止」や「市民的不服従」といった「市民的体制」の具体化と密接な関わりをもつものといえる。

---

[1] もっとも主権者との契約は、自然権（生命）保持を目的とするから、死刑受刑者が国家に抵抗し、役人を殺害したところで、それは「違法」ではない（むろん「合法」でもない、単なる自然権の行使である）。ここからマイヤータッシュ（Mayer-Tasch, "Thomas Hobbes und das Widerstandsrecht", 1965）のように、ホッブズの場合にも抵抗権は認められているという見解も生まれてくる。ただそれは道徳的・規範的な意味で正当化されているものとは異なるから、ここではホッブズは抵抗否認論として理解する。

2．定言的命法と法の普遍的法則

(1) 道徳的自由

　抵抗権否認論や理性の「私的使用」の禁止を議論する前提として、まずはカント義務倫理学の基礎となる『人倫の形而上学の基礎付け』（以下『基礎付け』とする）における自由観を本書と関係する限りで概観することにしよう。

　まず確認されるべきこととは、義務論的倫理学の対象となる行為として、（外的な）義務違反の行為は、それが倫理的であるかどうかの吟味対象としては、最初から除外されているということである。「義務に違反した行為については、それが義務に基づいて行なわれたかどうかはまったく問題とはならない」(GMS, IV, 397)。「やむにやまれぬ」動機や事情から、法律をはじめとする外的な義務に反する行為がおこなわれるとき、一般には合法性と道徳性の悩ましい衝突として理解される。違反者は同情され、賞賛されることすらあるが、カントの義務論的倫理学においてはそのような問題設定は当初から成立しない。カントの義務倫理学においては、あくまで外的な義務に違反していないことが前提であり、その上で行為の道徳性ないし倫理性が吟味されるという構造が取られる。

　このように外的な義務に適うことを前提とした上で、理性的存在者に対し、行為を命じる形式を、カントは「仮言的命法」と「定言的命法」とに区分している。何らかの目的のための手段として行為すべきことを命じるのが仮言的命法であり、それ自体善い、目的そのものとして行為すべきことを命じるのが定言的命法である。この仮言的命法は、人間の意欲を規定するものとして「熟練の規則 (Regeln der Geschicklichkeit)」という、何らかの目的達成のために手段として取られる形式と、「賢さの忠告 (Ratschläge der Klugheit)」という、自分が幸福になるための手段を選択する形式として区分される。これに対して定言的命法は、より上位の目的を設定することなくして、義務に対する無条件の服従を動機として行為することを命じる。この命法だけが「倫理的 (moralisch)」であり (GMS, IV, 415f.)、「汝の意志の格律がつねに同時に普遍的立法の原理として通用することができるように行為せよ」

(KpV, V, 30) という形によって定式化される。こうしてカントは、アリストテレス以来、倫理学の伝統であり続けた幸福主義的な行為の原理を、経験的状況に左右される相対的な妥当性しかもたないものとして退け、倫理学の領域から追放する。つまり『基礎付け』が意図したことは、倫理的な行為の純粋化として理解される。自然・必然的な法則や幸福という経験的概念を排し、道徳法則に無条件的に服従する行為、これだけが純粋な理性概念としての自由であると理解されると共に、「自由は道徳法則の存在根拠であると同時に、道徳法則は自由の認識根拠」(KpV, V, 4) として両者は相互に関係づけられることになる。

問題は、そうした超越論的に根拠づけられた自由の理念が、実定的な法秩序の中でどのように理解され、実現されるかである。実定的な法秩序において、自由とは、外的な行為の関係として関心の対象となる。自由は内面的な、道徳的法則への服従としてのみ理解することはできず、自己と他者との外的な関係を条件づける、法的自由としてあらためて根拠づけられる必要が出てくる。

カントは『基礎付け』における道徳的自由を前提として、さらに『法論』では、他者の自由と関わる外的な行為（立法）を二つの種類に区分している。それが「倫理的 (ethisch)」立法であり、もう一つが「法理的 (juridisch)」立法である。前者は「ある行為を義務とし、この義務を同時に動機とする立法」であり、この行為は「道徳 (Moralität)」ないし「人倫性 (Sittlichkeit)」と名付けられる。後者は「義務の動機を法則に含まず、義務そのものの理念とは別の動機を許可する立法」であり、これは「適法性 (Legalität)」ないし「合法性 (Gesetzmässigkeit)」と名付けられる (RL, VI, 219)。両者はいずれも外的な行為として変わるところはなく、（法的な）義務に適った行為であることが前提とされるが、その内的な動機において区分される。つまり道徳性とは、合法性と対立する概念ではなく、合法性の中に内包される概念である。カントは合法性という、外的な自由に関わる行為のうちから、真に倫理的といえる行為の形式を抽出しようとしている。この意味で、定言的命法に適う行為の格律は、外的な法的自由と矛盾・衝突することはない。

しかしながら外的な法的自由を成立させることと、定言的命法に適う行為

の格律は必ずしも関係ないのではないかとも考えられる。定言的命法に基づく行為の形式は、法的自由の実現にとって必然的なものといえるのだろうか。ある行為は、外的な義務と一致している限りで、道徳性という要件を必ずしも満たすものではないとしても、合法性の要件は十分に満たし得る。とすれば合法性という外的な自由の確保と、義務に基づく行為を求める定言的命法とは無関係ということになるだろう。しかしそう解するならば、市民的な自由とは、政治情勢によってその都度定立・変更される立法に対する外的な服従にすぎない。あるいは契約の履行を要求してこない相手に対しては、履行しなくともそれで済む、という自由を意味することになるだろう。カントの研究史的な関心から言えば、『基礎付け』と『法論』の断絶がここには見られるのかどうか、ということでもある。

(2) 合法性の優位

刑法に代表される法の規範的形式は、「もし〜の行為をする者がいれば、裁判官は、〜の刑とせよ」という形式を取ると理解されるが、このことは一般国民に対して、「もし…の苦痛（ないし不名誉）を被りたくないのであれば、〜の行為を控えよ（快適な状態を享受したければ、法を遵守せよ）」という仮言的な形式として理解され、またによって人々が可罰的な行為を回避することが期待されている。罪刑法定主義とは、この限りで仮言的命法に立脚する自由の原理に基づくものであるように思われるが、このような理解はカントの道徳的自由の原理と実践的な自由との断絶を意味することにならないか。あるいは「相手方が契約の履行を請求してこないならば、履行しない」という格律を考えてみよう。この格律は「信用を失いたくなければ、契約は履行せよ」（信用を失うことがなければ契約の不履行も許される）という仮言的命法に基づく格律として理解しうるが、これは外的な法的自由の世界においては許容可能かつ普遍化可能であるように見える。あるいは定言的命法は、義務に基づく合法的行為をも要求しているから、「履行を請求されなければ履行しない」という格律は普遍的法則たりえないということになるのだろうか。

この問いに対しては、「法の普遍的法則」の解釈が中心的な問題となる。

つまり「汝の意思の自由な行使が誰の自由とも普遍的な法則にしたがって両立できるよう、外的に行為せよ」(RL, VI, 230)という命題は、「相手方が契約の履行を請求してこないならば、履行しない」という行為の格律と両立しうるのか、ということである。

中島義道は、定言的命法が、行為に関する命法であり、意思や動機に対する命法ではないこと、また定言的命法は、格律との関係を規定したものであり、動機と行為の関係を問題とはしていない、という観点から規定されたものと見ている[2]。この理解を取るならば、「契約を誠実に履行する」という格律は普遍化可能であり、定言的命法としての資格を有するが、「もし履行しないで済むなら、私は契約上の義務を可能な限り、履行しない」という格律も定言的命法たりうるのではないか。なぜならこの格律は、たしかに義務以外の要素を動機とするものではあるが、定言的命法が意思や動機に対する命法ではないとすれば、十分に普遍的法則たりうるのではないか、との疑問が生じるからである。

しかしこのような格律は別の点で普遍化できない。なぜなら何らかの事情によって、相手方が履行を請求してこない場合、私が約束した通りの債務を履行しないことは、相手方の権利という外的自由の侵害をもたらすことになるからである。同時に、このことは契約一般の拘束性と信頼性を傷つけるものとして、当該の法秩序の中で生活する私自身が享有しうる自由一般を侵害するということも意味する。「履行しないで済むならば履行しない」という格律は、この意味で法の普遍的な法則に合致するものとは言えない。中島は、この普遍性を確保する契機を「自由の共同性」として理解し、これによって法の普遍的法則は定言的命法に結びつけられるとしている。

道徳法則への服従を動機としない、法的義務への服従は合法的であるが、これは定言的命法に適うものではないから、法の普遍的原理に適うものとはいえない。仮言的命法による行為は、法の普遍的法則の中で達成されるべき自由の原理と調和するものではない。これに対して法的義務への服従は「自由の共同性」という普遍化原理を通じ、定言的命法と結びつけられる。この

---

2) 中島義道、169頁。

原理を通じて、合法性は定言的命法と結びつけられる。この結果、外的自由に関わる世界においては、動機の如何にかかわらず、外的義務への服従は、目的そのものとして要請されることになる。

　この意味で『法論』は、『基礎付け』で示された「道徳法則への服従としての自由」に対して、新たな命題を付け加えたといえる。すなわち行為の倫理性は、『基礎付け』においては、義務への服従という内的な動機によって説明されるものであった。この限りで、合法性とは、義務への服従とは無関係な、仮言的な命法に基づく行為を排除するものではない。しかし内的な動機とは無関係に、相互の自由の普遍化という要請によって、『法論』は合法性そのものを目的とする法倫理学を作り上げたといえる。この意味で中島の指摘する通り、『法論』は、「道徳性に対する合法性の先行」[3]を新たに基礎づけたと言いうる。

　契約上の債務履行を例とする上記の説明は、公法上の義務に対しても、妥当すると考えられる。立法が、普遍的に結合した国民の意志に由来するものだとすれば、普遍的法則に適った法律への服従は道徳的法則への服従であると同時に、服従そのものを目的とする定言的命法からの要請とも理解できる。この理解に立脚するならば、抵抗権論とは『法論』の序論においてすでに結論の出ている問題であり、「公法」部分の論述を待つまでもなく、否認されることにもなりそうである。

　とはいえ、現象の世界において、立法は常に普遍的結合による国民の意志といいうるのかどうか、この点は問題として残るであろう。理性法によって構想された国家において、法律は国民の普遍的意志の産物と見なされる。しかし同時代においても、また今後においても、定立された立法がおよそ普遍的意志とは言い難い専制君主や一部集団の恣意的意思である可能性は常に存在する。こうした場合、立法への、無条件的な服従が普遍的自由と調和するといいうるのであろうか。実定法律への盲目的な服従は、むしろ恣意的意思の支配への協力行為となりうる。カントの「抵抗権否認論」は、社会背景的にはフランス革命を契機とするものだが、そこでは「抵抗」をどのような状

3）　中島義道、186頁。

況の中で生じるものと想定していたのだろうか。

3．理性法国家における自由

(1) 理性理念による国制

抵抗権否認論[4]は主に『法論』と『理論と実践』で展開されている。ここではカントの国家理念が当時の歴史的環境とどのように関わっているかを最初に確認し、その上で抵抗権否認論のもつ規範的な意味を明らかにしていくことにしよう。

『法論』の「私法」で検討したように、理念上想定される自然状態の中で、個々人は「外的な物件」を所有しうる存在だが、これを可能とし、保障するためにも、強制に裏付けられた実定的な権利の秩序が求められる。法的強制の支配する市民的状態に入ることは、根源的契約として表現される法と自由の原理からの要請である（RL, VI, 256）。この体制は、普遍的立法意志の下に国民が結合し、その代表者たちが主権者として立法権を担うものとして構想される「公共体」であり、「共和国（Republik）」とよばれる[5]。共和国理念によれば、主権者は立法に関与し、これに対して元首（Regent）は主権者の代理人としてその法律を執行し、あるいは法律に適合する命令を定める。この体制において立法と執行は区分され、専制と対立する共和的な体制が特

---

4) カントの著作において筆者の見る限り、抵抗（Widerstand）や反乱（Aufruhr）などの語は見られるが、「抵抗権（Widerstandsrecht）」の用語は存在しないようである（伊藤平八郎「カントにおける反抗権の思想」）。これはカントが抵抗権なる権利を認めないことのあらわれとも思われるが、抵抗することが正当と認められるか否かの問題はまさに抵抗権の可否と同旨であると考えられる。したがって本稿においては一般の用法に倣い、「抵抗権」の語を使用する。

5) 「共和国」の意味は多義的であり、今日では非君主的な大統領制に近い意味を持たされるようになっているが、カントの語法はルソーのそれを踏襲している。ルソーによれば「いかなる行政形態を取ろうと法によって支配される国家は共和国（république）と呼ぶ」が、それは「公益が優勢を占め、公共の事柄が何らかの意味で重要性をもつから」である。「あらゆる正当な政府は共和的」であり、そうなれば「君主制さえ共和制」に含まれる（Rousseau [1], p. 379 (II, 6)。カントも「共和的な体制」について、「執行権を立法権から分離する国家原理」（ZeF, VIII, 352）であるとし、ルソーの語法を踏襲している。

徴づけられることになる (RL, VI, 316f)。

　しかし「共和国」や「公共体」は、歴史的現実の中において実現されているわけではない。権力分立が存在せず、身分上の諸特権が広く容認されていた体制と、共和国理念はどのように関係づけられるべきだろうか。もし現実の経験的な国家が、「共和国」と同一視されるのであれば、現実は理念の具体化として絶対的に正当化されるのみであり、そこで抵抗権を議論する論理的可能性は存在しない。逆に共和国を、現実とは無関係の別次元に存在するものとして捉えるならば、「共和国」理念は、既存体制の不当性を告発し、また市民的平等からは程遠い現状を破壊し、既存体制の破壊を永久に続ける革命論の根拠として機能することになる。

　しかし既存の体制は、法秩序という最小限の理念を満たす限り「理性の許容法則」に適うものとして、暫定的であるにせよ、正当化される契機をもつ (ZeF, VIII, 373)。つまり『法論』で構想される国家は、理念的な「共和国」ではあるが、経験的な国家から独立して存在し、それを全面的に否認するための理念として機能するわけではなく、実践的諸原則を通じて自らの実在性を証明するような理念として妥当し続ける。それ故に理念に適合しない現実も暫定的に承認され、これによって所与の体制を改革する方向性が示されることになる。「抵抗」を論ずるためには、不正を含む経験的かつ歴史的現実である国家権力を、現にあるものとして一定の程度において肯定する契機が存在しなければならない。純粋理念を基にして、現実を全面否認、あるいは全面肯定するならば、歴史的現実の中で主題となる国家論を成立させる可能性を奪い去ることになるからである。

　こうした理解は、「自由」の理解から導かれるといえよう。理性法国家において要請される自由の概念は純粋な理性概念であり、超越論的なものとされるが、だからこそ、経験的現実に対する「統制的（regulativ）」[6]で、消極

---

6) ここでいう「統制的（regulativ）」原理とされるのは、「消極的（negativ）」と並ぶ自由の性質である。自由とは専ら実践的な諸原則を通じて自らの存在を証明するのであり、構成的（konstitutiv）なものでない (RL, VI, 221)。加藤新平 (836頁)、また片木清 (228頁) は、自由の理念からの帰結としての「共和国」も統制的な観念と捉えることで、既存の現実を全面肯定も全面否定することも回避する。

的な原理として妥当するにとどまり、これを「構成的（konstitutiv）」な原理として理解することは適切ではない。既存の体制を革命によって破壊し、権力の存在しない無の状態から政治体制を建設する原理として根源的契約を理解することは、カントの否定する「構成的」な理解であり、超越論的な自由概念の理解とも調和しない[7]。したがって支配者の違法な命令、暴虐の振舞いがある場合、根源的契約と共和国の理念は、そうした現実に対し、どのように対抗し、修正する理念として作用するのか、ということが問題として浮上する。

　この問題を考える前提として確定しておかなければならないのは、そこでは一体「誰」が「誰」に抵抗するのか、という主体と客体をめぐる問題である。抵抗権の行使を具体的に考えるとき、抵抗を受ける「支配者」と抵抗する「被支配者」とはどのような存在なのか。啓蒙主義自然法論のもつ現状変革的な（あるいは絶対主義を追認する現状維持的なものも含め）性格を強調するとき、支配者として想定されるのは、領邦君主や絶対君主であり、被支配者として想定されるのは、臣従契約以前に成立している人民である。これに対して、理念としての「共和国」の構想を中心に考えるとき、国家の主権者は、立法者であり、普遍的意志により結合された国民である。既存の国家権力をこの理念で説明するとき、権力の担い手は普遍的立法意志の体現者として、常に正当化される存在となる。しかし「法」の理念が妥当させられる領域は経験的な現象の世界であって、既存権力による現実の統治を思考から排除するならば、権利侵害の状況を前提とする抵抗権の議論はそもそも成立しなくなる。実際のところ、結合した国民は、「服従する者」（RL, VI, 315）でもありうるのである。抵抗される客体とは、伝統的君主でありうると同時に、「立法する主権者」でもありうる。このように、想定される抵抗の主体と客体は、一義的に確定できない。抵抗の主体は、元首に対抗する、（立法

7）　国家は、一方に於いて根源的契約に基づく「共和国」として正当化されるが、他方で主権的意志への服従の根拠は最高権力の先占に求められている。ア・プリオリな法の理念の探求を試みつつ、現実の権力を説明するために経験的諸要素を援用するカント公法論独自の構造は、前章で検討したような土地先占の論理の中にも見出される（RL, VI, 263）。

する）主権者としての「国民」[8]であり、あるいは（立法する）主権者に対する「人民」でもありうる。それ故に、抵抗される客体も、最高命令権者とされる「元首（Regent, Oberhaupt）」であり、あるいは立法する主権者でもありうる[9]。この「元首」は執行権をもつ人格として捉えられるのに対し、「立法者（der Gesetzgeber）」は、「国民という支配者（Der Beherrscher des Volks）」と同一の存在とされるが、立法者は同時に元首であることはできない（RL, VI, 316）。なぜなら立法と執行を分離することは共和的体制の本質とされるからである。したがって「元首」は「立法権者」の立法に従い、執行権力を委託された存在に過ぎない。ここではしばしば事実として存在する立法権と執行権を統合する絶対君主の存在は想定されていない。

　こうした理念的な図式の中で考えられる抵抗のケースとして想定できるのは、元首が立法者の委託に反し、その執行権力を濫用する場合である。このとき立法する主権者は、委託違反あるいは違法な命令に抵抗する権利は認められるのかどうか、これが抵抗権行使に関わる第一のケースといえる。この場合、「支配者」たる国民＝立法者が、元首からその権力を奪い、その地位を剥奪し、あるいはそれまでの行政を変革する権能が認められるとしていることは注目すべき点である（RL, VI, 317）。だが、このことは抵抗権の承認を帰結しない。この場合の「剥奪（absetzen）」は、法外的な権力によって元首を処罰し、その地位を否定することではなく、実定法秩序内での権力交替

8）「国民」の訳語について説明しておきたい。ドイツ語における "Volk" は「人民」「民族」と訳出できるが、本書ではカントが原語で使用している Volk をほとんどの場合、「国民」とした。理性法国家の理念において Volk は、普遍的意志を表明する抽象的な統一体であると同時に、他者としての外国の存在を意識した存在である点で、「人民」よりも「国民」と理解するのが適切と考えるためである。但し、普遍的意志とは異なる存在として登場する場合もあり、その場合は、「人民」と訳している。

9）『法論』の中で「元首」は「君主」、「執行権者」「最高命令権者」、「最高所有権者」、など様々な呼称が与えられている。「元首」は、現実の国制や役職に左右されないアプリオリな地位と理解されるにもかかわらず、家産君主的傾向を払拭していない既存の君主像から、ホッブズ的な絶対君主像さらには立憲君主像まで広がる。ここでは概念の設定において理念と現実との間での揺れがみられる。この揺れはカントの明らかな抵抗権否認の結論にかかわらず、その整合的な把握を困難にする。この問題については次章を参照。

を意味するものに過ぎない。それどころか立法権者はもともと元首を処罰することも許されない。なぜなら処罰とは、執行権に属する作用であり、立法者が元首を処罰することは立法と執行の分離原則に反することになるからであるという (RL, VI. 316f)。ではこのサンクションが機能しないことを利用し、元首が敢えて立法権者の解任命令に服さず、執行権力を保持しつづける場合はどうなるかが問題となるが、カントはこの点については何も言及していない。立法者としての国民の「抵抗」は、この局面で現実的な問題となろう。この場合、立法権者たる国民がサンクションを行使できなければ、共和国の理念と国制は破壊されることになる。

抵抗が問題となる第二のケースとして、「立法する主権者」としての「国民」に対する、組織されない個々の国民（人民）による抵抗である。「立法する主権者」自身が「国民」とされる以上、この場合は、理念的な統一体としての国民に対する、組織されない人民の抵抗は考えられるのかということが問題となる。ここでも結論的に抵抗は否認される。「欠陥ある体制の改革」は、革命によるものであってはならず、それは漸次的な改革によらなければならない。しかもその改革は「執行権力に対してだけなされうるのであって、立法権力に対してなされることはできない」(RL, VI, 321) のである。「立法する主権者」に対しては、改革や抵抗をおこなう主体自体が承認されていないのである[10]。

(2) 抵抗否認の論拠

ここでは抵抗を否認する論拠を検討する。抵抗否認の論拠は多様だが[11]、

---

10) ザーゲによれば、カントはフランス革命から一つの指標を、つまりカント固有のモデルから生じる本質的な要請を伴うような、社会的構造と政治的構造の収斂を示す指標を革命から見出しているという。結局のところ、「カントは革命の恐怖を否定するが、同時にそれに伴って形成された事実を正当なるものと見なしている、と特徴付けられる」(Saage, S. 186f.) と言う。革命のめざす価値を理性法論は承認するが、その手段としては漸進的な改革を求めている。

11) 片木清（296頁以降）は、否認論の論拠を、(1) 定言命法としての法秩序への服従、(2) 自然法的権利としての抵抗権の論理的不成立、(3) 実定法上の権利としての抵抗権の不成立、(4) 事実（力）と結果の論理による抵抗権の否認の4つに区分している。

そのすべての論拠は普遍的な法の理性理念に最終的に求めることが可能であるといえる。

　否認の論拠としてまず挙げられるのは、抵抗や革命は法的状態を破壊するという認識である。法的体制の理念は、これまで存続してきた欠陥のある体制を漸進的な改革で実現するべきことを求める。なぜなら暴力的転覆は「法的状態を全否定する瞬間が挿入されることになるだろうから」(RL, VI, 355)である。とはいえ、この論拠に依拠するならば、元首の違法な振舞の程度如何によって、抵抗は正当化される余地もある。もし元首の専制・暴虐の状態が、事実上法的状態の崩壊を意味しうる程度にまで達するならば（その判断基準は明確に画定できないしても）、法秩序の保持という観点からも抵抗権の行使は必要であり、正当化されうるといえるからである[12]。法的状態の維持という目的だけに依拠するならば、抵抗は場合によっては承認される可能性も論理的には排除できず、その禁止は相対的な要請にとどまるものといえる。ただし、そのような場合には「元首への抵抗」はもはや「抵抗」ではなく、政治的な内戦ということになるだろう。

　他の否認論拠としては、元首の逮捕・処罰が、立法と執行の分離原則違反をもたらすという理由がある (RL, VI, 317)。立法と執行の分離は、その国家が専制かどうかを決定する分水嶺であり、元首の逮捕や処罰の容認は、共和国原理である権力の分立を破壊するとされるからである。とはいえ、この禁止も相対的な意味しかもちえない。「権力分立」が「共和国」を形成する憲法的基本原理であるとしても、このことは権力分立原則の内容が実定制度上、一義的に確定されることを意味しない。権力分立原理を採用しながらも、元首に対する司法上の弾劾手続[13]や、裁判官に対する弾劾手続が、憲

---

[12]　そうした例として、ドイツ連邦共和国基本法「この秩序を排除することを企てる何人に対してもすべてのドイツ人は他の救済手段が可能でない場合には抵抗する権利を有する」（20条3項）を挙げることができる。

[13]　これを示す例として、フランス第五共和制憲法がある。68条によれば「大統領は反逆罪の場合のほか、その職務の遂行中に行なった行為について責を負わない。大統領は両議院における公開投票により、かつそれぞれ両議院を構成する議院の絶対多数における両議院の一致した表決によって両議院が議決する場合に限り、弾劾される。この場合、大統領は政治高等法院の裁判に付される。」

法中に規定される例は少なくない。立法と執行の関係について言えば、議院内閣制も厳密には分離しているとは言い難い。しかしかつては権力分立原理違反とも考えられた諸制度も、今日では権力分立の一形態とみなされる。立法と執行の分離は、権力分立原理を形成する一つの本質であるとしても、カントのいう権力分立違反とは、特殊カント的な権力分立観を絶対視したもので、これだけを論拠とする抵抗権否認論はやはり相対的な妥当性しかもちえない。

　このように、実際上の考慮や制度上の要請に根拠を置く抵抗権否認論は、超越論的国家論の立場からすれば、論拠としてはなお不徹底の感を免れない。アプリオリな法の理念に基づく体制が構想され、その中で抵抗権が否認されるべきだとすれば、否認の論拠もやはりアプリオリな根拠づけに由来するものでなくてはならない。つまり抵抗禁止の命題を導く本質は、やはり法の理念に由来するものでなければならない。この点で、「国家体制一般の理念は、国民個々に対する実践理性の絶対的命令」であり、「神聖にして抵抗すべからざるもの」(RL, VI, 372)とする理由は、否認論の本質と位置付けることができるだろう。このアプリオリな命題から、共和国の元首は、「抵抗すべからざるもの（unwiderstehlich, irresistibel）」として位置づけられる(RL, VI, 316)。元首が何らかの理由によって抵抗され、処罰されるということは、元首が立法者の権力に従属し、国家の最高命令権が最高でなくなるという矛盾に他ならない(RL, VI, 317)。元首への処罰禁止の本質的根拠は、権力分立原則の維持といった問題ではなく、理性国家における最高権力、最高性の保持にある。最高権力への抵抗は、「法的体制全体を否定する」(RL, VI, 320)ものであり、元首の「最高」性の命題は、立法者に対してだけでなく、人民一般をも拘束するから、暴君放伐は、その最小限の試みすらも大逆罪（Hochverrat, proditio eminens）に該当し、死刑よりも軽く処されることはない(RL, VI, 320)という結論が導かれる。したがって「最高権力の濫用に、たとえ耐え難いとされる濫用であっても耐えるという国民の義務の根拠は、最高の立法に対する抵抗それ自体が法則に反し、法則にしたがう体制全体を否定すると考えざるをえない」(RL, VI, 320)（傍点は筆者による）ということになる。

この命題は、執行権としての最高権力と、立法権とを混同させているという問題があるが、抵抗否認の論拠として援用されるのは、普遍的意志の産物としての法である。立法権者に抵抗することは、普遍的立法意志の否定であり、法秩序を否定するという自己矛盾を意味する。「法則への従属は、立法をおこなう自分自身の意志から生じるものに他ならない」のである（RL, VI, 316）。ここでの「国民」は一切の不法をなしえない、理念的な主体として理解されているが、この帰結をもたらすものが、ルソー的な一般意志の表明としての法観念としての普遍性である。主権のみが普遍的意志の産物として、理性の究極的な担い手となる。「国家において立法する統治者（gesetzgegbende Oberhaupt）に対して、国民の適法な抵抗というものはない」といえるのは、「統治者の普遍的に立法する意志への服従によってのみ法的状態は可能だから」（RL, VI, 320）である。

したがって抵抗否認の論拠は、「自分自身に不法をなしえない」という主意主義的な側面をもつものであると同時に、定言的命法とも結びつく。定言的命法は、それが普遍的な格律（Maxime）とされるときに自己矛盾を来たさないかどうかという吟味を求める。いかなる要求も、それが公表され、普遍的に成立し、矛盾を含まないことが示されることで、その内容は正義に適う法として承認される（ZeF, VIII, 381）。『理論と実践』では特にこの側面が強調されている。「国内すべての反抗を打ちのめすような権力をもたずしては、法的に存立する公共体が現実に存在することはない。なぜならそうした反抗を生み出す格律がそこらじゅうで採用されるとなると、すべての市民的体制は壊滅してしまい、そもそも人々が権利を所有できる唯一の状況が根底から破壊されてしまうであろうからである」（TP, VIII, 299）。

ここで重要なことは、抵抗とは、イギリス国制史における名誉革命のように、歴史的な一回性の中に位置づけられ、正当化されることはあるとしても、普遍化された法命題とすることはできないということである[14]。抵抗権

---

[14] Mandtは抵抗権否認論に対して次のように批判する。「近代の主権的な立憲国家において、抵抗権が矛盾であるとされるのは、実践的ないし政治的問題を論理的問題に転換すること、つまり変化した諸条件の下で新たな解決を考えていくのではなく、問題それ自体を理論的に解決することに他ならない。」（Mandt, S. 313）たしかに法としての

3．理性法国家における自由　105

条項は（名誉革命の成果たる）権利章典には何ら言及されていないが、この点について次のように述べている。

「なぜそのような法律が現に存在しないかというと、個々の法律はすべて現存する体制に由来するにもかかわらず、このような場合に、憲法が（たとえ契約違反があるとしても）現存する体制を転覆させる権限を付与するような法律を含んでいることは明らかな矛盾だからである」

この矛盾を回避するために、イギリスは「震え上がった君主が自らすすんで統治を放棄したのだという話をでっちあげた」のだとカントは解釈する（TP, VIII, 303）。普遍的妥当性を正義の裏付けとする法の理念にとって、それが公表されれば法秩序が崩壊するような条項を権利として認めることはできず、抵抗は本質的に不法なものとならざるをえない。

こうした諸論拠を見ていくと、抵抗権否認論を単純に権威主義の産物、あるいは政治的既成事実の優越とみることは、適切とはいえない[15]。たしかにカントは『法論』において、「一切の官権（Obrigkeit）は神に由来する」（RL, VI, 319）として、権力者の地位について、王権神授説を彷彿とさせる表現を用いている。とはいえ、この用語法は、法的体制が最高権力に由来し、その否認は体制の崩壊をもたらす、というこれまで述べてきた認識を、通俗的な形で述べた一種のレトリックと見る方が自然であろう。「君主は最高権力をもつが、独裁君主もしくは独裁者はすべての権力をもち、また独裁君主は主権者ではある。しかし君主は主権者を代表するにすぎない」（RL, VI, 338f）

理論的一貫性を重視するカントの立場は、現実の問題解決を求める人々に対して、木で鼻をくくった公式主義的な態度とも言える。しかし本文中で述べているように、名誉革命後の権利章典でも、抵抗を権利という形で普遍化することはできていない。その理由はやはり「解決」とは、歴史的一回性の中で、経験的に模索されるもので、少なくとも手段としての抵抗を普遍化することは困難であるということを意味している。

[15]　片木清は、抵抗否認の論拠を詳細に区分しているが、最終的には事実（力）の優位に求める（片木、315頁）。この結論は結局のところ、実定法秩序に対する抵抗否認を、事実支配の優位と断定する前提に立脚しているためであり、ボリースの描く権力主義的なカント像から逃れられていない。

とも述べているように、法的体制においては君主の存在は認められるとしても、「一切の権力」をもつ独裁君主の専制的権力とは区別される。最高命令権者とは、専制君主としての元首ではない[16]。「元首」を、王権神授説の文脈で理解することは適切ではない。

抵抗権否認論は、以上のように、相対的な否認論と絶対的な否認論という二つの側面をもっている。言うまでもなく、より重要なのは、後者の無条件的で絶対的な要請である。そこで問題となるのは、法的体制内において享有する「自由」の位置付けである。

(3) 市民的自由の限界

本章2．で確認したように、普遍的意志によって結合された市民的状態（法的体制）を構想したカントにとって、「自由」とは、外的立法に対する服従を要請し、これによってはじめて自由は普遍的に確保されるという構造をもつ。この自由理解は理論的には首肯しうるとしても、現実的には権威主義的な作用を果たすことは否定できず、結果的に、国民は臣民として、主権者意思に服従するだけの存在となりかねない。しかしカントが啓蒙主義者として、諸個人の理性に信頼を置いていたことは、『啓蒙とは何か』において、「自ら歩むこと」と「理性の公的使用」の重要性を説いていることからも見て取れる。『理論と実践』第二章の副題も「反ホッブズ」であり、立法の根拠を主権者の意思そのものに求めるホッブズの主意主義的な正義理論への対抗を意図している。

同書の中でカントは「公共体の繁栄が必要なのは、国民の意志に反するかのようであるが、国民を幸福にするためではない。そうではなく、国民が現実に公共体として存在するようにすること、ただそれだけのためなのである」(TP, VIII, 298f.) と述べる。この記述からは幸福を哲学の最高原理とし、

---

[16] フリッツ・ハルトゥング「啓蒙絶対主義」（『伝統社会と近代国家』邦訳342頁）は、啓蒙絶対主義を「身分議会制的な諸制度からは解放されているが、自発的に法律に拘束され、臣民の権利を承認する統治形式」である点で、無制約で恣意的な専制とは区別されるとし、ドイツにあっては「啓蒙絶対主義」を使用すべきと説く。この立場は、最高権力者と独裁を区別しようとする、カントの意識にも合致するものとみられる。

これに基づく国家を構想するヴォルフ的な幸福主義や功利主義哲学への批判と、個人の上位に公共体としての国民を置こうとする志向が見出される。だがこの表明は外的な自由を普遍的に享有できるよう条件づけられた法秩序の優位を意味しているもので、このことが直ちに反個人主義を意味するわけではない。

では個人の自由はどのように理解されるのだろうか。カントは法的体制における個人の地位を次のように規定している。立法権は国民の結合した意志にだけ帰属するものであるから、市民社会の構成員は、国家公民（Staatsbürger）として、自らが同意を与えた法律以外の何にも服さないという「法律的自由（gesetzliche Freiheit）」を享受すること、自分よりも上位に立つ何者も認めない「市民的平等（bürgerliche Gleichheit）」、さらに公共体の一員として、自らの生存を自分固有の権利と力に依存せしめる「市民的独立性（bürgerliche Selbständigkeit）」を享受する地位にある（RL, VI, 314）。しかしホッブズも原子論的な個人の自由と平等を出発点としてその国家論を形成していったように、自由と平等を認めることが直ちに絶対主義的な国家観を拒否する根拠となるわけではない。当然のことながら、自由であることは、自由が一切無制約であることを意味するわけではない。自由への制約根拠として、カントは「欲した者に不法はなされない」という論拠を提示し、これを国家公民としての「法律的自由」と結びつけている。だがこの論理関係は、生命の安全保障を条件として、主権者に自然権を譲渡し、主権者意思への絶対服従を同意によって根拠づけたホッブズの主意主義的な論理と大きく変わるものではない[17]。つまり禁止されるのは最高命令権者や最高立法権者への抵抗だけではなく、法的体制への脅威と見なされるならば、物理力の行使に及ばない、言論活動も対象となりうる。その例としてカントは、最高権力の淵源を実践的意図の下に探求し、そうした成果をもとに、現にある最高権力の正当性を云々する議論は禁止されるべきとする（RL, VI, 318f.）。ある政治共同体がいかなる歴史的経緯を経て形成されてきたかを示すことは、「粗野

---

17) ホッブズにおいて、主権者の行為を臣民が非難することが許されない理由は、「他から権限を受けて行為するものが、それを付与してくれた当人に対して権利侵害をはたらくことはありえないから」である（Hobbes, p. 232、邦訳201頁）。

な人間本性からすれば暴力によってはじめられただろうことが推測される（RL, VI, 339f.）」以上、もともと無益であるばかりか、そうした研究や認識は、しばしば既存国家の批判という実践的目的のために利用される。しかし実践的意図の下に歴史的淵源を探索して最高権力の正当性を詮索することは、ア・プリオリな法の理念に根ざした共和国にとって見当外れであり、「国家を危うくする詭弁」として否定されなければならないという（RL, VI. 318）。

　（政治的影響をもつ）表現の自由に対する禁止命題は、『法論』や『理論と実践』に特有のものではなく、啓蒙の理念と結びつけられている。啓蒙を実現する上で求められるのは「自由以外の何者でもない」（AK, VIII, 36）が、それは「理性を公的に使用する自由」に限定され、「私的使用はしばしば極端に制限されることがあってもかまわない」という。公的使用とは「読書世界のすべての公衆を前にして学者として理性を使用すること」であり、私的使用とは「ある委託された市民としての地位もしくは官職において自分に許される理性使用」である（AK, VIII, 37）。つまり共和国理念の妥当性について、経験的知見を根拠としてこの前提を疑い、これを議論の対象とすることは、立法への服従要求の正当性を根底から突き崩す、理性の私的使用ということになる。理性法国家を成立させる根源的契約の理念は、共和国にとって不可侵の公定理論としての地位を保障されなければならず、国家権力の淵源について「勝手な考えをひねり出すことで国家的権威に反抗しようとする者」は、現にある国家の共通認識と基礎を破壊する者であるから「全く正当に処罰され、抹殺され、追放されなければならない」（RL, VI. 319）という結論に至る。したがって、「ペンの自由は体制に対する尊重と愛という限界を超えることはできない」（TP, VIII, 303f.）。この禁止命題は結局のところ、法的体制によってもたらされる自由に内在する制約ということになる。法的体制の存立と矛盾する振舞いは、それが実際上体制を揺るがすかどうかにかかわりなく、言論活動もまた統制の対象としうることについて、カントは確信的である。

　「闘う民主制」観を採るのでない限り、こうした自由観は現代人権論の主流とは言い難い。上記の制約原理は、個人的法益の保護を目的とする調整原

理や、ミル的な危害原理による制約とは明らかに異質である。だが「闘う民主制」観を採るかどうかの論点とは別に、現代立憲主義的な自由観とカントの自由観との違いは次の点、つまり現代立憲主義の自由観は、表現の自由を、自由のうちで最上位に位置すると見ているのに対し、カントの自由観において、表現の自由は必ずしも最上位に置かれず、特権的な地位も与えられていないという点にある。これは少数者の表現の自由を、自由論の中心に置いて議論を進めていくJ. S. ミル『自由論』のような立場とは対照的だが、超越論的な権利の基礎付けを試みる立場からすれば、表現の自由を最上位の自由とする発想はもともと存在しないというべきであろう。表現の自由とは、「身体の自己所有」や「内的な私のもの」といった権利の超越論的な根拠づけから導かれるものではなく、多様な社会的条件の中で相対的・可変的に実現されうる民主制を支えるという政治的な性格を孕んでいるからである。あるいは民主制とは無関係に、個人の人格的発展という要素に注目して表現の自由を捉え直すとしても、表現の自由は他者の外的自由と調和するような制約を被るが、この点はその他の自由と異なるところはない。ミルに代表される立憲主義的な自由観は、表現の自由に自由を代表させ、自由の中核と位置付けているが、そこにはロックやカントが問題としていたような、権利の根拠づけという発想はなく、社会の発展と真理の追究にとって何が有益かという功利主義的な視点から徹頭徹尾論じられるにとどまっているのである[18]。この違いは現代人権論とカントの違いというよりも、自由の根拠づけ

---

[18] したがって、ここでは詳述できないが、今日広く承認されている、違憲審査に関わる「二重の基準論」も権利の哲学的基礎付けや自由の本質論とは無関係なものと言わなければならない。表現の自由を他の自由に対して優位に置くこの思考は、抵抗や内乱の手段として表現活動が利用される可能性を度外視できる状況を前提としている点で、自由の中でも最も贅沢な、それ故に最も最後に置かれるべきものである。個人の自由にとって最も根源的といえるのは、カントやロックが「内的な私のもの」ないし「プロパティ」とした「身体（人身）の自由」であろう。思想統制立法それ自体は、程度の差はあれ、いつの時代でも存在したが、それが直ちに自由への根源的な脅威になるわけではないことは、現行ドイツ憲法の「闘う民主制」の例や、明治・大正期の民権運動・普選運動への弾圧諸立法の例からすらも見て取れる。自由にとっての根源的な脅威は、違法な活動の取締過程で生ずる、身体の自由に対する根底的な否認である。たとえば治安維持法は構成要件の不明確さにおいて問題を孕んでいたが、それ以上に人権への脅威となっ

に正面から取り組んだ18世紀的思考と、自由が一定程度実現されたが、その享有を功利主義的な観点を通じてさらに拡大しようとする19世紀的思考との対立であるように思われる。

ところで抵抗否認の論理とは、既存の体制を保守する反革命の立場でありうるが、他方でそれは一旦成立した革命国家において、革命の成果を保障する防壁となりうる。そしてこれまでの議論は、法の普遍的法則と定言的命法とを結びつけることによって、合法性の優位を徹底的に基礎付け、啓蒙主義自然法論に内在していた政治的・革命的要素を否認し、19世紀の法実証主義的な秩序観に道を開くものとなっている。ではこのことはカントの法秩序観が、保守でも革新でもない、完全に価値中立的な存在であることを意味するのか。それともここには「闘う民主制」と同様の、政治的実存を前提とする「敵」概念を内包するものと見るべきなのだろうか。

たのは、行政執行法を根拠とする行政（警察）検束の濫用であった。行政検束による身体の拘束は、令状主義や公開裁判といった、人身の自由を保護する刑事手続法上の統制を完全に免れていたばかりか、違法な行政検束に対する行政訴訟を提起する可能性も封じられていた点で、もっとも濫用されてきた（この問題については、美濃部達吉『現代憲政評論』、227頁以降）。悲惨な虐殺事件も、この司法的統制から免れた、特別高等警察の超法規的・恣意的な行政過程の中で生じたもので、法廷において死刑判決が下されることはなかった。全体主義国家のもつ忌まわしさとは、思想や表現活動に対する統制それ自体ではなく、秘密警察の超法規的な活動を通じた脅迫や暴行によって国民全体を恐怖に陥れることにある。二重の基準論が、この最重要であるはずの人身の自由を比較の対象から外し、精神的自由と経済的自由だけを考察の対象としているのは、この理論が自由の根拠づけとは無関係に存在していることを示している。表現の自由ないし精神的自由の優越性とは、社会・経済政策立法が求められる時代固有の状況から生まれた、帰結主義的な自由観に根拠を置いており、カントやロックの依拠した権利基底的な自由観と関連をもつものではない。精神的自由がなければ民主制の過程が傷つけられるといった類の理由づけは、自由の根拠づけとは無関係であるし、ナチスの経験に見られるような民主制の崩壊と人権の弾圧といった現象は、法的統制を免れて人身の自由を完全に否認しうる警察活動を通じ、特定党派（ないし特定機関）が国民の活動すべてを恐怖によって制圧しきったことの結果にすぎない。自由を脅かす本質は表現活動への規制ではなく、人身の自由への規制である。カントがしばしば容認する、表現の自由に対する制約について、今日のリベラルなカント主義者はこれを理解できなくなっているが、このことは時代状況の違いという点を差し引くとしても、多くの場合、彼らがカントの依拠する権利基底的な自由観とは無関係の、現代的な自由観に取り込まれていることを示している。

4．反イギリス的自由

(1)「穏健な国制」批判

　抵抗権否認論は、合法性＝実定法の優位に根拠を置く点で、体制保守的な、反革命的な要素を内包するものであることは確かであり、実際にカントはフランスでの国王処刑を強く非難した。それにもかかわらず、他方で、啓蒙の立場からフランスにおける革命の理念に共感し支持を寄せる。カントは革命や抵抗を法の論理としては容認しえないとしても、一つの政治的事件として革命に期待を寄せ、支持していたと見るべきであろう[19]。

　そうした政治的立場にとって、啓蒙と理性に基づく体制の構想を脅かす最大の敵となるのは、フランス包囲網を形成し、神聖同盟によって1848年の三月革命までヨーロッパ大陸での反動的体制の元締めとなったイギリス王国であったといえる。イギリスは前世紀において名誉革命を経て政治的自由の確保される環境を形成し、これが近代の立憲主義を形成することになったが、その漸進的で伝統主義的な法秩序は、啓蒙的理性によるフランス革命の法秩序と政治的には対立関係を形成し、「神聖同盟」の側に与することになった[20]。このイギリスの姿勢は、国際外交上の実利主義に由来するものであり

---

[19] 最晩年の著作『学部の争い』は、人類の進歩をめぐって「才気あふれる国民による」フランス革命の歴史哲学的意義について論じている。革命を賛美することは、自国の君主制的な体制（monarchische Constitution）を変更することを要求するものではない。革命による共和的体制の確立は、共和的体制の平和愛好的な性格の故に、むしろ自国の安全にとって好ましく、まして革命の舞台から遠く離れた地で、革命賛美を「ジャコバン主義」として非難するのは根拠のないものであるとしている（SdF, VII, 86）。カントの言葉は批判者に対する韜晦を含むようにも見えるが、ここでは共和的体制をもたらす革命の承認が歴史的哲学的な意義をもつことと認めつつ、自国の体制への評価とは一線を画そうとする態度があるように思われる。カントにとって「無邪気な素人政治談義」でしかない革命賛美と、法理論としての抵抗権否認論は矛盾するものではないということになる。

[20] 対仏大同盟の対フランス戦争とは、単なる国家間の戦争ではない。それは「固有の法と権利」に依拠した主権国家体制であるウェストファリア体制に対して「人間の権利」を中核とし、理論上国境を破壊する作用をもつ普遍国家との対決という側面を有していた。この点については、高橋和則「エドマンド・バークと主権国家」特に83頁以降

ながらも、理性法秩序の構想とその哲学的正当化を試みる議論に対して大きな影を投げかけている。啓蒙主義哲学が闘い、克服すべき「敵」とは、絶対主義的な領邦諸君主や専制だけではない。より強力な敵となるのは、そうした絶対主義や専制を「正統主義」や伝統的国制の保持という観点から支援するという「反動的」な外交政策を取りながら、それにもかかわらず自国の政治的体制を「自由な国制」として世界に喧伝するイギリスとその国制理念である[21]。理性法論は、抵抗権の自然法論的な正当化に与する論理をもたないとしても、新たな普遍的体制への服従義務を根拠づけ、旧体制の復古を否認するという点では「進歩的」な機能をもつ[22]。この点で理性法国家論は対仏包囲網を形成された革命フランスの側にある。

こうした背景を考慮すると、抵抗権否認論を展開する『法論』や『理論と実践』、『学部の争い』等において、イギリス国制への言及が随所に見られ、それに対する批判がなされていることは意味深いものがある。建国史の始まりとしての革命を賛美する例は少なくないが、イギリスのように体制への抵抗を歴史的な国制の中で位置付け、これを正当化する例は少ない。こうした実例はカントにとってどのように理解されたのだろうか。

『法論』や『理論と実践』において構想される体制とは、普遍的立法意志を表明する立法者と、これを執行する一元化された法秩序であった。この意味で「法的体制」や「法的状態」が政治的に求めるのは、諸権力が多元的に併存する法秩序とそうした多元性の中で確保されてきた「身分的自由」観の克服でもある。それはかつてプーフェンドルフが揶揄したように「神聖でもローマでもない」封建制の残骸としての帝国国法秩序に対する糾弾であるが、封建体制への批判の必要性は18世紀終わりのドイツにおいて、英仏に比較してはるかに切迫した状況にある。隣国フランスでの革命に思いを馳せる啓蒙主義者にとって、イギリスによる反革命包囲網は、そうした進歩を阻害

を参照。
21) ピットは、フランス人の憲法に反対し、見せかけの自由にすぎないイギリス憲法原理を攻撃的に主張する。このため、カントにとってピットは「人類の敵」と映っていた、とマウスは述べている（Maus, S. 136）。
22) Fetcher [2], S. 276.

する反動の卸元として映ったことは想像に難くない。しかしその一方で、イギリスは「抵抗」史を通じた国制の偉大さを内外に喧伝する立憲主義の母国でもある。理性法国家にとって、抵抗と自由を結びつけるイギリスの名誉革命体制をいかに評価するかは法的体制の構想を示す上で一つの分水嶺となる論点である。

『政府二論』的なイデオロギーに沿って解釈するならば、名誉革命とは、諸個人の信託によって成立した政府がその権力を濫用したことの結果であり、政府への抵抗は自然権を根拠に正当化される。しかしイギリス国制の論理からすれば、抵抗の権利は非歴史的な自然権論によって根拠づけられるものではなく、マグナ＝カルタ以来継承されてきた歴史的権利であるといえる。理論的な根拠はともかく、イギリスはこの政治的革命を正当とみなしてきた。

しかし既述のように、カントは抵抗権が法的には成立しえないことを、名誉革命の例から指摘している。抵抗権は当の権利章典においても明示されておらず、それが憲法上承認されることはありえない。もしそれが承認されるならば、現存する体制を転覆させる権利を国家自らが承認するという矛盾にイギリス憲法は陥るからである（TP, VIII, 303）[23]。抵抗とは、普遍化しえない、つまり法としての正当性をもちえない格律である。イギリス国民は、自国の体制が絶対君主制であるといわれることに我慢できない。自由を求めるこの国民の尊厳を保持するために、為政者は国民に対し、二院制議会によって、君主の意志を制約できると信じ込ませているに過ぎない（SdF, VII, 90）。だからこそ、抵抗の権利というものが、国制上の権利として承認されること

---

[23] ゲルマン的な封建関係を成文化したマグナ・カルタによれば、国王が違法を犯した場合、国家権力は二十五人のバロンたちに移行するものとされ、その間バロンたちは国王の財産を差し押さえるなどの手段によって「朕に呵責と強圧を加うべき」（61章）である。但し、この場合に国王と家族の「身体は除かれる」ものとして身体の不可侵は保障されていたから、厳密にはピューリタン革命はマグナ・カルタの条項には違反している。この故を以て名誉革命におけるジェームス二世の廃位も、ジェームスが国外へ追放されたときに、王位を放棄したものと擬制された（Mayer-Tasch, S. 65、邦訳125頁以降）。カントが名誉革命体制を「でっちあげ」と評するのは、ゲルマン的な封建契約の伝統から完全に逸脱しているわけではないにしても、厳密にはマグナ・カルタの61章違反を事後的に取り繕った理論構成だからである。

はない。もし抵抗権が実定法上あるいは憲法上承認されるとすれば、法は公的に創設された対抗権力を承認したことになり、第二の国家元首を認めざるを得ない。そして第一の元首と第二の元首のいずれが正当かを判断するためには第三の元首が要請される、という無限後退に陥る。既に引用したように、イギリス人はこの論理矛盾を避けるために、実際には以前の国王に反抗したにもかかわらず、震え上がった君主が自ら進んで統治を放棄したのだという話を「でっちあげた」とカントが評するのはこうした背景による（TP, VIII, 303）。言い換えれば、「抵抗」の過去を政治的に賛美することと、「最高命令権」を誰が所有するのか曖昧にしておくこととは、根深い関わりをもつ。このように、主権者が曖昧にされたままの、つまり一元化された結節点をもたない体制原理は、『法論』では「制限された体制（eine eingeschränkte Verfassung）」（RL, VI, 321）、または「いわゆる穏健な国制（die sognannte gemässigte Staatsverfassung）」（RL, VI, 320）と呼ばれている。しかし「いわゆる穏健な国制というのは馬鹿げたものであり、法に属するものではなく、賢さの原理（Klugheitsprinzip）にすぎない」（RL, VI, 320）ものとして、原理的に否定される。

「穏健な国制」原理を、法の体制とは異質とみなすカントの立場を裏付けるのが、イギリス国制を賛美するモンテスキューにより定式化された、権力分立原理に対するカントの見方である。モンテスキューによれば、「自由とは法律の許すすべてをなす権利」[24]であるが、政治的自由の確保された国制は、純粋な政体には認められない。自由は様々な政体の原理が混合した「穏健な政体（les gouvernements modérés）」、すなわち君主、貴族、市民がそれぞれ立法権力の担い手として想定される体制においてのみ見出される[25]。なぜなら「権力を濫用しえないようにするためには、事物の配置（la disposition des choses）によって権力が権力を抑制するようにしなければならない」[26]からである。こうして諸権力の均衡という「事物の配置」による統制が理想

---

24) Montesquieu, p. 167（邦訳上巻209頁）。
25) Montesquieu, p. 167（邦訳上巻210頁）。但し、邦訳は「政治的自由は制限政体にのみ見出される」とし、"modérés"を「穏健な」と訳していない。
26) Montesquieu, p. 167（邦訳上巻210頁）。

化され、この統治構造は各々の身分の均衡によって専制を抑止する体系として積極的に評価されることになる[27]。イギリス型国会主権もまた王冠、貴族院、庶民院のもつ諸特権の「関係（rapport）」によって恣意の抑制が意図される。むろんここで想定される特権とは、歴史的な裏付けを持つ私有財産・既得権として尊重される「身分制的法秩序観」（ウェーバー）に対応している[28]。各身分の中で承認されてきた伝統的な主観的諸権利の束が客観的法秩序を構成するという論理は、名誉革命によって確立された、制限された政体と一致する。

　諸特権の均衡によって成立する自由を、真の自由とは認めないカントの立場は、同じくモンテスキューを批判するルソーの立場とも重なってくる[29]。モンテスキューの権力分立論は、混合政体論といえるが、ルソーは「混合政体（gouvernement mixte）について」の章において、「単一政体はそれが単一であるということだけですでに、それ自体として最良のもの」[30]とし、単一政体としての君主制、民主制、貴族制は、それぞれの利点を十分に発揮しうる可能性をもつのに対し、混合政体は十分な力を発揮できないとする。「穏健な国制」では執行権は代議士を通じて抑制されるが、ルソーによれば代表制を通じて確保される自由は、誤解に基づくものでしかない[31]。またル

---

27)　モンテスキューは当初、平等を中心とする古代の共和主義的自由の賛美者であった。しかし共和政体を採るヴェネツィア、オランダの恐怖政治や腐敗を目撃することで、「自由」を政体に属するものから、異なる社会階層を前提とする関係（rapport）の中に見出すに至る。こうしてモンテスキューは、国民は異種の階層によって成立するというマキャベリと同様の社会観をもつようになる。この点について押村高［1］、212頁以降を特に参照。
28)　Max Weber, S. 485（『法社会学』422頁以下）。
29)　根源的契約は、理性法的な主権者の意志、基本権として経験的な立法者を拘束する。しかしその基本権は前国家的な個人の権利や武装した個人による国家への抵抗を認めるようなロック的な自由観に従うものではない。むしろ無制限の自由保障という条件で国家状態に入るルソーのイメージにしたがっており、人権の地位は立法者による公権的な地位へと移行させられている、というのは Kersting（［1］（S. 349.）の理解である。
30)　Rousseau［1］, p. 413（III, 7）。
31)　ルソーによれば、そもそも「主権は代表されえない」から、人民の代議士（les députés du peuple）は代表者たりえず、最終的な決定のできない委託人（comissaires）にすぎない。したがってイギリス人が自由であるのは選挙の期間中だけで、選挙後は奴隷となる（Rousseau［1］, III, 15）。

ソーにとり、議員たちは、一般意志（volonté générale）を表明する資格をもたない。

ルソーのこうした見方は、カントに対して看過しえない影響を与えている。ルソーの「一般意志」に対応する「普遍的意志」を法的体制の中心に据えるカントにとっても、特殊利益の代理人としての等族会議の代議士たち（Deputierten）は、理性法の要請からはかけ離れた存在であり、代議士を通じて権力の抑制をできるなどという発想は、欺瞞（Blendwerk）でしかない（RL, VI. 320）[32]。この「代議士たち」をカントは次のように描写している。

「国民を代表し、国民の自由と権利との擁護する者である代議士たちというのは、自分のことと自分の一族のこと、およびその一族が陸軍や海軍や文官職にあって大臣に依存してありつく地位のことに強烈な関心をもっており、そして（政府の越権に抵抗するどころか）いつでも政府と結託しようとまちかまえているような人々である（RL, VI, 319f.）。

自己とその一族の利益しか考えていない代議士が、君主の最高権力を抑制し、君主の憲法違反の行為を規制し、普遍的立法の属性である公的な告知と共に抵抗をするというのは、「法的体制」を形成する上での阻害要因でしかない。代議士は可能性として専制への防波堤となり得るが、普遍的立法意志に基づく新たな国家の基礎付けという課題からすれば、既存の身分的特権を背負った彼らの存在は、「穏健な国制」と調和しうるとしても、時代の課題としての「法的体制」の理念とは調和しない[33]。このような代議士像に立脚するならば、彼らが君主の国制違反あるいは憲法規定違反を列挙し、抵抗する行為とは、啓蒙主義改革を期待しうる担い手を攻撃する反動的な行為でしかなくなる。分裂と対立に満ちた崩壊寸前の帝国国制の中に生きた当事者か

---

32) ここで想定されている「代議士」とは、等族議会における構成員を指しており、普遍的立法意志を代表する「主権者」とは異なる。

33) シュミットによれば法治国家は一般に、有効な客観的法と現存の主観的権利を無条件に尊重するあらゆる国家を意味する（Schmitt [1], S. 129）。その意味でかつてのドイツ帝国はその解体期において理想的な法治国家であり、そこでは既得権が国家の政治的実存や安全よりも重要ということになる。イギリス流の制限政体の論理をドイツに持ち込むことは、政治的には封建的勢力の保守を意味するものとなる。

らすれば、代議制と「穏健な国制」の擁護論は、法的体制の構築からかけ離れた、反動と守旧のイデオロギーでしかない。

「穏健な国制」に対する批判的な態度は、この意味で政治的な問題意識だけに基づくものではなく、実践哲学上の方法論にも合致する。何故に穏健な国制が「馬鹿げたもの（ein Unding）であり、法に属するものではなく、賢さの原理に属するもの」とされるのか。その評価は、『人倫の形而上学』の根幹を占める問題とそのまま重なる。既述のように、カントの道徳哲学は行為の形式として、「賢さの忠告」や「熟練の規則」に対して、義務に対する服従を動機とする行為の優位を基礎付けるものであった。「法的体制」と「穏健な国制」との関係は、これら行為の形式の実践的適用としてパラレルに位置付けられよう。賢さの忠告ないし原理とは、仮言的命法を根拠とする行為の原理だが、『法論』の目的とは、合法性を仮言的命法の原理から完全に分離せしめ、定言的命法と結びつけることにあったとすれば、「賢さの原理」に基づく穏健な国制は、法の原理とは無関係ということになる。哲学的には偽の原理でしかないものが、自由な国制の根拠とされるのは、理性法論にとって片腹痛いものでしかない。

(2) 普遍的立法と命令の区分

それ故に、抵抗権否認論は、イギリスの名誉革命体制とモンテスキュー的権力分立論の立脚する経験論哲学や歴史主義への攻撃という性格をもっている。モンテスキューの権力分立論は、イギリスの国王、貴族院、庶民院の均衡形態を反映しているが、これは一方において立法、行政、司法による近代的な三権分立思想の淵源であると同時に、歴史的には君主と等族などの自立的権力間での均衡と抑制を目的とする身分制的法秩序を濃厚に反映している。もはや残骸に近いものであったにせよ、帝国国制秩序の残るドイツにあって、モンテスキュー理論が、アメリカ憲法的な解釈を施された権力分立論としてでなく、君主と等族との二元的な権力構造の擁護論として評価され、受容されたという事情[34]は、ごく自然の成り行きである。

---

34) 18世紀ドイツで『法の精神』における「権力による権力の阻止」が注目され、中間権力を内包した帝国国制の正当化理論として受容されたことを想起すればカントの主張

むろん『法論』においても「権力分立」は重要な地位を与えられている。共和国は、普遍的に結合した意志によって形成されるが、この意志は「立法者人格」、「統治者人格」、それに「裁判官人格」という三種の人格を含むと理解され、それを根拠として国家権力は三つに区分されなければならない (RL, VI, 313)。個々の人格を示す権力が、異なる機関によって行使されることがここでは要請されている。しかしこうした区分の仕方は、モンテスキュー的な経験的配慮に基づく「事物の配置」により、専制を防止しようとする発想とは本質的に異なる。

理性概念としての「法」と「命令」の区分はそうした断絶を示す本質的な徴表といえるだろう。諸身分の均衡としての権力分立論において、権限の担い手が合議機関か独任機関か、また「執行」や「審議」のもつ特質に着目して、処理すべき任務が性質上異なることをモンテスキューは説くが[35]、そこで重視されるのは権力相互の牽制であり、定立すべき法規範の性質に区分を設けているわけではない。「立法」の名によって裁判判決を修正し、あるいは裁判判決を通じて「立法」を否認することは、いずれか一方が全面的優位に立つものでない限り、機関相互の適切な牽制であり、自由の確保にとって有益である。「事物の配置」による専制の抑止という目的はこれで十分に達成される。

これに対して立法を普遍的意志によるものと特徴づけるならば、立法は、「命令」あるいは「判決」といった執行機関の定立する特殊・個別的な法規範と本質的に区別されねばならない。ルソーはこの区分を強調し、法律と命令や判決を区別する基準として、「一般性」と「特殊性」を挙げた。法律は

の背景はより明瞭なものとなる。この点についてはルドルフ・フィーアハウス「一八世紀のドイツにおけるモンテスキューの影響」(リーデル『伝統社会と近代国家』邦訳127頁)。また村上淳一[1]、44頁。

35) 「立法権力は逆に執行権力を抑止する権能をもつべきではない。なぜなら執行にはその本性上限界があり、執行を制限することは無益だからである。その上、執行権力は一時的な事柄について行使されるのが常だからである」(Montesquieu, p. 175 邦訳218頁)。「ひとたび設置された軍隊は決して立法府に直属するべきでなくて、執行権力に直属すべきである。これは事物の本性による。軍隊のなすべきことは審議よりも行動にあるからである」(Montesquieu, p. 178 邦訳222頁)。

理性のみから発する普遍的正義、つまり人民の平等に適う規範でなければならず、法律は意志においても対象においても一般性を併せ持つものでなければならない。執行権者や裁判官の下す措置、命令や判決は、個別的対象に対するものであり、普遍理性的な属性を有するものとは理解されない。主権者も個別的対象について命じるならば、それはもはや法律ではなく、単なる法令（décret）とみなされる[36]。自由の核心となるのは、権力の担い手たちの間での均衡ではなく、普遍的に定立され、適用される一般的法規範と個別的法規範という区分となる。立法は普遍的に結合した国民の意志のみに帰属するという命題はこの意味で理解され、それはルソーの一般意志論と同様に、不法をなすことはありえない（RL, VI, 313f.）。執行権人格たる元首は、個々の特殊事例について命令を下す存在であり、執行権に属する行政には、個別事例に関して、法律を根拠とする処分、措置、撤回等の権限が付与される。「同時に立法を行う政府があるとすればそれは専制的とよばれて、愛国的政府とは区別される」（RL, VI, 316f.）という表明もこの文脈で理解される。したがって理性法に基づく権力分立体制からすれば、例えば消極的立法権たる違憲立法審査権は権力分立の本質を見誤ったものとして理解されるべきことになる[37]。一般性／特殊性という基準[38]によって法規範の定立主体が区分

---

[36] Rousseau [1], p. 379（II, 6）.
[37] 同じくカントの抵抗権否認論を擁護するインゲボルク・マウス（Maus, S. 35f.）は、違憲審査制度をアメリカ的な「法の支配」からの影響を受けたものとして、批判する。意見審査制は、「法の主権という中世法思想」によって「法を創造する民主的過程から法が自立化し始めている」「再封建化」であり、立法の普遍性を断念し、近代の理性法的な法観念からの脱却を意味していると評価される。
[38] 「一般的規範」と「個別的規範」との区分は容易ではなく、その区分の線は、論者の価値観によって変動する。ルソーは、法律が特殊的な名指しをせず、一般的な規定にとどまる限りは、新たに階級を創設することも、王政を確立することも可能であるとする（Rousseau [1], p. 379（II, 6）。しかし今日の憲法学の通説によれば「法の下の平等」とは、法適用の平等ではなく、「法内容の平等」と解されている（例えば芦部信喜 [3]、16頁）。司法権に「平等」の内実を判断させる今日の通説的見解は、違憲立法審査権という制度的な保障と対をなしているが、こうした制度の変遷によって、ルソーが定式化したような立法者＝一般的規範定立者、裁判官＝個別的規範の定立者という区分は相対化し、立法権と司法権の概念区分自体も不明確なものとなる。つまり立法＝理性としての一般的規範という図式は妥当しなくなっている。但し、諸外国では大統領の命令

されているかどうかは、共和的体制と専制とを区分する本質的な分水嶺となる。

　理性法に基づく権力分立体制は、以上の意味から、モンテスキュー的な意味での権力分立とは無関係であり、「理性支配」と「法律の優位」という一元的支配の徹底が念頭に置かれている。カントは三権の分立を規定しつつも、それは「立法者人格における主権」、「統治者人格における執行権」、「裁判官人格における裁判権」という、「政治的三位一体（trias politica）」[39] (RL, VI, 313) であり、最終的に調和すべきものとして、分離されつつ本質上は一つであり、また一つの実体に由来すると理解されている。カントの権力分立論が経験に依拠するものでないことは、このような擬似神学的な説明だけではなく、区分が実践理性推論における三つの命題に対応させられていることからも理解される。三段論法における「大前提」は、意志の法則を含む立法に対応し、「小前提」は法則にしたがった方法の命令、すなわち包摂の原理を含み、「結論」は何が法に適うのかの判決を含むとされる（RL, VI, 313)。三種の権力は、論理学上、一つの推論過程を形成する個々の段階であると同時に、国家論上はそれらの統一の中で自由と自律が維持され、はじめて国家の福祉（das Heil des Staates）が達成されるのである（RL, VI, 318)。

　こうした論理構造によって「法的体制」は一つの完結した統一体とされ、それ故に、一つの本質を形成するある権力が、他の権力に対して抵抗するこ

　　（Rechtsverordnung, décret, ordnnance）が、一定の条件で法律を変更したり、成立した法案を拒否するなど、立法権への一定の関与を認められることもなるから、「法律」概念の曖昧さを回避するためにも、憲法典で「法律事項」を特別に規定している場合が多い（米国憲法第1章8条、ドイツ連邦共和国基本法第73条、フランス第五共和制憲法37、38条など）。権力分立の内容は「法律」の内容や、具体的な実定法上の形態にも左右される多義的な面をもつ。

39）三位一体論はキリスト教神学において、神の内的構造を表す定式とされるものであり、父なる神、子なる神、聖霊なる神という三つの位格（persona）が一つの本質であることを意味する（『岩波哲学・思想事典』595頁）。しかしアレイオスのように神の唯一性を強調するのであれば、何故に「子」が神と同格であるのかは説明できず、古代以来、神学上の争いとなってきたし、異端とされてきたアレイオスの教説も再評価されているといわれる（同書47頁）。しかし神学上の解釈は別として、ここで重要なのは三種の権力が根源において一つであることを示すためにカントが三位一体論を援用したということである。

とは考えられない[40]。「共和国」で構想される三権の区分とは、アプリオリな法の概念に由来する区分であり、社会学的な観察や考察から引き出した、いわばア・ポステリオリな区分としてのモンテスキュー的な権力分立とは異質な前提に立脚している[41]。

権力間の牽制を前提とする抵抗権容認論は、歴史的に形成されてきた「穏健な」「混合政体」に立脚するもので、『法論』の内在的論理からすれば「賢さの忠告」、つまり仮言的命法に基づく自由観と国制論からの帰結といえる。自由を経験的存在の諸関係から求めることは理性と哲学の敗北に他ならない[42]。道徳的命法が「賢さの忠告」に優位するという立場からすれば、「法的体制」が、制限政体としての名誉革命体制に優位することは、実践哲学上の当然の帰結でなければならなかった。

5．身分的自由から法的自由へ
― 第三章の結びとして ―

共和国の理念を掲げる啓蒙の立場からすれば、封建身分制、殊に貴族の存

---

40) 1789年の「人及び市民の権利宣言」にあるように「権力の分立が規定されていないすべての社会は憲法をもつものではない」(16条)という文言は、モンテスキューの影響だけでなく、「法は一般意志の表明である」(6条)というルソーの見解との調和の中で理解されなければならない。モンテスキューにとって法とは、事物の本性という経験的世界から由来する必然的諸関係である以上、ルソーの法律観に基づく権力分立体制、革命体制とは異質である。

41) ケルスティングも認めるように、"trias politica"は、権力分立論と「主権」の一致を可能とし、純粋な法実現のために経験的要素を取り除くもので、モンテスキューの権力分立論とは異なる理論的基盤をもつ (Kersting [1], S. 261)。

42) その点でヘーゲル『法の哲学』§273において「抽象的悟性」により「諸権力が相互に絶対的自立性をもっていると間違えて考えられたり」「諸権力相互の関係が否定的関係として、つまり相互的制限として一面的に解されたりする」権力分立は、生きた一体性をもつものではないとして、モンテスキューやカントを想定した批判が展開されている。しかしここでのヘーゲルの立場は基本的に、これまで説明してきたように、カントの立場と変わるところはない。この批判はモンテスキューに対しては妥当するとしても、カントに対してはヘーゲルの誤解ないしは曲解に由来するものというほかない。ヘーゲルは、カントの権力分立論と、モンテスキューのそれとの間にある本質的な差異を汲み取っていない。

在をいかに処理するかは一つの歴史的な課題である。これまで見てきたように、貴族主義的残滓が濃厚に見られるモンテスキューの権力分立論は否定される。社会的勢力としての貴族階層に対して、『法論』はその居場所を原理的には認めず、暫定的にその存在を容認しているにすぎない[43]。この点も、歴史的な国制を保守・改革しつつ、貴族階層を議会制度にとって不可欠の要素として発展してきたイギリス型の立憲主義思想とは対照的である。

これに対して君主の存在が『法論』で否定されないのは、それが「最高命令権者」であり、前章で見たような抽象的な国土所有者としての「上級所有権者」へと転換しうること、すなわち理性法支配の一元性を象徴する帰属点たりうるという可能性に求められるといってよい[44]。君主制度の容認は理性法秩序と両立しうるが、貴族制度の容認は非理性的な封建反動につながるのである。反イギリス論の根底には、こうした反封建の志向がある。抵抗権と結びついた名誉革命擁護論は、非-法的な体制を「コモンセンス」や「(経験的) 自由」の名で丸め込み、正当化を図ろうとする反哲学の営為であり、カントはこれを、理性法の観点から認めることはできなかったのである。

とはいえ、こうした経験論哲学を背景とする国制が、アメリカ独立革命の一源流となっていること、またイギリスが旧来の身分秩序を漸次改革し、近代立憲主義として、世界に喧伝される議会制を作り上げたことの歴史的意義は否定し難い。抵抗権を内包する憲法原理は、混合憲法、制限政体といった権力分立原理として結晶したが、この原理についてカール・シュミットは、民主制という「政治的構成原理」と並立する、近代憲法のもつ「市民法治国家的原理」と規定した。シュミットによれば、近代憲法とは、権力の抑制と自由の確保を目的とする「市民法治国家的構成部分」と、民主制と平等を中

---

[43] 「主権者は貴族身分を、自分とその他の国民の間の世襲的中間身分として設ける権限があるか」という形でカントは問いを提出している。ここでは世襲貴族制の問題点を指摘しているが、最終的には「国家は法に反して世襲の特権を与えるという自ら犯した過ちを、そうした地位を廃し、あるいは空位とすることによって次第に改めていくしかできない。国家は暫定的に、世論においても主権者と貴族と国民という区別が、主権者と国民という唯一の自然な区分に席を譲るまでは、貴族の位階を称号として存続させる権利をもつ」(RL, VI, 329)。

[44] この点は、第二章において言及した。

核とする「政治的構成部分」の二つに分けられるが、カントは前者の典型的理論家として位置付けられた[45]。だがこれまでの検討を踏まえれば、カントの理性法国家論を、市民的法治国家の理論とみることは正確な理解とは言えない。カントの権力分立論は、普遍的意志による法律という、民主制的立法による支配を求めるものであり、穏健な国制＝混合政体への批判である。混合政体＝混合憲法こそが市民的法治国家の体制である[46]とすれば、trias politica という一つの政治的実体に由来させられるカントの権力分立論は、民主制と結びついた政治的構成原理と位置付けることで初めて正当に理解しえよう。言い換えればカントの公法秩序観は、治者と被治者の同一性原理の上に立つものであり、憲法典による（民主的な）国家権力の恣意制約という発想は強いものではない。主権者たる国民が、同時に立法者たる国民に抵抗することはありえないというのは、こうした国制観からの帰結である。その意味でカントの抵抗権否認論は、身分制原理の批判としてだけでなく、主権論と結びついた近代における共和主義の一系譜にあるとみることができる。

しかしながらここでもなお問題は残る。この法秩序構想は、治者と被治者の同一性原理という共和主義的な姿勢で一貫しているのかどうか、また諸身分の勢力均衡の延長として発展した市民法治国家的な契機は一切存在しないと断言することができるのか。所有論における「対人的物権」の発想に見られるように、家における「家長」の支配権力を認める姿勢は、その「ブルジョワ的性格」を越えて、身分制原理にまで遡ったものといえる。また「家長」支配の残滓として挙げられる、投票権を有する「能動的国家公民」と、これを享有しない「受動的国家公民」という区分（der aktive und passive Staatsbürger）も解釈上の大きな論点となるであろう。いずれの国家公民も、人間としての自由と平等を享有することについては否定されないし、またこの平等性によって市民的体制が展望される。しかし同時にカントは自らの計算（経営）によって生活する、自立した主体のみを投票権をもつ国家公民とし、他人の指示にしたがって生活する者（被用者）は国家公民としての人格

---

45) Schmitt [1], S. 126. カントの憲法論が国家構成の形式原理とはなり得ない自由主義的なるものという指摘については S. 217 も参照。
46) Schmitt [1], S. 200.

性を欠き、投票権をもつことはない（RL, VI, 314f.）とする。投票権をもつ市民が"citoyen"としての国家公民であり、それは都市市民、つまり"bourjeois"としての市民から区別される。自分自身の支配者であること（sein eigener Herr [sui iuris]）、生計を立てるための財産をもつこと、といった要件（TP, VIII, 295）は今日の政治的環境から言えば、まともに取り上げられるものではない。もっとも「生計を立てるための財産」は土地に限定されるわけではなく、技術者、職人、学者も能動的国家公民とみなされ、ここでいう"sui iuris"の観念が旧政治社会における自権者と同一であるわけではない。しかしここからは容易に、土地を所有する自権者たちによる共同体観念の残滓が読み取られてしまう。こうした秩序観は、カント国家論の理性法的な一貫性と共和主義的な理解を妨げる大きな要因である。その意味で本章の抵抗権否認論を通じた国家観が、主権＝公法優位の共和主義的な体制であるとの見方にはなお留保が必要ということになる。

それ故に次に問題となるのは、自己統治をおこなう「主権者」とは何者で、どのような属性をもつ者から構成されるのかということである。また「国民（Volk）」と、投票権を享有する「国家公民（Staatsbürger）」とはどのような関係にあり、「国民」による「国家」という国民主権と共和主義の契機はどのように理解されるべきかということである[47]。この「主体」の範囲は、『法論』その他の政治的著作においては、様々な意味を持つ、曖昧なものとなっている。そうした曖昧さを含めて、カントの国家論は何を求めていたのか、このことが次に問題となる。

---

47) "Staatsbürger"の語については、これまで「国家公民」（三島淑臣『カント』中央公論新社、1979年、452頁など）、「国家市民」（北尾宏之訳『全集14巻』194頁など）と訳されてきたが、「国民」と訳す例もある（樽井・池尾訳『全集11巻』156頁など）。しかし"Staatsbürger"を「国民」と訳出することは簡潔だが問題が残る。この訳を採ると、Volk が普遍的立法意志の主体という抽象化された存在であるのに対し、Staatsbürger が投票権を享有する／享有しない、公法上の具体的な権利主体であることとの判別が日本語では不可能となる。「能動的 Volk／受動的 Volk」という観念はありえない。Bürger は個別的な存在でありうるが、Volk はそうした存在たりえない。

第四章　代表性と同一性
——誰が主権者か？——

1．主権者と国家公民

　カントの理性法論は、多元的な法秩序を克服する、主権的な法秩序の確立を求めていた。その背景にあるのが「法的体制」を目的とする法の理念であり、抵抗の合法化はその一貫性を損なうことを意味した。同時に、普遍的意志主体としての国民による立法は、自己決定の結果として正当化されており、国家権力による「不法」は国民の主権という点からも想定できないものでもあった。

　とはいえ、近世の王権神授説や大革命以降の歴史が示すように、「主権」の担い手による直接的統治を正義とみなすイデオロギーが、絶えざる政治的騒擾と不満を紡ぎ出す温床であり続けてきたことも事実である。19世紀のドイツ国法学が、「国家法人説」を通じて、君主主権と国民主権という主権の担い手問題の棚上げを試み、すでに成立していた市民的法治国家の実定的秩序の保持に腐心したのはそうした事情がある。主権論を回避しようとする問題意識は、憲法典に「国民主権」が正面から規定され、承認される今日にあっても、依然として消えることはない。マルティン・クリーレ[1]のように、立憲国家から主権観念を追放しようとする説く水脈は今日でも存在しているし、わが国においても憲法制定権力としての「国民主権」を、憲法秩序が成立すると同時に凍結し、「憲法改正権」を通じて、剥き出しの政治的暴力の表出を抑え込もうとする理論的試みが支持を受けるわけである[2]。近年にお

1）　Martin Kriele（邦訳176頁）
2）　芦部信喜［4］、44頁。

いて、「主権」や「国民」を正面から問う議論は少なくとも憲法学の世界ではもはや主流的な問題意識からは外れているといってよかろう。かつての君主の絶対権力と同様に、「国民」による「主権」が一つの政治的暴力として、実定法秩序への脅威となりうるが故に、法秩序の安定した時代において、この問題は棚上げされ、敬して遠ざけられる傾向にある。

　立法を通じての国民の主権を説くカントの理性法論においても、この問いはより問題性を孕む。「国民」は普遍的結合の結果としての主権者とされ、この理念は実定法秩序を形成する根拠でもあるが、法の理念は、実定法秩序の維持そのものも目的とするが故に、国民による抵抗は論理的に排除される。こうして主権者たる「国民」は、実定法秩序の枠に閉じこめられ、飼い慣らされる存在とされるが、このとき「国民」の意志を具体的に形成する主体とはどのような存在なのか。実際に投票権を行使し、国政に参加する主体をカントは「国家公民」とよぶが、国家公民の範囲の決定は、やはり国家公民たちによる立法的決定に委ねられる。具体的に活動する国民＝国家公民の資格は、現存の国家公民たちの主意主義的な決定の産物以外の何者でもない、という背理がここで生まれる。投票権をもつ（能動的）国家公民の要件として、カントは独立性を挙げ、具体的には土地所有者、官僚、自営業者等、いくつかの職業を具体的に列挙した。むろんこれら個々の職業が、超越論的な妥当性を要求する理性法論から直接に導き出されたとする根拠はない。それはあくまでカントが同時代人として挙げた例示にすぎないと考えるべきであろう。ではどのような人々が投票権を有する国家公民であるべきなのか、この問いに対する回答はグローバリズムの進展とネイションの自明性が揺らいでいる今日において、より深刻な問題となりうる。

　もう一つの問題となるのは、「国家公民」を規定する範囲である。立法を通じて「国家公民」と規定される以前に、「国家公民」とされる集団は、いかなる権原に基づいて自らを「国家公民」と認定し、「国民の意志」とみなされる普遍的意志を形成し、表明するのか[3]。序章で指摘したように、ここ

3）　日本国憲法前文における「日本国民は、正当に選挙された国会における代表者を通じて…決意し、ここに主権が国民に存することを宣言し、この憲法を確定する」、ボン基本法前文における「ドイツ国民は…その憲法制定権力に基づいて、この基本法を制

には暴力がその暴力性によって力を独占するが故に、はじめて合法性を主張し、また周囲から承認されるという論理と同様の、自己言及的な構造が見出される。こうした構造を見るとき、超越論的に基礎づけられるべき主権論は直ちに、ホッブズと同様の、主意主義的かつ実力主義的な主権者観念に転化するのではないかという疑問を呼び起こす。このことは第二章で検討したように、法秩序の基盤となる土地の根源的取得の主体が何らかの権力主体であるという認識を想起させる。

　本章では、以上の問題意識から、カントが「主権者」たる「国民」をどのような存在として規定していたかを整理する。革命という同時代の状況の中で、主権者観念は『法論』その他の政治関連論文において少なからず現われるが、多くの場合、それは抵抗権否認論の文脈の中で見出される。しかしそこから見出される「主権者」とその位置付けは、相当に多様で、整理されていないという印象は免れない。このことは抵抗権否認という結論に関してだけは一貫していることと好対照をなしている。本章ではこのことを一つのモチーフとして、理性法国家における主権主体を探り、理性法論における「国民主権」のアポリアを明らかにすることを目的とする。

2．「主権者」の観念

(1) 抵抗権否認論からの整理

　「主権者」の国法上の位置づけは、絶対主義成立以降、国家構想の中核であり、カントの理性法論においても主権者の観念はその国家論の中核といえる。この観念を明らかにする上で抵抗権否認論の検討は重要な意義をもつ。「主権」のあり方や担い手について言及した箇所のほとんどは、抵抗権否認

定した」といった諸言説は、このアポリアをそのまま示している。全員参加が不可能で、何らかの代表を通じてしか行為しえず、いまだ政治的秩序を有しない集団が、一つの政治秩序の「代表者」を選定し、彼らの権原をオーソライズする根拠は本来どこにも存在しない。事後的に「国家公民」として承認される特定の集団が何故に、自らの政治秩序形成の正当な担い手となりうるのか。前文のこうした構造は、理性主体としての主権宣言が無根拠であることをさらけ出すことになる。この点については仲正昌樹［2］第一章を参照。

を説く文脈の中で登場しているからである。しかしその結論は一貫しているとはいえ、主権者の捉え方自体が多義的であり、結果的にそこで構想されている国民による主権とは何かが曖昧なものとなっている。そこでまずはテキストから主権者の観念を取り上げ、整理したい。

抵抗権否認論は『法論』の公法編や『理論と実践』において、繰返し言及されているが、ルソー型の人民主権論[4]に合致する形で結論を導いているのが、権力分立を根拠とするものである。ルソーによれば、執行権の担い手は、「主権者」によって罷免され、あるいは権力を剥奪されうる[5]。カントも同様の表現でこの立場を踏襲し、執行権者は権力を剥奪されることがあっても処罰されてはならないとする。処罰の権限は執行権に帰属するものであり、執行権者を立法権で処罰することは、権力分立の原則に違反するからである（RL, VI, 317）。ここでは立法権者が主権者として、執行権者の上位にあることが認められつつも、権力の分立を根拠に抵抗や処罰の禁止が導かれている。ただこの言及は正確にいえば、抵抗権否認論とはいえない。立法者たる国民が執行権者の上位に立つという構造が維持されている以上、「抵抗」を云々する必然性はもともとないからである。

また国家権力の一元性を根拠とするものもある。「国家権力に抑制を加えるべき者は、抑制を加えられる当の権力以上、もしくは少なくともそれと同等の力をもっていなくてはなら」ず、議会が執行権者に対して政治的な抑制を加えるような事態は、「法にもとづくものでなく、単に一個の賢さの原理（Klugheitsprinzip）によるもの」（RL, VI, 320）とする批判である。前章で触れたように、カントが求めていたのは、定言的命法としての法への服従であって、相対的な力の均衡や「賢さ」による平和ではない。一元化された法の徹底された、つまり「すみずみまで法がいきわたった体制」（TP, VIII, 297）

---

4) カントの言う"Volk"をここでは「国民」と訳しているが、この観念は言うまでもなく、ルソーの"peuple"の代替であり、この結果、日本語では一般に「人民」と訳されることが多い。しかし両者は完全に重なる観念ではない、という見地から、ここではルソーのそれは「人民」とし、カントのそれはこれまで通り、「国民」とする。したがってルソーの場合には「人民主権」とするが、カントの場合には「国民主権」とする。

5) Rousseau [1], p. 396 (III, 1).

2．「主権者」の観念　129

が理性法からの要請であり、国家機関どうしの政治的闘争を容認することは、法の要請と調和するものではない。立法者による執行権者の処罰もまた、法則の支配を逸脱したものであり、法の理念からして正当化できるものではないのである。

　このようにカントはルソーと同様の人民主権論的な権力分立観に依拠しているかに見える。立法権と執行権という法定立の作用が分離され、これに対応して立法権者としての国民と法律の執行権者とが分離されている。問題は、立法権者と執行権者の呼称は、不必要なまでに、様々な語で言い換えられ、混乱を生み出しているということである[6]。以下、様々な呼称を列挙してみることにしよう。

　「国民（Volk）」が立法者たる主権者（Souverän）とされることはすでに述べてきたが、立法権と分離される執行権の主体は、「元首（Regent）」と呼ばれ、これは"rex"ないし"princeps"と言い換えられる。この語は主権者的な君主を連想させるが、カントはこれまで述べてきた原則に忠実に、元首は主権的意志（立法）を執行する機関であるという意味で、国家の「代理人（Agent）」とも規定している（RL, VIII, 435）。また元首と同様の意味をもつ呼称として、カントは「統治者（Regierer）」（VI, 313）、「国家統治者（Staatsoberhaupt）」（VI, 318）、「最高命令権者（Oberbefehelshaber）」、またこれと同義で「支配者（Beherrscher）」（RL, VI, 323）などと言い換えている。

　執行権者に対するこのような呼称の多様さは、権力主体の特定を曖昧なものにしている。それ以上に問題となるのは、これらの呼称が「立法権者としての主権者」の言い換えとも重なることが多く、テキスト上明らかな混乱をもたらしていることである。「主権者たる立法者」は、普遍的意志の表明者という意味で、「普遍的統治者（allgemeiner Oberhaupt）」（RL, VI, 315）」、あるいは「立法する統治者（gesetzgebende Oberhaupt）」（RL, VI, 320）とも呼ばれている。また元首と区別するという意味で「国民たる支配者（Der Beherrscher des Volks）」（RL, VI, 317）とも言い換えられる。次々に言い換えられるこうした語法に対応して、たとえば「国民」は「臣民（Unter-

---

6）　Reiss [1], p. 24.

tan)」として、主権者に服従すべき存在としても規定されている。この結果、「国家の立法する統治者(gesetzgebende Oberhaupt)に対しては、国民のいかなる適法な抵抗もありえない。なぜならかの統治者の普遍的・立法的意志のもとに服従することによってのみ、ある法的状態は可能となるから」(RL, VI, 320)(傍点筆者)、といったような、これまでの人民主権的な権力分立の原則と一致しない記述も現われる。

とはいえ、国民は主権的立法者と想定されてきたから、法秩序の担い手である立法者と国民が対立することはありえない、という論理で上記の引用は説明がつく。しかしこれに対して、以下のように「国民」と「主権者」が実際に対決するという図式も想定され、これまで前提としてきた抵抗権否認論とは前提が変化している例もある。集合体としての「人民そのもの」が「主権者」であり、「立法者」とされるルソーの思考からは、主権者と人民との対立構図は出てこないはずである。もし対立が起きるとすれば、それは一般意志の表明者たる主権者と、特殊的意思を表明する党派的集団の対立構図として処理されることになる。しかもそこでは、「主権者(Souverän)」の観念が、事実上執行権者も含むものになっている。

「したがって国家において立法する統治者に対して国民の適法な抵抗というものはない。というのも統治者の普遍的に立法する意志への服従によってのみ法的状態は可能だからである。したがって騒乱の権利はありえず、反乱の権利はもっとありえない。それにも増してもっともあってはならないのは、個的人格としての統治者〔君主(Monarch)〕に対し、彼の権力濫用〔tyrannis(暴政)〕を口実として、彼の人格、否それどころか彼の生命さえも侵犯すること〔monarchomachismus sub specie tyrannicidii(暴君放伐論)〕である。…(中略)…最高権力の濫用がいかに耐え難いものであってもそれに耐え抜かねばならないという国民の義務の根拠は次の点、すなわち最高の立法そのものに対する国民の抵抗は、法則に反するもの、否それどころか、法的体制全体の否定としてしか考えられないという点にある」(RL, VI, 320)。

ここでは「立法する統治者(gesetzgebende Oberhaupt)」を君主と同一視し、さらに君主を立法権者と規定することによって、暴君放伐論を否認する

根拠としている。『法論』の脚注部分においては、チャールズ1世やルイ16世に対する革命裁判と処刑が強い口調で非難されているが、そこでもやはり君主は主権者とみなされている。

> 「それ故に君主（Monarch）をその国民が正式に死刑にすることを考えることに戦慄を覚える根拠は、殺害は国民が格律にしている規則の例外に過ぎないのに対して、処刑は主権者と国民との関係における諸原理を完全に転倒させる（国民はその生存をもっぱら主権者の立法に負っているのに、国民をして主権者を支配する者にする）、したがって暴力行為が厚顔にも原則的に至聖の権利より上に置かれると考えざるをえないことにある。」(RL, VI, 322)（傍点は筆者による）

ここでは立法者としての（普遍的に結合した）国民観念の中に、日常的に使用される臣民としての観念が混じり込み、この結果、国民は主権者ではなく、もっぱら主権者に支配される客体として位置づけられている。また処刑された国王は「主権者」「立法する統治者」であり、同時に生身の肉体を有する個別的人格としての君主である。明らかにここでは国民を普遍的意志主体とする主権者観念は消え去っている。これまで前提としていた立法権者と執行権者との区別は消滅し、伝統的な君主を想定した抵抗権否認論へと変質しているのである。

この混同ないし一体化は、ルイ16世の処刑という、これまでの理論的議論とは別次元の、時事的問題への言及であることもその一因と考えることもできよう。たしかに国民を主権者とし、君主を代理人とする人民主権に基づく理論的区分を、ピューリタン革命時のイギリスや、旧体制下のフランスを評価する文脈の中にそのまま当てはめることはできない。「立法する統治者」たる君主像が、こうした時事的批評の文脈の中で顔を出すことはやむを得ない面もある。ただ抵抗権否認の根拠という法的議論において、これまでの理論的前提を共有できない時事的事件への評価が唐突に顔を出し、それが抵抗権否認という結論の補強に利用されるということ自体、一つの混乱と思われるし、論理の進め方として問題である。「抵抗権」の議論は、論者の主権論や国家像を知る上での試金石となる論点でありながら、この場合は現実の通

俗的な国家イメージに引きずられ、結果的に権威主義的なニュアンスに満ちたものにもなっている。

こうした語法は、時事的批評においてだけでなく、理論においても見出される。『法論』§49B冒頭において「支配者（Beherrscher）」は、「最高命令権者（Oberbefehelshaber）」であるだけでなく、「上級所有権者（Obereigentümer）」たりうるか」という問いが提起され、支配者は、最高命令権者であると同時に国土の上級所有権者とされているが、その支配者は、「領邦君主（Landesherr）たる主権者（Souverän）」という表現で言い換えられる（RL, VI, 323）。また『理論と実践』では次のように記述されている。

> 「最高の立法権力あるいはそれの代理人である国家統治者（Staatsoberhaupt）が統治機関に全権を委任し、とことん暴力的に（専制的に）振舞うことまで許すとすれば、…このことによって国家統治者は立法者たる権利を失ってしまっているのであるが、たとえそうでも、それでもなお臣民には対抗暴力という形での反抗は許されていないのである。」（TP, VIII, 299）

「国家統治者は立法者たる権利」を失うという表現から見られるように、『理論と実践』においても、「立法者＝君主」観念は前提とされている。このように、カントのテキストにおいて登場する権力の担い手は、ある局面ではルソーが社会契約論の中で想定したような主権的立法者としての国民であり、別の局面では立法権を掌握する絶対君主として登場する。執行権力の担い手が君主であるとしても、それは統治権のすべてを掌握したホッブズ的主権者の場合もあれば、立法権から区別され、執行権の行使に限定された立憲君主的な行政機関の場合もあり、規定は一定していない。この問題は、理性法秩序における「国民」とはどのような存在か、また国民は具体的な国制の中でどのように統合された意志主体となるのかを考える上で問題となる。理性法論における「国民」とその「主権」は、現実の国制に対してどのような統制的な作用を及ぼすのだろうか。

(2) 主権観念の分類

　様々に言い換えられ、また役割を異にしている「主権者」像はどのように整理されるべきか。「主権者」とは国家権力としての主権の担い手を意味するが、それはどのような主権理論に依拠するかで大きく影響を受ける。そこでテキスト上、国家主権がどのように分類・整理されるべきかという観点から、カントの国家論全体を概観し、整理と理解を試みている一つの典型として片木清『カントにおける倫理、法、国家の問題』の主権理解を取り上げ、吟味してみる[7]。

　片木清は、カントにおける主権の観念を、①自然法的（理性的）＝民主主義的主権観念、②実定法的＝絶対主義的（経験的）主権観念、③妥協的＝啓蒙主義的主権観念、の3つに分類している。

　①はいわゆる民主主義と啓蒙主義自然法論の立場に立脚した主権観念とされ、ルソー型の主権観念の継承といえる部分である。「普遍的な統治権者」は「自由の諸法則にしたがって考えれば結合した国民以外の何者でもありえない」といった部分は、この主権観念を典型的に表現している。「ルソーの人民主権論の強い影響のもとに、カントの理念国家すなわち純粋共和制国家が、普遍的に結合した人民の集団意志を想定し、これに主権を帰属せしめた」のであり、「ルソーとともに主権者は同時に立法権者である」[8]とされる。「普遍的に結合した国民意志のみが立法をなしうる」（RL, VI, 313）といった命題は、法を以て「一般意志の表明」とする『社会契約論』の強い影響下にあるといえる。ルソーにおいて一般意志の表明は、主権の作用だが、主権者は「一般的」にしか行為できない。故に主権の行使は、一般的・抽象的な法規範の成立に限定され、個別的・特殊的法規範である命令を発することはできない。「命令」はあくまで主権者の代理人としての政府に委ねられる[9]。前章で述べたように、このルソー的主権観念に基づく権力分立の思考

---

7) 「主権者」ではなく、「主権」の分類となるが、ここで問題にされる主権は、最高決定権の所在に関わる意味での主権である。それ故、この意味での主権観念の整理は、主権者観念の整理にそのままつながる。
8) 片木清、233頁。
9) Rousseau, [1], p. 396 (III, 1).

もそのままカントに継承される。同時に立法をおこなう政府は「専制的」な体制であり、「愛国的(patriotisch)な政府」と対置させられる(RL, VI, 316f.)。「共和国」において、立法者が定立した法を、立法者みずからが執行することはないし、執行権者が立法をおこなうことは許されない[10]。こうした箇所が、カントにおける「自然法的＝民主主義的」な主権観念を特徴づけるものとされるのであり、これがルソー型の人民主権国家体制に重なるという。

これとは対極に位置する主権概念が「実定法的(経験的)＝絶対主義的主権観念」である。これは①において示された人民主権観念が「名目的あるいはせいぜい象徴的な指導理念であるにとどまる」ものであり、「実質的にはルソーの人民主権論を継承するものであるとはいいがたい」とされる部分である[11]。その典型例が、主権的立法権者と、その代理人としての執行権者が同一人格に収斂している箇所である。すでに引用したように、これまで維持されてきた主権者＝立法者、執行権者＝代理人という区別が失われ、『主権者』は同時に、『立法的元首』であり、また『最高命令権者』となる。要するにこの意味での主権観念は理性法国家で想定された原則にしたがっているものではなく、既存の体制を追認している点で、「実定法的かつ経験的」であり、既存の体制が絶対主義であったという点で、「絶対主義的」な主権観念として特徴づけられる。

片木清はさらに③の「妥協的＝啓蒙主義的主権観念」を提示する。これは理念としての人民主権を承認しつつ、事実としての君主主権体制を追認しているとされる部分である。片木によれば、理念としての人民主権と、事実と

---

10) "patriotisch" の語には、公共体としての国家への参与を意味し、ナショナリズムそのものではないとされる（西村稔 [1]、168頁）。プロイセン王国はもともと部族・民族的な紐帯や宗派的紐帯をもたず、合理化された軍事、行政・司法を通じた絶対主義と「冷めた寛容」によって国家統合を成し遂げた体制であり、土俗的なドイツ・ナショナリズムや部族主義とは無縁の体制である（この点についてはセバスチャン・ハフナー、126頁以下を参照）。この意味で、プロイセンはカント的な理性国家のモデルたりえてる。ここでいう「専制的(despotisch)」の語は「家父長的(väterlich)」で置き換えられているように、専制とは家父長的な秩序を意味する。家父長的秩序観からの転換については第二章で触れた。

11) 片木清、242頁。

しての君主主権との両立や妥協は論理的にはありえない。そこで「絶対主義君主主権のもとで、『根源的契約の精神に適うように』統治形式を『効果から見て』共和制の理念に合致させるように運用すること」であり、「自然法的理念と、歴史的実定的制度との妥協であり、カントの歴史的環境においては18世紀後半のプロイセン―ドイツにおける啓蒙絶対主義国家の政治原理にほかならない」[12]と評価される。こうした妥協的な立場は、君主制と専制を区分することによって、あるべき君主制を擁護しようとする部分、たとえば「君主は最高の権力を有するが、独裁君主（Autokrator）あるいは独裁者（Selbstherrscher）は一切の権力を有する。また独裁者は主権者であるが、君主は主権者を代表するにすぎない」（RL, VI, 339）といった記述からも見出されるという[13]。

　片木によれば、カントの主権観念は以上の3つに区分されるが、これら3つの側面が、妥協することなく、共存している点、ここからカントの国家論の問題性と法哲学の不徹底、同時にカント自身の苦悩を見出そうとしている。とはいえ、こうした区分はカントの主権観念や公法秩序を理解する上で有効な整理といえるかどうか、吟味の余地があると思われる。
　まず①の「自然法的＝民主主義的」観念だが、この意味の主権観念はルソー主義の要素をもつ点で、たしかに通常使用される意味での「民主的」内容を伴うかにみえる。但し、「民主制」は多義的な概念であるため、ここで依拠していたルソー的意味での民主制観念から逸脱する要素を『法論』はかなり含んでいることを指摘しなければならない。後述するようにルソーは「代表制」理念に対する全面的な批判を展開しているが、これに対しカントは「一切の真の共和国は、国民の代表制（repräsentatives System des Volkes）」（RL, VI, 341）であるとし、一定の範囲で代表制を評価している。ここでいう「代表制」は今日いう代表民主制の擁護として理解しうるが、後述するようにルソーの『社会契約論』はこの立場と相容れない。その意味でここでの「民主的」の概念をルソーに全面的に依拠させることは困難である。

---

12)　片木清、247頁。
13)　片木清、248頁及び次頁。

さらに、この点はカントだけでなく、ルソーにおいても言えることであるが、この代表制論の延長上にある、「民主制批判」も重要である。カントによれば、民主制は「じつは全員ではないのに全員が決定するかのような方式」であり、共和制ではなく、専制として分類されるべき統治形態（ZeF, VIII, 351）とされ、批判の対象である。むろんこの意味の民主制批判は、未だ立法と執行が分離していない、古代の民主制を念頭に置くもので、今日の立憲民主制や代表民主制モデルの否定に直結するわけではない[14]。ただ「民主制」という概念自体が多様かつ多義的であること、これを考慮すれば、著作中に見られる制度思想をルソーに代表させ、さらにそれを「民主的」という概念で括ることは、カントの公法論の詳細な理解を阻むものとなりかねない[15]。

しかしそれ以上に、①の「自然法的＝民主主義的」主権と、②の「実定法的＝絶対主義的」主権とを、概念上対立させる図式が妥当といえるのかということが問題になる。ルソー型の人民主権論によれば、「主権は不可分一体」であり、「臣民」とは、同じ存在を別の側面から見た「主権者」に対して絶対的服従を強いられる存在でもある。市民は国家に育まれた命をいつでも国家に対して投げ出すことを義務づけられる、といった記述に見られるように[16]、ルソー型の人民主権論は今日の「民主主義」に連なる性格を伴いつ

---

[14] ルソーもまた「民主制」を立法と執行の分離なき体制として理解し、それは絶えず動揺と混乱をもたらす体制であり、人間には実現不可能なものと見なしている（Rousseau [1], p. 404 (III, 4)）。

[15] 片木清、235頁は、この民主制批判について「容易に納得できがたいものを含んでいる」としつつ、その背景として「人間性の根本悪に対する宗教的信念」、「モデルとしてのギリシャ・ローマのポリス的共和制の直接民主政治の歴史的実践」を挙げている。本文にあるように、この形態の「民主制」は今日採用されている代表「民主制」とまったく異なることを理解すれば、カントの「民主制」批判は単なる用語使用上の問題であることは容易に理解できる。いずれにせよ、これは「民主制」の語を安易に使用することが混乱を招来する一つの事例である。

[16] ルソーのもつこの傾向は、極端なポリス民主主義的ないし古代共和主義的な帰結を生む。「『おまえが死ぬのは国家のためになる』といえば、市民は死ななければならない」（Rousseau [1], p. 376 (II, 5)）。ホッブズですら生命保持のための抵抗権は戦争状態における自然権の行使として例外的に承認するが、ルソーの共和国では実定法的にも自然法的にも権利と認められる余地はない。

つ、国家への抵抗を一切認めない絶対主義の要素も兼ね備えている[17]。ルソーの民主制論は、「絶対的民主主義」というべき性格をもっている。

　また自然法と実定法とを対立的に捉えている①と②の概念図式の可否も吟味の対象となる。プロイセン一般ラント法（ALR）の理念に典型的にみられるように、法典編纂は理性法を実定法化する試みでもある。司法改革や法典編纂事業の基盤は、後世の眼からすれば「プロイセン的自然法」との批判を免れえないにせよ、一つの自然法理解に立脚している[18]。区分②の標題にあるように、絶対主義の支配は、既存の実定法秩序との結合を必要とするが、自然法論との連続性を保持することによって支配の合理性と正当性を獲得する。フリッツ・ハルトゥングも指摘するように、「啓蒙絶対主義」は「身分・議会制的な諸制度から解放されてはいるが、自発的に法律に拘束され、臣民の権利を承認する統治形式」をめざすもので無制約の恣意としての専制主義というわけではない[19]。「啓蒙の時代」とは、啓蒙が完成した時代ではなく、「啓蒙化しつつある時代」というカントの同時代認識を見ても、啓蒙主義自然法と既存の実定法を二分化する思考は正確な時代認識や概念理解を阻むものというべきであろう。啓蒙主義自然法論は、啓蒙的諸改革の根拠になると同時に、実定法の形成を指導し、その理念を経験の世界で貫徹させようとする点で絶対主義にも資するという両義性を備えている。この意味で①と②の区別は相対的である。「啓蒙」が「絶対主義」と結びつく、この時代特有の状況を踏まえるなら、カントの場合でもあってもその論旨に様々なニュアンスの変化が生じるのは避けられない。啓蒙主義と共にプロイセンの国家体制との結びつきを認めるカントの主権観念は、じつはほとんどが③の妥協的＝啓蒙絶対主義的主権観念に入るのだといえないこともない。

　しかし『法論』内部の主権観念をすべてこの③で特徴づけてしまうなら、

---

[17]　こうしたルソー的な理解は、敗戦を契機として「平和主義」と結合した形で受容された我が国特有の「民主主義」観からは理解困難となるか、無視する他ない箇所となる。

[18]　あらゆる自然法論は、現実に適用しようとする限り、「フランス革命的自然法」なり、「カトリック的自然法」といった形態を免れることができない。普遍的な「自然法」も実定化されればその瞬間に歴史化を免れることはできない。

[19]　フリッツ・ハルトゥング「啓蒙絶対主義」『伝統社会と近代国家』342頁。

何も語らないに等しい。少なくとも立法権と執行権がどのような関係にあるかは「主権者」の権限や位置づけを左右する問題である。そこで次節では、ルソー型の人民主権論を基本的視座とし、カントの主権観念が人民主権型の主権的秩序とどのような形で合致し、あるいは乖離していくかという観点から、その主権者＝国民像に迫っていくことにしたい。

3．ルソーモデルを軸とした主権者観念の整理

(1) ルソー型の主権者観念および代表観念

　カント主権観念の一区分として「自然法的（理性的）＝民主主義的主権」があり、その命名や類型化の是非はともかく、その主権観念に対するルソーの人民主権論からの影響を見出すことは難しいものではない。そこでここではまずルソーの人民主権モデルを簡単に確認しておきたい。

　ルソーにおいて「主権者」は、「人民が人民とな」る社会契約によって誕生する。この「社会契約」の論理は、『社会契約論』第一編四章で展開されているグロティウス批判にみられるように、従来型の社会契約論の意識的な廃棄という文脈のもとで説かれている。グロティウスは奴隷契約が成立する可能性と同様の論理で、臣民と君主との服従契約について言及しているが、ルソーの主眼は、こうした初期の社会契約論が残存させていた、人民が人民として結合する契約と、君主の間で交わされる服従契約という二重の要素を一掃し、集合的人格としての「人民」を成立させる結合契約のみが社会契約たりうるものとした点にある。第三編一六章の表題が示すように「政府の設立は決して契約ではない」のである。政府の設立は共同の利益に導かれて締結される結合契約の後におこなわれるが、それはプーフェンドルフの言うような服従契約ではない。人民の形成は一つの共同の利益に導かれたものであるから、人民が人民であり続ける限り、そこには最終的に必ず一致する一つの共同の利益がある。この共同の利益を求める意志が、「一般意志（volonté générale）」であり、これによって共同体の立法権は行使される。この立法する権力が「主権」である[20]。したがって「主権は譲渡できないのと同様の理由で分割できない」[21]、「一般意志は常に正しく公共の利益を志向する」[22]

といったルソー特有のドグマもこの論理過程を経ることによって理解される。主権は共同体を共同体たらしめる共同の意志を法律として行使する力とされるから、共同体が存在する限りにおいて、それが分裂したり、譲渡されることは観念上ありえない。仮に分割され、譲渡される主権があるとすれば、そこにはもはや当該の共同社会が存在していないということである。また一般意志は共同社会を成立せしめている中核的な意志だから、不可謬である。もし誤りがあったとすれば、それは一般意志ではなかったということにすぎない。このことから国家および国土の不可分一体性という主権国家のイデオロギーも基礎づけられる。いうまでもなくここでは国家が家産君主の私有財産として、相続や結婚に伴って国土の形が変わるといった事態も根底から否定されることになる[23]。

こうした主権および主権者観念から生み出される重要なテーゼが、国制における「代表者」観念の否定である。「人民の代表者」はルソー型の人民主権観念においては存在する余地はない。人民は主権者であり、主権者は集合的に行為する一つの人格であるから、君主、大統領を問わず「代表者」は不要である。主権は譲渡不可能であることと同様の意味で、「主権は代表されえない」[24]。つまりすでに触れたように、執行権力とは主権者の代理機関にとどまる。ルソーの結合契約論は伝統的な二重契約の観念を追放し、服従契約による国家形成の可能性を否定したが、このことと「代表」観念の否定は、密接に関わっている。これにより、伝統的な君主主権体制の可能性は摘まれることになる。

しかし代表批判の論理は、伝統的な君主に対してだけでなく、会議体の構成員としての「代表者」に対しても向けられている[25]。第三編第一五章の表

---

20) Rousseau [1], p. 368 (II, 1).
21) Rousseau [1], p. 369 (II, 2).
22) Rousseau [1], p. 371 (II, 3).
23) 不可分・不可譲の主権観念の根拠には、『永遠平和のために』(ZeF, VIII, 344) で述べられる、国家の人格性を根拠とする国土の分割・譲渡禁止の要請に連なる。ここには家産的体制を否定すると共に、ナショナリズムと容易に結合しうる「公共性」観念が控えている。
24) Rousseau [1], p. 429 (III, 15).

題は、原語では "De députés ou représentants" とされており、これはほぼ「代議士または代表者について」と訳しうるが[26]、人民の主権が確立した体制の中で、そうした存在は有害である。集合的にのみ行為しうる人民にとって、代議士の存在は国家元首としての代表者と同様に無意味であり、このような構成員から成る議会も、「不正にして不条理」な「封建政体（gouvernement féodel）」に由来する制度として断罪される。ルソーにとって、君主とは主権的意志の「代理人」として正当化される余地をもつが、代議士は社会内の諸団体の特殊利益に奉仕する意味での「代理人」であり、その意味で彼らは主権的な「一般意志」の表明や貫徹を阻害し、国家の統合を危くする存在である。カール・シュミットは「代表（Repräsentation）」と「代理（Vertretung）」が区別されるべきことを説いたが[27]、『社会契約論』にこの区別は見られない。ルソーの代表理解によれば、「代表者」とは徹頭徹尾、シュミットのいう「代理人」に尽きるから、この区別がないのは当然である。「イギリス人が自由なのは、議会の構成員を選挙する期間中だけのことで、選挙が終わってしまえばたちまち奴隷の身となり、無きに等しい存在となる」[28]という言葉も、特殊利益の代理人が跋扈する会議体への批判に他ならない[29]。そしてこのような人民主権観念とそこから帰結する代表批判は、次の

---

25) ドラテもこの部分が絶対君主としての代表者と、会議体の構成員としての議員に向けられた二重の意味を内包していることを正当に指摘している。この理由をドラテは三つの背景から説明している。一つは「代表」の制度は古代の政治制度には存在しないため、古代を理想視するルソーにとって、「代表制度」に十分な価値を認めなかったと考えられること、もう一つは同時代に見られる代表制は君主権を制限するための貴族制度として捉えられていたこと、さらに当時の議会に見られる腐敗の側面である（Derathé 邦訳、249頁以降）。

26) 平岡訳311頁。「代議士」の訳語は狭義ではわが国の衆議院議員を指すこともあるが、ここではむろんそれに限定されるものではない。

27) Carl Schmitt [1], S. 208f.

28) Rousseau [1], p. 430 (III, 15).

29) ルソーの代表議会制批判は、当時の議会における腐敗の横行に向けられてたものとして、その批判を時代の特殊性に帰そうと見る立場もある（Derathé 邦訳249頁、白石正樹「ルソーの人民主権論」251頁など）。しかし代表議会制の腐敗はいつでもみられることで、ほぼ同時期に生きたモンテスキューが同じ制度から自由擁護の契機を見出したことは無視されるべきではない。ルソーの批判は彼の主権論と表裏一体の関係に

ようにカントに継承されているのである。

> 「当人が自分自身に関して決定することについてはそうした（不法をなす―筆者注）ことはありえない。欲した者に不法はなされない。だから万人の一致し、かつ結合された意志のみだけが…、つまり普遍的に結合した国民意志のみが立法をなしうる」(RL, VI, 313f)。

　この箇所は、普遍的意志（"allgemeiner Wille" つまりルソーのいう "volonté générale" に対応）のみが正しい立法をなしうる、というルソーの立法観念と対応する。この条件を満たすことで立法には正当性が付与され、「立法する統治者に対して適法な抵抗はありえない」とする、法律に対する絶対的服従の要請も導かれる。同一の存在者である主権者に対する臣民の服従義務は、ルソーの人民主権論からの帰結でもある。
　したがって「君主」もまた「普遍的に結合した国民の意志」を実行する、主権者の代理人として、その地位を認められる存在である[30]。だから彼の命令は主権者の意志たる「法律」ではありえず、「行政命令、すなわちデクレである」。「主権者は元首からその権力を剥奪し、彼を罷免し、あるいは彼の行政を改革することができる」[31]（RL, VI, 316f）とするカントの表明は、「政府は不都合にも主権者と混同されているが、実はその代理人にすぎない」から、「主権者はこの（執行権者の）権力をいつでも好きなときに制限し、変更し、取り戻すことができる」[32]とする『社会契約論』の記述と完全に合致している。
　この主権者観念に依拠する限り、ルイ16世の三部会招集が、王政にとっての「失策」であるとカントによって評価されるのは必然であった。王国の財

ある。その代表批判を「議会の腐敗」という偶発的事情に依存させるならば、彼の理論の画期性を理解することも困難になろう。
30）この点もルソーと同様である。主権者としての君主は否定されるが、王政や世襲相続の制度化も一般意志の表明たる法によれば可能である Rousseau [1], p. 379 (II, 6)。
31）但し、この部分は、その後で、主権者は元首を処罰することはできない」という抵抗権否認論につながっている。
32）Rousseau [1], p. 396 (III, 1)。

政危機回避のために招集された三部会は、国民議会へと変質し、その急進化は国王一家の逃亡事件を経て、最終的に国王処刑という結果をもたらすが、これはカントの依拠する国民による主権の見地からすれば当然の帰結である。この理由をカントは次のように述べる。

> 「そうした場合には当然、臣民たちへの課税に関する立法権力だけでなく、政府に関するそれ、すなわち政府が濫費や戦争のために新しい債務を背負い込むことがないように防止する立法権力も臣民の掌握するところとなる。したがって君主の統治権は完全に消滅し（単に停止されただけでなく）、国民へ移転したのであって、いまやあらゆる臣民の私のもの及び汝のものは、国民の立法意志の下に従属させられるに至ったわけである」（RL, VI, 341）。

集合的な国民が主権を担う存在として顕現した以上、主権が君主によって「代表」される必要はもはやない。三部会招集は、「普遍的意志」を表明する機関に転化する可能性をもつために、絶対王政にとっての自殺行為であったと評されている。

さらに先に述べたように、ルソーは代議士（député）を以て特殊利益を代理する、封建政体特有の存在とみなしたが、この点においてもカントはルソーの見解を継承している。

> 「国民を（議会において）代表し、その自由と権利を擁護する代議士（Deputierte）というのは、自分のことと、自分の一族のこと、そして自分たちが大臣に依存してありつける陸軍や海軍や文官職の地位に夢中で、（政府の越権に抵抗するどころか）いつでも政府と結託しようと待ち構えている連中である」（RL, VI, 319f）。

この箇所はやはり抵抗権否認の論証にかかわる部分であり、この論評は議会による抵抗権行使がおよそ現実性をもたないことを示している。ここでいう議会（Parlament）はイギリスにおけるものに加え、「軍人王」から「大王」の統治下で徐々に独立性を奪われ、絶対主義下の国家官僚層に組み入れられつつあるプロイセンの貴族階層と、彼らの抵抗拠点であった等族議会の

実態³³⁾への風刺を兼ねた時事的批評のようなものとなっている。この記述からも見られる通り、「代議士」は前近代的な、ルソーのいう「封建政体」の残骸であり、「国民の普遍的意志」とは無縁の存在である。ルソーの「代表」批判とその理論的根拠は確かにカントに継承されているかにみえるのである。

(2) 人民主権モデルからの離反

　カントの構想する主権者観念は、上に述べたように、ルソー的な人民主権観の影響下にあるといえるが、別の側面では激しく対立している。ここでは既述のように、ルソー的代表者観を起点とし、ここから離反していく過程をさらに二段階に、つまり既述の部分を含め、カントの主権者観念を三つに区分することにしよう。一つは先に述べたような『社会契約論』の継承者としての、ルソーモデルに忠実な部分であり、第二は『社会契約論』から部分的に逸脱し、代表議会制を承認する部分、第三は『社会契約論』の論旨からは導出しえない部分、の３つである。

①ルソーモデルからの逸脱—代表議会制への志向—

　『社会契約論』において、ルソーは代議士を特殊利益の代理人と断言し、その正当性を全面的に否定したが、このことは利益代理ではない、いわば「真の代表」なるものも存在しないという認識を前提とする。ルソーにとってはどのような名目をとろうとも、「代表」とは何らかの利益「代理」の言い換えにすぎず、彼らは主権者意志の仲介者と称して、人民の意志に寄生し、マージンを取る中間搾取者でしかない。

　これに対してカントはルソーの代議士批判を認めつつ、批判されるべき「代議士」と「真の代表」を区分し、「代表制」こそが真の共和国を形成するとも説いている。

　　「一切の真の共和国は、国民の代表制（repräsentatives System des Volkes）、つまり国民の名においてその国民の権利を擁護するために一切の国家公民が結合し、その代表者（Abgeordnete［Deputierte］）を通じて行動する、そうし

33）　この指摘については坂井榮八郎「『プロイセン主義』の構造」特に12頁以降）。

た体制であるし、またそれ以外のものではありえない。他方、人格としてみられた国家統治者（それは国王であっても貴族身分であっても、あるいは国民全体つまり民主的団体であってもよい）が自分をもまた（右の国民代表者たちに）代表させるや否や、その統合された国民は単にそうした主権者を代表するだけでなく、それは今や主権者そのものである。なぜなら根源的にはまさに国民の中にこそ最高の権力がある…。」(RL, VI, 341)（傍点筆者）

　この部分はルソー型の人民主権を理念として認めながら、実定法上の制度として「代表」を承認している。しかしここでいう「代表」とは具体的にどのような存在を意味しているのか、この記述だけでは曖昧である。それは執行を担う君主的存在でもあり、また代議士のような合議体の構成員をも含みうる表現となっている。前者の意味で「代表」を理解するなら、『永遠平和のために』において、明確に表明されている民主制批判との関わりを想起するべきであろう。カントにとって民主制は、「言葉の本来の意味において必然的に専制」である。なぜなら民主制は「じつは全員ではないのに表向き全員が決議できる」ものであり、また「立法者が同じ一つの人格において、同時に彼の意志の執行者となる」体制だからである。民主制は立法権と執行権の区分をもたないが故に専制となる。これに対し、代表制はこの区分を設ける。したがって「代表的でないすべての統治形式は本来まともではない(Alle Regierungsform nähmlich, die *nicht repräsentativ* ist, ist eigentlich eine Unform.)」(ZeF, VIII. 352) のである[34]（強調点とイタリックは筆者による）。

　この意味での民主制批判＝代表制擁護論は、じつはルソーの民主制批判とも実質的には一致している。ルソーにおいても民主制は「当然区別されるべきものが区別されず、また執政体（le Prince）と主権者とが同一の人格に他ならないのでいわば政府なき政府」である[35]。つまり「代表」批判の言説に

---

[34]　したがってここでの repräsentativ の語を理想社版（14巻228頁）の訳にみられるように「代議的ではないすべての統治形式は……」と訳すことは疑問である。ここでの repräsentativ は法律を執行する元首や君主を意味する代表であり、議会で立法を担う代議士ではないからである。ザーゲもその代表観念について、権力分立にもとづく、プレビシット的・民主的な契機をアプリオリに排除したもの (Saage, S. 160, Amk. 201) と述べており、それが代議士について言われたものでないことを当然の前提としている。

もかかわらず、ルソーもカントも立法者から独立した「執行権の担い手」を想定するのだが、ルソーはそれを主権者の「代理」とよぶし、カントは「代表制」理念に由来するものとして把握する。いずれの言葉を使用するにせよ、この点ではカントはまだルソーの圏内にいる。

しかしここでの「代表制」を後者の意味で解するなら、カントの立場はルソーから乖離していくことになる。ここでいう「代表制 (repräsentatives System)」の「代表者」が立法者から区別される執行権者に限定されず、会議体の構成員をも含んでいることは、ここでの代表者が "Abgeordnete [Deputierte]" と表現されていることからも読み取れる。国民は代表者（ここでは代士）を通じて行動する、という間接民主制ないし代表議会制の想定する状況をもカントは承認しているが、この表明はこれまでカントが依拠してきた「代表され得ない主権者」というルソーの主権者観念から逸脱している。カントはここでルソーにはみられなかった代表議会制への志向を、これまでの記述にもかかわらず表明している。

この代表議会制への志向は、「近代的議会制」への志向を示すものではあるが、同時にそれは、societas civilis 的な社会観を反映するものでもありうる。カントは国家公民の属性として、自由と平等に加え、「市民的独立性」を要求し、この意味での独立性をもつかどうかで、国家公民を「能動的国家公民」と「受動的国家公民」とに区分し、前者のみに投票権を認めた（RL, VI, 314f, 同趣旨として TP, VIII, 291f）。この主張は一面では議会制の発展史にも一致するもので「財産と教養」をもつ階層に投票者を限定するという意味で、古典的議会制の理念にも適うものといえる[36]。むろん「独立性」を徴表とする国家公民の区分は現代では支持されえないし、それはカント法哲学の

---

35) Rousseau [1], p. 404 (III, 4).
36) 古典的議会に対するこうした見方の代表はカール・シュミットであろう。シュミット（[1], S. 309.）によれば、近代の市民的法治国家を生み出した市民層は、君主制と貴族制に対抗するため、国民的な自由と平等の原理をその拠り所として掲げた。この「国民（Nation）」の概念は、身分制を超越する、より普遍的な公共性観念を支える「一つの教養概念」である。同時にこの市民階層は、「プチブル（kleinbürgerlich）的ないしプロレタリア的な大衆民主制」に対抗するために、私有財産の神聖性と、侵害留保説を前提とする法治国家的法律概念を拠り所とする。

不徹底部分ないし混乱として、解釈上の論点となるであろう。しかしこの点をとりあえず棚上げすれば、この区分もまた一つの「代表制」と言いうるのである。能動的／受動的国家公民という区分から「前近代性」や「差別」を見出すことは容易だが、もともと「代表」（これを Repräsentation, Abgeordnete, Deputierte など、どのような呼称を使用するとしても）は、常に何らかの擬制を伴う。全員参加を想定した人民集会は現実に不可能であるということだけでなく、主権者の意志形成には、何らかの資格を付与された人々によるしかないことを代表制はもともと認める思想である。投票者の資格選別は、大衆民主制の時代にあっては受け入れがたいものにみえるが、実際には成年者と未成年者との線引き、犯罪歴、意志能力の有無など、現代でも問題となる可変的な要素である。投票権の享有から排除された人々は常に一定範囲で存在し、それにもかかわらず選挙された者は「全国民を代表」するとみなされる。

　したがって、「根源的にはまさに国民の中に最高の権力がある」（RL, VI, 341）、とするカントの命題は、国民の「主権」が究極的には理念的なものにとどまり、実定的な法制度の中では純粋な実現が不可能であるという事実を追認したものと読むべきであろう。「代表制」とは、人民主権に伴う「全員参加」の虚構を断念する。言い換えれば、カントの代議士批判とは、その表面上の一致にもかかわらず、ルソーの代議士批判とは異なり、「真の代表」とはよびえない、いわば「代表者もどき」を批判する言説であって、代表の理念そのものを排除しているわけではないのである。

②国民と主権者の対置

　このようにカントの主権論は「代表」観念を許容する限りで、ルソー的な人民主権から離反しているが、「代表制」を正面から擁護しつつ、「根源的にはまさに国民の中にこそ最高の権力がある」としているように、ルソー型の人民主権論をなお理念として維持している。しかし「代表」観念をさらに強調することによって、やがて理念としての国民主権を事実上否定することにつながっていく過程をここではたどることにしよう。

　カントの提示する主権者像が、抵抗権否認論の過程で徐々に変質していくことは先にみた通りである。革命による国王処刑という事態に対し、カント

は、「個別的人格としての統治者（君主）」に対し、「権力の濫用を理由とする人格、とりわけ生命の侵害をおこなうことの無法性」を激しく非難し、「最高権力の濫用がいかに耐え難いものであってもそれに耐えぬくことが国民の義務」であり、「そもそも誰が、国民と主権者との間のこうした争いにおいて裁判官であるべきか？」との疑問を呈する（RL, VI, 320）。誰が統治権力の濫用を濫用として認定するのか、この疑問は抵抗権論を考察する上でのアポリアだが、ここで問題になるのは、「主権者」が「君主」となり、その「君主」に「国民」が対峙するという、これまでとは異なる構図が入り込んできていることである。このような図式はこれまでの議論との明らかな矛盾を示すものであるにもかかわらず、一貫した一つの流れを形成している。たとえば、

　　「国民の意志（それ自体として統合されておらず、したがって無法則である）を一つの主権的な（万人を一つの法則によって統合する）意志のもとへと無制約的に服従させることは、最高権力の先占によってのみ開始されうるところの、したがって初めてある公法を設定する行為である」（RL, VI, 372）。

最高権力の先占のみが法秩序を形成しうることがここでは表明されている。この記述は『法論』全体の「結び（Beschluss）」にみられるものだが、第二章で示したように、権力主体による土地の根源的取得が法秩序を形成する淵源であるとの認識を想起させる。こうした権力先占論は、「市民的結合の本質から生じるもろもろの法的効果」を論じている49Aにあるように、そもそも「最高権力の根源は、そのもとに立つ国民が実践的意図においてはこれを詮索してはならない」のであり、「国家元首への服従を約する現実の契約（市民の服従契約）が一つの事実として先行したのか、それともまず権力が先行し、法則はただその後に生じたにすぎないのか、……これらの問題を詮索することは現にいま市民的法則の下にある国民にとってはまったく的外れの、しかも国家を危うくする空論である」（RL, VI, 318）とする認識と相互補完的な関係にある。最高権力の先占が市民的状態を作り出すことは歴史的事実として否定できないにしても、それを公然と摘示することは理性法

秩序への反抗となる。

　こうした見方は、『法哲学省察』などで、たとえば「国民が主権者を判断、判決、罷免、すくなくとも制限するような権利を国民が合法的に得るような体制を考えることはまったくできない」(RzR, XXIII, 7992) といった形でより露骨に表現されている。同書では「国民はある主権者を構成することを目的としていかなる権利をも委任することはできない。もしできるのであれば国民はすでに主権をもっていたのでなければならないからである。国民はもともとある主権者を媒介することではじめて外的な法的状態 (statum iustitiae externae) に入ることになる」(RzR., XXIII, 7849) といった形で説明される。

　ここではルソー流の、最高の立法権者の下に立つ、代理人としての執行権者、という規範的関係は完全に消滅しているし、抽象化されつつ、なお国民主権理念を維持していた代表制の思想ももはや見られない。理念として援用されていた根源的契約論は放棄され、実力に基づく国家起源論と服従契約が追認され、絶対主義的な君主主権が現れる。これは結合した人民それ自体が、統一した一つの公的人格になる、としたルソーの結合契約思想、そしてそこから生まれる「主権者の代表者」批判の思想とは対極にあるものと言ってよいであろう[37]。この意味で「代表」の承認は、ホッブズ主義的な主権者思想への接近でもありうる。

4．代表性原理と同一性原理

(1) 集合的人格はいかにして可能か？

　こうした対極的な見解の共存は、カントの法哲学と国家論の矛盾と混乱を示すものとされてきた。そしてこの分裂の背景にはカント内部の啓蒙主義的傾向と権威主義的体制の対立、あるいは公法論の契約論的構成に対する旧来型の政治社会観の残滓が指摘されてきたわけである。だがこうした認識枠組みを支えている価値関心は、基本的に「絶対王政から市民革命へ」という標

---

[37] 山本周次 (157頁) も、ルソーがホッブズの主権論を承認しつつも、「主権は代表されえない」とする命題によって、ホッブズの代表概念批判を意図していたとみている。

語でまとめられるような市民革命史観であり、それによって図式化され、構成されたという見方も可能である。ここでは歴史観優位の解釈を脇に置き、右に挙げたホッブズの立場をより理論的に掘り下げるならば、カントの「最高権力による先占」論とは、「代表者」の契機を不可欠とする、ホッブズ的な集合的人格理論に依拠したものという認識がまずは可能であろう。ホッブズは次のように言う。

> 「群衆（A multitude of men）が一人の人間（man）または人格（person）によって代表されるとき、もしそれがその群衆の各人すべての同意によってそうなるのであれば、その群衆は一つの人格となる。なぜなら一つの人格をなすのは代表者（Representer）の単一性であって、代表される者（Represented）のそれではないからである。そして人格、しかも唯一の人格を担うのが代表者である。それ以外に群衆の中に単一性（unity）を理解することはできない」[38]。

この記述は、群集が集合して一つの法人格を形成するに際して、何らかの代表者が媒介となることが不可欠であることを示したものだが、カント主権論に見られる矛盾とは、代表者を必須とする集合的人格理論と、何者の媒介も必要とせず、諸個人の結合行為の産物として集合的人格を説明しようとする理論の共存にある。「最高権力の先占」というリアリスティックな立場もまた前者の理論に依拠することからの帰結であり、これを以て一足飛びに権威主義的傾向の残滓といった政治的な結論に結びつけるべきではない。

『法論』を中心とする論旨の変化を以上のように見ると、三つの区分は次のようにまとめ直すことが可能であろう。すなわち第一の段階はルソーと同様の、徹底した「代表」排除の思想であり、これは結合契約理論としての人民主権理論に支えられるものであった。ルイ16世の三部会召集が自殺行為であったとする評価は、この理論に支えられている。顕在化した Volk の前ではいかなる「代表」も無意味であり、否定される運命にある。これに対して第二の段階では、理念としてのルソー型の人民主権論は維持されつつ、実定法上の制度として、執行権を行使する「代表者」や代表議会が承認される。

---

38) Hobbes, p. 220 (chap. 16).

そして第三の段階において、結合契約により成立する「人民」観は完全に葬り去られ、代わりに「代表者」なくして集合的人格の形成はありえないとする。つまり代表性の契機を徹底的に重視したホッブズ的な集合的人格理論が登場することになる。

集合的人格の形成にかかるこうした理論的混乱は、カール・シュミットが示した「代表性」原理と「同一性」原理との対立として把握し直すことが可能であろう。シュミットによれば「代表性」は、「同一性」と並ぶ政治的形式の基本的原理であり、あらゆる国家の政治形態はこの二つの原理の間にあるものとして位置づけられる[39]。「代表されえない人民」を想定するルソーの議論は、支配者と被支配者との同一性保障の、観念的レベルまでの純化である。逆に「代表性」原理を徹底させた形態として、絶対君主制や独裁的な大統領制が挙げられる。機能不全に陥ったワイマール体制に対して、シュミットの見出した道はそこにあった。しかしカントは、代表理念の重要性を指摘するものの、その担い手を明確に定めてはいない。先に引用したように、カントは「人格としてみられた国家統治者」を括弧書きで説明しているが、「それは国王であっても貴族身分であっても、あるいは国民全体つまり民主的団体であってもよい」(RL, VI, 319f) とすらされている。したがって代表性原理と同一性原理の対立という観点からすれば、カントの立場はきわめて不明瞭である。『法論』の展開上、はじめは理論的に同一の存在であった主権者と国民は、抵抗権、とくに時事的な論点でもあった国王処刑を批判する過程で、国民と主権者が別の存在へと分裂し、乖離していくわけだが、この変質は、カントが実際の政治的事件を論評する中で、常識的ないし通俗的に理解される「主権者」や「国民」理解に引きずられ、出発点において確立されていた国民主権という同一性原理が崩壊し、代表性原理が極大化していく過程でもある。人民主権と矛盾するこの立場は、代表者なくして集合的人格はありえない、というホッブズの依拠する唯名論的な集合的人格理論と、権力の先占なくして法秩序形成はありえない、という認識で補強されることによって容易に処理しがたい分裂となってあらわれているのである。

---

39) Carl Schmitt [1], S. 206.

したがってホッブズとルソーにそれぞれ代表される集合的人格の理論は、シュミットのいう「代表性」と「同一性」という二つの原理の極点をそれぞれ押さえたものということになる。現実にはほとんどの政治思想はこの両者の中間に位置し、カントの場合もその例外ではない。もともとそれぞれの国制上の原理を貫徹することは、現象の世界においては期待できない。ホッブズの実力主義的な契約理論は、ルソーと比較するとリアリスティクな認識に基づいているかにみえるが、ホッブズモデルも現実の世界に存在するわけではなく、思考モデルにすぎない。それゆえに理論的立場の徹底は必然的にプロクルステスの寝台のように、現実に対していびつな作用をもたらす。

このことはルソーにおいても妥当する。ルソーの言うように、「代表」の名において権力行使を正当化する論理は、現実を覆い隠す反人民主権的なイデオロギーであった。人民主権論は「代表」観念のもつイデオロギー的欺瞞を糾弾することにその核心がある。しかしシュミットも指摘するようにそもそも「代表のない国家はない」[40]のである。行為無能力者、犯罪者等は、当該政治共同体の構成員でありながら、政治的決定に関与することのない、もっぱら代表されるだけの存在である。実際のところ、『社会契約論』を離れ、現象の世界に適用される段階においては、ルソー理論も代表原理の要請と妥協を余儀なくされる。(シトワイヤンではない) ナティフやアビタンといった下層居住民がジュネーヴ国政に参与することをルソーはまったく主張しなかったし、それを問題とも考えていなかった[41]。また「代表」としての国家元

---

40) Carl Schmitt [1], S. 206. この後、シュミットはカントの「集会した国民は…主権者そのもの」という部分を示し、『法論』を代表なき人民集会の事例として援用するが、本文でこれまで参照しているように、この部分だけを引いて『法論』を非代表制国家の構想とみることはできない。

41) ルソーが理想化したジュネーヴにおいては、ナティフ (natif) やアビタン (habitant) とよばれる政治的無権利状態に置かれた住民がルソーの時代において人口の半数に達していたというが、ジュネーヴの法律は、集会に出席するブルジョワとシトワイヤンのみを「人民」とよぶべきことを規定していた。ルソーもシトワイヤンやブルジョワのもつ国政への権利については語っても、ナティフやアビタンの権利拡大については一切言及していない。この点については川名清隆『ルソーとジュネーヴ共和国人民主権の成立』65頁、107頁を参照。この理解によればカントの「じつは全員ではないのに、全員が決定している」という民主制批判はルソーに対してこそもっとも該当

首を否認することは、国家間関係で求められる「人民」の意志を誰が表明し、交渉し、署名するか、という実際的な問題を直ちに引き起こすことになろう。ルソーの人民主権論は、「同一性原理」のフィクショナリティ（いわばこちらも一つの欺瞞性）に対してはまったく盲目となり、主権者たる人民の統治に対して、同一の存在である「臣民」の絶対服従、つまり人民専制の理論化という代償を払うことを余儀なくされている。代表原理と同一性原理の双方を含んだカントの議論は、ホッブズやルソーの理論的徹底性に比して、曖昧さを際立たせるものとなっているが、こうした曖昧さは、代表原理も同一性原理のいずれも純粋に徹底することはできない、という現象世界の事実を無視できなかったことの表われでもある。

(2) 共通基盤としての主権的秩序

以上、カントの主権者観の探求を試みたが、これまで述べてきたような混乱を一つの流れの中でみることは可能だとしても、これを全体として整合性ある理論として説明することは困難というほかない。しかし混乱と矛盾にもかかわらず、これまでの検討によってカントの公法秩序観を理解する大枠を、ここから一応見出すことができると思われる。

その大枠とは、ホッブズとルソーの共有する理論的基盤である。主権者と代表者の理解において、ホッブズとルソーは対極的な関係にあるが、両者のいずれも主権的秩序の確立という点で問題意識を共有していることは明らかであり、両者の争いは共通の土俵上での争いである[42]。そして両者の理論の間に位置付けられる限りで、カントの主権者観念には揺らぎが見られるものの、一元化された主権優位の法秩序観を志向するという点で、カントも共通

する批判ということになる。

42) ルソーとホッブズとの共通性を指摘するものとして、田中浩『ホッブズ研究序説』、5章以下。山本周次『ルソーの政治思想』第5章以下。また佐藤正志「ホッブズとルソー——近代国家論の一水脈」は、ルソーをホッブズ以後において、モンテスキューに対抗する二つの模範的解答と位置付ける点で同趣旨だが、両者の違いを共和制の条件としての文明観に帰している。MacAdam, p. 4. も指摘するように精神的人格（moral person）としての国家観を、ルソーはホッブズとプーフェンドルフに負っているとする。

の土俵にあるといえる。これは前章で示したような、身分制的諸原理を濃厚に残す形で立憲主義思想を育んできたモンテスキューのような制限政体論やイギリス型の「法の支配」への明確な拒絶でもある。この意味でも、同一性原理を徹底させるルソー型の人民主権と、代表原理重視のホッブズ的主権者像との間でゆきつめぐりつしているのは、同じ理論地平内での揺らぎということになる[43]。言い換えればカント主権論の解釈におけるルソー主義とホッブズ主義との対立を、民主主義と専制との対立、といった伝統的な図式によって理解することは適切ではない[44]。民主主義か専制かという問題は、より具体的な、実定的な憲法秩序構想の次元で考えられるべきものであって、カントの構想とは、主権者の法律が支配する「法的体制」であるから、「立法する主権者」が伝統的な君主であれ、合議体であれ、それは副次的な問題に過ぎなかった。この時代の法秩序構想や主権者観念を、「絶対主義から市民革命へ」という時代的文脈に基づく図式で理解することは、カント自身の問題意識からも外れており、問題設定のあり方としても今日的な意義は失われている。このことは法史的には、私有財産としての特権に掣肘された制限政体的な「法の支配」観念を否定しなければならない絶対主義の時代的要請（そしてこれもまた啓蒙主義の理論に裏付けられていた）という文脈の中でカントの主権論を理解することの重要性を示唆する。このことは王権への権力集

---

[43] ケルスティングは、契約主義（Kontraktualismus）の観点からカントの法哲学を理解しようとしているが、いずれも主権論者であるホッブズとルソーのもつそれぞれの一面的な立場をカントは調停していると好意的に評価している（Kersting [2], S. 142）。ただ、代表観念をめぐる点に関していえば、この分裂は理論上の不徹底でありえても、「調停」としては成功していないと思われる。

[44] この点、Kersting [2], S. 265. は、主権と不可謬性の結合を認めるルソーとカントの立場をホッブズからの借用と見つつ、ルソーとカントの場合は「不可謬性という規範的な規定」から主権観念を獲得するのに対し、ホッブズは「不可謬性」を主権的立法者の概念から導く点において両者は方法論的に逆方向にあるとみる。この見方は民主主義対専制という陳腐化された図式を克服しているが、カントにおける主権者の不可謬性の主張は、ルソーのような規範化された意志のみから説明されるわけではなく、ホッブズの理論と同様に、主意主義的な方法も混在していると思われる。この契機を認めなければ特に『法哲学省察』で濃厚にみられる「実力者としての主権者」像を理解することは困難になる。ケルスティングは、カントの法哲学を超越論的方法からの帰結と位置付けようする余り、この点を見過ごしているように思われる。

中を志向する絶対主義が決して自らを貫徹させることができず、自由や特権をもった中間的諸権力が最後まで根絶されることなく存在し続けた、という絶対王政史研究上の基本的認識にも一致するものであろう[45]。ここでの「絶対主義」は、ルソー的人民主権とホッブズ的主権者という要素を内包する広い概念であり、このことをもっとも象徴的に表す法命題が「抵抗権の否認」であったといえる。

5．普遍的「人民」から「国民」への移行
　　　　―第四章の結びとして―

　同一性原理か代表性原理か、という違いはあるにせよ、カント公法論の主眼は主権の確立にある、というのがこれまでの検討から得られた結論といえる。このことから封建的なものにせよ、ブルジョワ的なものにせよ、所有優位の法秩序観に対する、主権優位の法秩序観を確認することができる。「市民的独立性」を要件とする能動的／受動的国家公民という区分も、理論的には「代表なき国家はない」という代表性原理の反映であり、線引きの範囲が論争的かつ歴史的なものであるにせよ、これを根拠として、封建的思考の残滓であるとか、所有優位の旧ヨーロッパ的な法秩序観としてカントの理性法構想を理解することはできない。むろん18世紀において受容され得た実質的な線引きが今日受け容れ困難であることは言うまでもないとしても、このことから能動的国家公民／受動的国家公民の区分（このような呼び方を認めるかどうかはともかく）自体が消滅するわけではない。歴史的相対性と偶然性の中で、暫定的にしか規定できない能動／受動の実質的線引きを絶対化し、それによってカントの法秩序観を「自権者による法共同体」（村上淳一）、「私有財産の所有者による公共体」（ハバーマス）といった形で固定的に理解するのはこの意味で、事態の表層に捉われた解釈と言わざるを得ない[46]。その

---

45)　坂井栄八郎、6頁。
46)　カントは能動的国家公民について、公共体以外の何者にも奉仕することのない財産所有者に限定した（RL, VI, 316）。ハバーマスはこれらの人々を、私的自律に委ねられた自由競争下の商品所有者として理解する。このような解釈の根拠として提示される

ような発想は超越論的方法と、法に内在せざるを得ない歴史的な要素を意図的に混同するものと言わねばならないだろう。

問題は財産所有秩序の内部には、主権主体としての「国民」統合を阻止しようとする契機が歴史的に存在するということである。だからこそ『永遠平和論』第一章第二条項は、国家を一つの「道徳的人格（moralische Person）」とし、主権が目的的存在とされるべきことを示している。このテーゼは、君主の結婚や相続といった、私法上の法律行為によって国土の分割や合併をもたらす家産君主国家観を廃棄し、身分を超越した「国民」的公共性の観念を内包している。このことは財産的秩序によってインターナショナルな結びつきをもつ貴族層たちが担ってきた、普遍主義的ヨーロッパ法文化のもつ「非公共的」性格の廃棄を意味している。「財産的客体としての国家」という伝統的立場は、反主権的な所有秩序を承認する点で、旧ヨーロッパ的な法秩序観への回帰という契機を含む。言い換えれば、理性法国家の実現にとって、独立した財産所有者たち、つまり政治的支配権を有する土地貴族を、いかにして私経済的用法に限定される土地所有権者としての国家公民へと転換させるのか、ということが課題となってくる。

この意味で主権主体としての「国民」概念をどのように形成し、いかなる権原によって承認するべきか、その論理を明らかにすることが必要となる。つまり主権主体としての「国民」と「国土」を誰が、どのような権原でこれを形成するのかということである。ホッブズ流の代表性原理に依拠する主権論を採るならば、カントにおいても何らかの形で、アプリオリに「代表者」が存在することを承認せざるを得ない。この代表者はいかなる権原に基づ

のが、悟性をもってさえいれば悪魔からなる民族にとっても国家は樹立されうる（ZeF, VIII, 366）というカントのマンデヴィル的な国家観の表明である。「たとえ彼らが個人的な信条においては互いに対抗しあっていても、私情を互いに抑制し、公の行動の場ではそうした悪い信条をもたなかったと同じ結果をもたらす秩序を与え、体制を組織すること」が自然によって促される、したがって公共体を支え、政治的に議論する公衆に参加しうるのは私有財産の所有者のみである、とハバーマスはカントを解釈した。「利己的なブルジョワ」が「利己的でない人間」として投票権をもって現われる私生活圏と公共性の、歴史的な特殊な関係をハバーマスは想定し、これをカント解釈に反映させているのである（Habermas [1], S. 186）。

き、代表者と認定されることになるのだろうか。ホッブズ的論理からすれば、それは被支配者の生命保障と引換えに、絶対服従を要求する実力者＝主権者であり、彼は主権の始源的存在である。ホッブズにおいてこのような存在をもっとも端的に描写しているのは、「征服によるコモンウェルス」を設立する征服者ということになるだろう。彼はいかなる法的根拠にも依拠することなく、剝き出しの力によって法秩序の根源として君臨する。これを『法論』解釈に引きつけて言えば、国民の「代表者」としての「能動的国家公民」が認定される根拠は、（未だ成立していない）当該「国家」の「能動的国家公民」と自ら称する集団が行使する暴力のみ、ということになろう。

むろんこれまで述べてきたように、徹底した代表性原理とは、カント主権論をホッブズ的に解釈する際に現れる一方の極論であって、この原理だけに基づいてカント主権論を解釈することはできない。しかしカント主権論をルソー流の同一性原理に依拠して理解するとしても、同様のアポリアを回避することはできない。結合した「人民」が全人類を包括する世界国家の人民でないとすれば、その人民の範囲は、やはり何らかの根拠によって確定され、認証されねばならないであろう。言い換えれば「結合されるべきではない」人々を排除し、「結合されるべき」人民を囲い込むラインはどのように決定されるのか、というアポリアである。国家公民の範囲はいかに確定されるのか、という代表性原理に基づくアポリアと、結合されるべき人民の範囲はどのように確定されるのか、という同一性原理に基づくアポリアは同質のものであり、ホッブズ流の代表性原理にせよ、ルソー流の同一性原理にせよ、何が法秩序の範囲と法主体を規定するのかという問題は、最終的には同じアポリアに帰着する。しかし理性法国家を成立させる根源的契約の理念はこの範囲を決定する具体的根拠をもたない。代表性原理と同一性原理のいずれも、民主制を支える基盤ではあるが、民主制原理とはもともとすでに存在する権力を再組織化し、コントロールすることを通じ、権力行使のありようを正当化する原理であるとしても、権力そのものの成立を説明するものではない。代表性原理、同一性原理のいずれを採るにせよ、民主制原理は、権力の必然性をめぐる議論に対して答えを提供することはできない。

根源的契約という理性理念だけで説明できない部分を補完するのは、神話

5．普遍的「人民」から「国民」への移行

的な思考か、実力主義であろう。人間の傲慢に怒った神が人類の共通言語を取り上げて混乱させ、人類を諸集団に分散させたといった神話的な説明は、領域画定の説明はできないにせよ、各々の集団が共通言語集団としての境界をもつことを説明している。しかしこうした神話的思考を採らないとすれば、将来国民となりうる特定の権力集団が先行的に存在し、彼らの権力設定行為によってはじめて「国民」が誕生するという論理を否定することはできなくなる。この点を意識するならば、「国民」の創出においては、第二章の土地の根源的取得の例でも登場したような「最高権力の先占」という命題が構造上、一定の必然性と説得力を持って立ち現れる。普遍的結合の理念とは予め存在する権力を後付け的に正当化する、いわば「事後的なアプリオリ性」[47]として理解されることになる。理性国家といえども、その理性理念の皮を一枚剥いだところからは、暴力性が噴出する。

　むろんカントの主眼はその点を指摘することではなかったはずである。ロールズの原初状態モデルと社会契約理論がカント理論を援用したことからも分かるように、理性法理念は経験的要素を考慮外に置く無知のヴェールを要請し、統制的理念としての正義が機能しうるような国家の条件となる。とはいえ理念は、人民と国土をもつ具体的な権力集団というものをただ前提として、法の支配を貫徹しうるような主権的体制へと転換すべきことを要請しうるのみである。社会契約理念は、国家そのものの生成を説明することはできないし、その始源的暴力性を否定する根拠ともならない。したがって必ずしも具体的な「国民」が主権者であることを必要条件とするわけではなく、「代表者」を通じた権力行使であってもよいし、既存の君主が伝統的な「主権者」とみなされても本質的な問題とはならない。主権者観念をめぐるカントの不明確な動揺にはこうした構造的事情が背景にある。重要な点は、理性理念に基づく秩序構想であっても、その根拠づけとして権力ないし暴力を行使する責任から逃れることはできず、むしろ「反理性」に対抗するためにも「理性」はより強力な暴力性を備えざるを得ない、という背理である。

　グローバルな体制が進展する中で、いかにして具体的な形をもつ個別の国

47）　仲正昌樹［1］、7頁以降。

家法秩序が正当化されるのだろうか。何故に「国民」という一定範囲に限定された諸集団が存在しなければならないのか。上述の代表性原理に立脚すれば、権力の先占者は、ただ1人の主権者で可能であり、服従する臣民は全人類に及ぶものであっても論理的には成立する。同様に人民主権論の依拠する同一性原理を徹底させるならば、「人民 (peuple)」は「国民 (nation)」を超えた、普遍人類的な集団にまで拡大され、人類国家の設立に至るという帰結も論理的には排除することはできないはずである。しかし歴史上、人類国家は存在せず、現実には諸国民による諸国家が並立しているし、合理的に予見しうる将来において、人類国家成立の可能性も存在しない。本文中で指摘したように『社会契約論』以外の著作では、ルソーも非市民階級の存在を認め、彼らのジュネーヴ市政への参加については消極的であったとされる[48]。また『社会契約論』においても、ルソーは共和主義的な小国家を理想化しており[49]、人類的な広がりをもつ「人民」主権が支持されているわけではない。統合されず、あるいは全人類に広がった「人民」が、何らかの区分によって法的に統合された「国民」集団へ転換するのはどのような契機によるのか、またそうした区分を設ける何らかの必然性が啓蒙主義自然法論には内在するのだろうか。この問いは、社会契約論に立脚する啓蒙主義自然法論の系譜において、いかにして一つの政治的実存が成立するのか、という問いへと転換していく。

---

48) 川合清隆65頁。
49) この点は次章で検討する。

第五章　パトリオティズムと世界国家批判

1.「国民」の根拠

　カントはその公法論において、投票権を行使する能動的国家公民と、これを持たない受動的国家公民という区分を設けた。この区分の背景を「家長」による支配を前提とする旧政治社会を維持しようとするイデオロギー的動機に求めるのか、それともザーゲやハバーマスの言うように、商品交換を前提とするブルジョワ的な市民社会構造の文脈に置き換えて理解するのかという問題は別として、政治的参加の権利を認められていないこうした人々をもカントが「国家公民」として、共同体共通の構成員とみなすのは何故だろうか。逆に、「能動的」国家公民は、何故に自らを、共同体を代表しうる人格として自己規定できるのだろうか。

　もしこうした階級差が必然的で絶対的なものであるとすれば、「労働者は祖国をもたない」という標語に代表されるように、政治的参与の権利をもたない人々が自らを国家公民として自己規定する根拠はなくなる。それにもかかわらず統合が維持されるのは何故だろうか。仮にこの統合を成立させる根拠が、血統に基づく「民族共同体」であるとしても、それは統合を可能とする数ある枠組みの一つであるに過ぎず、この枠組みが今日においてなお特権的な地位を与えられ続ける合理的な理由はないのではないか。「統合」とは諸民族を包括する帝国的あるいは世界共和国的な法秩序であってもよいはずである。

　ここから新たな疑問が生まれる。法的体制は何故に、何らかの特定された政治的構成単位を取り、無限定の、あるいは開かれた全地球的な秩序空間であってはならないのか。言い換えれば、何故に「国民（Volk, Nation）」とい

う枠組み単位があたかも必然的な帰結であるかのように特権化されるのか、ということである。啓蒙期自然法論において、「政治的なるもの」あるいは「政治的実存」という概念は存在しない。普遍妥当性を主張する自然法論において「政治的なるもの」という固有の、特殊化された観念が成立する余地は与えられない。そうであるとすれば、国境線を前提とする国家を設ける合理的な根拠はなく、理論上、世界国家の構想を排除できないことになる[1]。だがそうした主張はクリスチャン・ヴォルフのような例外を除けば、自然法論の中にも存在しない。むしろ、後述するようにルソーは、小規模な都市国家体制が共和主義体制の実現にとって好ましいと見ていたし、大国において民主制は成立しない、という命題はアメリカ合衆国が本格的な民主主義国家として軌道に乗るまで広く受け入れられてきたものでもあった。では国境という枠組みを認めることは、啓蒙主義的自然法論に内在的に存在する契機といえるのか、あるいは自然法論とは異質の契機が別に入り込んできた結果と見るべきなのか。

　ここでは以上の問題意識から、『法論』に見られる「国民」という枠組みを支える論拠を探ることにしたい。結論から言えば、カントは、普遍主義と主権の絶対性観念を徹底するならば、論理上必然的な帰結となるはずの「世界国家」を否認し、複数の諸国家と、それによって構成される国際社会を想定している。主権論者であると同時に、国際主義者でもあるという点で、カントはグロティウス以来の伝統を継承しているといってよい。しかし同時にカントは国際法上の権利主体として「個人」をも取り込む「世界市民法」を構想することによって、グロティウス以前の "jus gentium" にも含まれていた個人を再び取り込もうとする姿勢も見せている[2]。しかしこうした秩序構

---

[1]　むしろこれとは逆に、ナショナリズムの時代になるとフィヒテの「封鎖商業国家論」のような排他的な法的空間が構想されることになる。ナショナリズムの世代に属しないカントも、たとえば日本の鎖国政策を好意的に評価している (ZeF, VIII, 359)。この言及は「文明」の名で先進国による非文明国支配の正当化に対する批判への文脈から生まれたものだが、このことは「世界国家」ではなく、「世界市民法」の部分で言及されている点が示唆的である。

[2]　グロティウスも私人の国際法上の権利主体性を否認していたわけではなく、「私戦」の権利を自然法上容認している。だがグロティウスの重点はそうした自然権を積極的に

想は、公法の優位を前提とする主権的体制との間で一定の緊張を生み出す可能性を孕んでいる。普遍的な法秩序構想において、国民国家を前提とする理性法国家論は、今日においても自らを維持することはできるのだろうか。あるいは国民観念を自明のものと見る法秩序観は、グローバル化から取り残されたアナクロニズムに過ぎないのか。その評価はともかくとして、ここではカントが世界国家を究極的な理念として認めつつも、現実的・実定的な制度としてはこれを否認し、公共空間の一次的な担い手として、国民ないし民族（Volk）を単位とする国民国家を想定したこと、これがどのような思想的背景と心性の上に成り立っているか、これを明らかにすることがここでの第一の課題となる[3]。このことは、『法論』の総体的な把握に関わるものでもあるが、同時にそれは今後の国家像を左右する論点ともいえるからである。

2．根源的契約理念の射程

(1) 国際関係観

「根源的契約（ursprünglicher Kontrakt）」の理念は、理念的に正当化される国家の「試金石」として『法論』や『理論と実践』で援用されている（TP, VIII, 297, RL, VI, 315）。これまでも述べてきたように、根源的契約は、国民が自らを一つの国家へ、つまり市民的体制ないし法的体制へ移行することを要請する理性理念であり、歴史的なものではない。つまり擬制的なもの

　認めるよりも、主権を通じて私人の権力を統制し、「人民主権普遍論批判」を試みている。この認識については、太田義器（167頁以降）及び本書第二章を参照。
3)　国民国家形成の基盤は歴史社会学的には、現在大きく2つの立場の対立とみることができる。一つはゲルナー（Ernest Gellner, "Nations and Nationalism", 1983）に代表されるもので、一定規模の市場をもつ産業社会を成立させる上で、教育をはじめとするインフラ整備を可能とする同質的基盤としてNationが要請されるという立場である。これに対してアンソニー・スミス（Anthony D. Smith, "National Identitiy", 1991）は、ナショナル・アイデンティティの形成においてエスニシティの果たす象徴的役割を重視する。ナショナルな主権国家が歴史的な存在であることは否認できないが、超越論的方法に立脚するカント的理性法国家が、歴史的存在である"nation state"とどのような関わりをもつかを確認することは、カントの国際法論や世界市民社会を含む法秩序観を検討する上で有意義である。

にせよ、ある特定の時点で締結されたと考えられるべきものではないから、現実に形成されるべき国家の領域、つまり国境線や国家構成員の単位について言及することはない。つまりこの理念は本来的に、単一の人類国家構想を排除するものではないし、理性に裏付けられた唯一の主権という観念を徹底するならば、複数の主権国家が併存する国際関係モデルこそ不自然な法状態ということになる。

しかし『法論』における理性法国家のデザインとして、カントは「市民的体制」を構成する単位を「国民（Volk）」とし、それは「対外」的には「勢力（Macht）」であると規定する（RL, VI, 311）。国家を構成する「一つの人民（ein Volk）」は、「人類全体」でも、具体的属性を捨象した市民でもない。それは「共同体をなす父祖から生まれた者との類推によって、その国（Land）で生まれた者」（RL, VI, 343）、つまりエスニカルな存在として描かれるのである。当該の法秩序から排除される「他者」としての共同体や他国民の存在は、理性法国家を構想する当初の段階から想定されており、その意味で、ここで言うVolkは「人民」というよりも「国民」と訳されるべき内実を備えている[4]。主権国家を個別単位として形成される国際関係の存在は、理性理念の段階からすでに自明の存在とされている。

それでは国家間関係は、根源的契約の理念からはどのように説明されるのだろうか。カントによれば、国際法上、国家は独立した道徳上の人格として、国際的自然状態の中で生存する。その意味で主権国家の併存する国際関係は「法なき自然状態」、すなわちホッブズと同様の「戦争状態」としてイメージされ（RL, VI, 346）、「諸国家がそれぞれ自らの権利を追求する方法は、一般の裁判所におけるように審理という形を取ることは不可能で、戦争という手段のみがありうる」（ZeF, VIII, 355）とされる。この「法なき自然状態」観を反映し、カントは国際関係における国家の権利として、「戦争に向けた

---

4) 邦語訳（樽井・池尾訳『カント全集11巻』、岩波書店）では「人民」とし、三島訳（『カント』、中央公論社）では「国民」としている。もっともVolkの語は、「Volkが自らを一つの国家へ構成する」といった用例でも使用されるから、「国民」と訳すべきでない場合もあるが、完成した国家の構成員たる"Volk"は「国民」とすることが適切であると考えられる。

権利（das Recht zum Kriege）」、「戦争における権利（das Recht im Kriege）」、「戦争後の権利（das Recht nach dem Kriege）」という3つの権利を挙げる（RL, VI, 343）。「戦争に向けた権利」はホッブズ的自然状態の中で、道徳人格としての主権主体が有する権利であるが、それは実質的正義の裏付けをもつわけではない。たとえばそこでは「制裁戦争」の観念も、戦争の事後処理としての「賠償請求」[5]といった観念も否定される（RL, VI, 348）。なぜなら「制裁」や「賠償」といった観念は、国家の行為について合法／不法を判断しうる、より高次の法規範を前提とするものだが、無法状態にある国際関係において、そのような観念が成立する余地はないからである[6]。英国学派でいう国際社会の「カント的伝統」のイメージは、この段階ではまだ見出せない[7]。

しかし無法な自然状態を克服するために市民的体制としての国家が根源的契約理念から要請されるように、国際関係が「法なき自然状態」であるとすれば、国家を超える法による秩序化が根源的契約の理念から要請される。理性理念は、無法状態から脱却し、相互に強制しうる法的状態の確立を志向する。こうして国際関係においても、人格としての諸国家は、平和条約を締結し、国際関係は秩序ある状態へと移行することになる（RL, VI, 348）。しかしこの段階でも国家行為の正不正を実質的に判断する正義規範はまだ認めら

5） ここで禁止されるのは、戦勝国が事後的に確立された正義の原理に基づいて請求する「戦費」分の損害賠償である。戦争の原因となる何らかの損害が存在するならば、戦争後の講和において、損害賠償の対象とすることは妨げられるものではない。

6） 「戦争に向けた権利」は "ius ad bellum" として、正戦論において問題とされ、これに対して「戦争における権利」は "ius in bello" として、交戦上の法・権利として問題とされる。カントの国際法論は、伝統的な区分を一応踏襲するものの、独自の立場を示している。

7） ヘドリー・ブル（Hedley Bull, "The anarchical society", 1997）は、国際政治をいかにイメージするかについて、これを戦争状態とみなすホッブズ（現実主義）的伝統、潜在的な人類共同体が国際政治において機能しているとみるカント（普遍主義）的伝統、国際政治を国際社会の枠内で発生するとみなすグロティウス（国際主義）的伝統の三つに区分している（Bull, p. 23）。ただカントの国際秩序観は規範的な意義をもっており、ホッブズやグロティウス的なイメージを現実認識として排除しているわけではない。この点で国際政治の客観的な認識と描出を目的とするブルの問題意識と乖離がある。

れていない。たしかにカントはある箇所では「不正の敵 (ungerechter Feind)」観念について語ってはいるが、そこで言われる「不正の敵」とは、「公的に（言葉であれ行動であれ）表明される意志によって明らかになる格律が普遍的規則とされたら、諸国民の間の平和状態を不可能にし、自然状態を永続させざるをえない」(RL, VI, 349) ような敵を意味しており、そこで前提とされる正義概念は定言的命法と同様に形式的であり、無差別戦争観を克服するような「敵」概念を認めているわけではない[8]。したがってここでの国際秩序観は、実質的規範を含む中世の神学的な自然法論とは異なり、道徳的人格性を有する国家相互の関係をいかに規律するかという問題意識に導かれている。したがって「不正の敵」の例が示すように、正／不正の基準は形式的な形で存在するものの、国家の道徳的人格性を尊重するという要請から、「殲滅戦争」や「征服戦争」は禁止され (RL, VI, 347)、敗戦国の国民は、敗戦を理由として、その自由を奪われることもあってはならず、奴隷化することも許されない (RL, VI, 348)。また国土を分割し、あるいは一国家を地上から消滅させることも、人格として擬制される国家に対する侵害であるため、許されることはない (RL, VI, 349)。国土の分割は「国民に対する不正義」であり、「結束して共同体をなすという根源的権利を国民が失うことはありえない」(RL, VI, 349)。このように国家とその基盤となる国土は、個人人格と同様の目的的存在として位置付けられている。その意味でカントの「敵」概念は、依然として「正しい敵」を前提とするもので、実定法理論の上においては基本的にヴァッテルに代表される近代国際法の世界観の中に存在するものといってよい。

---

8) カール・シュミットは、『大地のノモス』において、伝統的な「正しい敵」に対し、カントが「不正な敵」を付け加えたことに驚きつつ、これを解釈しようとしている (Schmitt [3], S. 140f.)。シュミットは「不正の敵」がもし存在するとすれば、その敵に対する予防戦争は「正戦以上のものであろう」とし、その戦争が陸地取得の権原となりうることを想定する。しかし『永遠平和論』は「不正の敵」に対しても陸地取得の権原を認めず、むしろカントは「正しい敵」の理念に多くの理解を示しているとしている。実際のところ、何を以て「普遍的規則」への挑戦とみなすのか、その具体的な認定は困難である。そこからシュミットは「結局、カントは哲人であり倫理の人であって、法律家ではないということがまさしく示される」としている。

しかし理性理念は、戦争状態に終止符を打ち、相互共存を図るための法秩序の形成を促す以上、(戦争遂行能力も含めた) 国内的な法的体制の構築で満足することはなく、国際関係の法秩序化を要請する[9]。無法則の戦争状態観から出発した国際関係は最終的に、「訴訟手続としての戦争を断固として弾劾」(ZeF, VIII, 356) する理性によって支配され、国家連合による戦争の違法化への道が展望されなければならない。

(2) 目的としての国家

以上の言説から、カントの国際関係観は、一応次のように整理することができよう。一つは単純な事実認識、すなわち国際関係は無法則の自然状態、つまり戦争状態であるという認識である。これに対して、無法な戦争状態から脱し、各国家が法的状態に入るように理性法理念は促す、というように、国際関係を成立させる規範的な要請が事実認識に加わるが、この規範的要請も二つの部分から成立している。一つは「国家」は目的としての道徳的人格として扱われるべきという点であり、もう一つは、諸国家は戦争状態から、相互に承認される法的状態へ移行するべきこと、この二つである。前者の要素からすれば、理性法論は、道徳的人格としての国家を融解させるような「世界国家」の成立を阻止するように作用し、後者の要素のみを強調するならば、世界国家はより完全な法的状態として望ましいということになる。

国家を目的的な道徳人格として扱うべきとする命題は、世界国家成立を阻止する契機となるが、そこにはどれほどの合理性が存在するのだろうか。カントの実践哲学においては、個人は道徳的人格として目的的に扱われるべきであり、そのためにも無法状態から離れ、法的体制へ入ることが要請される。個々人は国家主権による法秩序に服することによって、生存と道徳的尊厳を全うすることができる。とすれば、この論理は地域的に限定される国民

---

[9] これに対してタック (Richard Tuck, pp. 219) は、いわゆる「カントにおけるホッブズ主義」を指摘し、「諸国民の法」として、併存する主権国家間の関係をホッブズ的モデルで捉え、『永遠平和論』を、革命勢力フランスと他の諸国との関係の中で理解しようとする。後述するように、この見方はカントの重層的な法秩序観のもつ意義を捉え損なっている。

国家に向けられるだけではなく、全世界に拡大される世界国家の構想に向けられてもよいように思われる。国家が一つの法人格であるとしても、これら諸国家は、国際的自然状態の克服を目的として、自ら国家主権を放棄し、より高次の世界国家の主権に服するべきとの帰結を導くことは許されないのだろうか。要するにヘドリー・ブルのいう「国内類推 (the domestic analogy)」[10]が根源的契約論ではなぜ排除されるのか、ということが問題となる。

国家を一つの道徳的人格と見る立場は、カントのオリジナルではない。前章で見たように、ホッブズは集合的人格としての国家を成立させるための主権者（団体）を理論づけていたし、ホッブズの代表観念を批判したルソーも代表されえない主権者と、不可譲・不可分の尊厳をもつ主権観念を承認することで、道徳的人格性を有する集合的人格を認めている。1758年にロンドンで出版されたヴァッテルの『国際法』は、19世紀を通じて支配理論としての地位を確立するが、ここでも国土の譲渡や分割は明確に否定されている。ヴァッテルはヴォルフの幸福主義哲学の影響下で、国家の義務を、その自己完成と国民の幸福達成と規定するが、国家は道徳的人格主体とされるため、国家の主権が譲渡・分割されるといった事態を国際法上の禁止事項としている[11]。この要請は、第二章でも触れたように、君主による国家相続や分割の観念を追認するグロティウスに対する批判とも連動している。ヴァッテルは、家産としての国家や国土観念を批判し、これを根底から否認する契機として、道徳的人格としての国家を求めたのである。

しかしカントによれば、ヴァッテルはグロティウスと同様、「人を慰めようとしてかえって人を困惑させる者たち」(ZeF, VIII, 355) であり、平和の実現にとって役に立たない専門家として揶揄されている。とはいえ『永遠平和論』を見るならば、カントもまたこうした国際法論と主権論の系譜上にあることも明らかに見て取れる。ヴァッテルと同様に、カントも「独立して存

---

10) ブルのいう「国内類推 (the domestic analogy)」とは、国家は個人と同様に、共通権力を畏怖する場合にのみ秩序ある社会生活が可能であるから、国家体制成立の論理を、国際的共通権力の成立にも適用し、国内社会の諸制度を普遍的な規模で実現するべきとの立場である (Bull, p. 44)。自然状態と普遍主義的に構成された契約論に立脚するならば、「国内類推」は常について廻る思考である。

11) Vattel, p. 30 (I, 5, §69).

続しているいかなる国家（その大小はここでは問題ではない）も、相続、交換、買収、または贈与によって他の国家の所有にされるべきではない」とし、その理由を以下のように述べている。

> 「国家というものは自分自身の根をもっている幹と同じであるから、それを接ぎ枝として他の国家に接合することは道徳的人格としての国家の存在を破棄することであり、道徳的人格を人格ではなく、物件にしてしまうことを意味する。だからこうした併合は国民に関するあらゆる法の基礎となる根源的契約という理念に矛盾する。」(ZeF, VIII, 344)

少なくともこの点において、『永遠平和論』はヴァッテルと認識を共有している[12]。国家は主権そのものであり、国土はその身体と同様に目的化される。このルールが尊重されるならば、国家は外国からの干渉を受けたり、国土が物件のように分割されることは阻止される。この国家観を前面に出すならば、国家と国土の保持は、法的体制としての世界国家体制樹立に優位する要請ということになり、国際的な法的状態の形成という要請も、諸民族の「連合」にせいぜいとどめられなければならない（RL, VI, 344）。主権を有する国民国家は、超国家的組織と個人との間に立ち、そこで埋没させられることのない固有の地位を認められなければならないのである。だからこそ、たとえ永遠平和が志向されるにしても、国際社会においては、戦争をはじめとする国際紛争が生じる可能性を完全に排除することはできない。国際関係に

---

[12] 但し、ヴァッテルはカントと異なり、限定的ながらも、内政干渉が認められる例外を認めている。君主が基本法を破り、それによって臣民に抵抗の権利が付与される場合、諸外国は、抑圧されている人民を救援し、干渉する権利が認められるという（Vattel, p. 155 (II, 3, §56)）。すなわちヴァッテルは国家主権の尊厳以上に、デモクラシー的価値観を優位に置き、そのための干渉戦争も限定的に認めていた。カントのいう「不正な敵」の存在はこうした存在とは異なるが、ヴァッテル的な、デモクラシー優位の解釈をケルスティングはカントの「不正な敵」解釈に反映させている。それは「進歩に反し、暴力状態を再度作り出す国家や政府」であり、「国家権力を利用して国家秩序を破壊する権力テロリスト」であるとする（Kersting [2], S. 159）。ナチス党によるドイツ国家の支配がケルスティングの念頭にあると思われるが、この解釈からは民主的体制保持のために干渉戦争を認めるデモクラティックピース論的な秩序観を見て取ることができる。だがこの理解はすでにカント解釈を超えたものであるように思われる。

あって紛争の解決は、公法的権力を背景とするものではなく、飽くまで、「民事的方法（zivile Art）」、すなわち終局的な権力の存在しない世界における、同格の関係にある者同士による法的な解決が模索されなければならない（RL, VI, 351)[13]。

こうした国際秩序観は、国内の反抗すべてを制圧できる権力をもつことを公共体の要件（TP, VIII, 299）とし、抵抗権の全面否認と主権の絶対優位を意図する国内法秩序の構想とはきわめて対照的である。この国際秩序モデルは「永遠平和」の確立を理想とする立場からすれば、いかにも中途半端で不完全な解決策という感は免れない。何故にカントはもともとフィクションでしかない国家の道徳的人格性の保持にここまで拘泥するのだろうか。そもそも国家の主体となる Volk 自体が歴史的かつ偶然的な存在であり、超越論的な根拠を求めようのないエスニカルな存在ではないのだろうか。フィクションでしかないものであれば、「世界国家」ないし「人類国家」だけを一つの道徳的人格主体として規定し、個別の国民国家に対しては道徳的人格性を否認することがあってもよいのではないか。

しかしカントは諸国民すべてを包含する、唯一の主権による世界国家の設立を否認し、実定的な制度として、「国家法」に続く、「国際法」の秩序を構想している。この段階構造をいかに評価するかが問題となるが、たとえば契約主義的な観点を強調するケルスティングによれば、自然状態から根源的契

---

[13] "zivile Art" の訳としては「開明的方法」（樽井・池尾訳『カント全集11巻』、203頁）とするものもある（また Hans Reiss, [1], p. 171 における Nisbet による英訳も civi-lised manner としている）が、この訳はカントの構想する秩序観を十分に汲んだものとは言い難い。zivil ないし civil は、開明的・文明的の意味の他に、非軍事的、非教会的、非国家的など多くの意味を含むが、この文脈では「諸国民のために確立されるべき公法、つまり抗争を野蛮な方法（未開人の方法）、すなわち戦争によってではなく」とする文が先行しており、「さまざまな国家による任意のいつでも解消できる集まり」による「会議」を前提とした解決が想定されている。つまり規範的な優劣関係を前提とする公法的手続きに依拠した解決ではない、という意味が込められている。「開明的」ないし「文明的」という訳は公法的手続きによる平和的解決の方法を意味上排除できない。同格の権利主体どうしによる、つまり「市民的」であり、「非暴力的」で「民事的」手続きによる解決を "zivile Art" は意味していると解釈すべきであり、その意味でここでの訳は、三島淑臣訳（世界の名著『カント』中央公論社、497頁）や、吉澤傳三郎訳（カント全集第十一巻』、理想社、230頁）に従い、「民事的方法」とする。

約の理念を通じて個別国家を基礎づけることは、あくまで部分的な法制度化にすぎず、それは世界全体を覆う無法状態の中に浮かぶ島にすぎない。カントの採る契約論的な構成は、必然的に世界国家を志向するはずであり、契約主義は国民国家というパラダイムを突き崩す作用をもつという[14]。方法論としての社会契約理論を強調する限りで、この見方も無理なものとはいえない。つまりカントは、世界国家を理性から必然的に要請される理念とみなし、国民的な理性法国家の体制を、暫定的なものとして位置付けていた、というのがケルスティングの解釈である[15]。

だが唯一の主権による世界国家というものが、もし設立されるならば、国民による共和的体制という理念との両立は諦めるほかなくなる[16]。根源的契約の理念は、経験的な世界の中で、どの範囲まで及び、またどの程度まで徹底されるべきなのか。この問いは、所有秩序はどこまで及ぶのか、を問題とした第二章の所有論で登場した論点とも重なるものであり、根源的契約理念による市民的体制の構築という局面においても執拗に問われ続ける。本章の問題意識に引きつければ、この問いは、国境線が何故に引かれるべきなのか、またなぜある特定の面積領域をもつ道徳的主体があたかも必然的に成立する存在として尊厳を認められなければならないのか、という形で展開される他者問題でもありうる。

3．世界国家否認論

(1) 大国批判

「諸国民による自然状態」の克服は根源的契約理念からの要請だが、その具体的なプログラムとなるのが周知の『永遠平和論』である。だがこの書物自体は、一般的なイメージと異なり、国家の道徳的人格性を強調することによって、世界国家否認論の中心的論拠ともなっていることは十分に意識されていないようである。

---

14) Kersting [2], S. 156.
15) Kersting [2], S. 156.
16) Kersting [2], S. 151.

『永遠平和論』の「第二確定条項」は、「国際法は諸国家の連合の上に基礎を置くべきである」との表題を置き、それは「諸民族合一の一国家であってはならない」(ZeF, VIII, 354) としている。自然状態にある諸個人に対しては、無法状態から脱却すべきことを根源的契約の理念は命令するが、個別の国家に対して、これと同じことを要求することはない。その理由は「いずれの国家もそれぞれ国家として国内にすでに法的体制をもっており、したがって他の国家が自己の法概念にしたがってより拡大された法的体制の下に入るべきだと強制しても、このような強制は効き目がないから」(ZeF, VIII, 355f.) である。

国内の法的体制確立を優位に置くカントのこの志向は、『永遠平和論』や『法論』に10年以上先立つ『世界市民的見地における普遍史のための理念』（以下『普遍史』とする）においても明確に見出せる。『普遍史』では第一命題から第九命題までが定立されているが、第五命題において、種としての人類最大の問題として「普遍的な市民社会を実現すること」が挙げられ (ID, VIII, 22)、第七命題では「完全な市民的体制を達成するという問題は合法則的な対外的国家関係という問題に左右される」という認識から、国際的な無法状態を解消するための国家間の同盟が説かれる (ID, VIII, 24)。第八命題では、「人類の歴史全体は、自然の隠された計画の遂行、すなわち国家内部の体制を完全に実現し、その目的のためにさらに対外的にも完全な国家体制を唯一の状態として実現するという計画の遂行とみなすことができる。そこにおいて自然はそのすべての素質を人類において完全に展開しうるのである」とされる (ID, VIII, 27)。

こうした記述から分かるように、カントは各国民の単位によって形成される国家（市民的体制）を、完全な法的状態の実現とみなしている。各国家において完全な法的状態が実現されている以上、この上新たな国家を形成する必然性はない。だがこれだけではなお、「何故に道徳的人格としての世界国家が否認されるべきか」という問いへの答えとしては不十分である。なぜ分立する諸国家のみに法的体制の主体となる資格が独占されるのか、ここが問題となる。

世界国家は現実には存在せず、技術的見地だけから見ても今なお困難な試

みであろう。しかしこのような技術的な理由だけではなく、国境線は今日においても「ないわけにはいかない」とするのが、たとえば『万民の法』におけるロールズの立場である[17]。ロールズによれば国境線はいかに恣意的に思われるとしても、政府の重要な任務として一定の領域、環境保全、人口に対して責任を負う人民の代表である。一定領域内だけの人民の福祉に対して責任を負う制度を正当化することは、私有財産の正当化と同様の論理によっている。ロックは個人による土地所有制度の効率性をその正当化過程で論じたが、私有財産制度の下で、財産所有者はその保全に失敗するとき、損失を担う立場にある。この責任と引換えに、はじめて財産は有効に管理、保全され、結果的に社会全体の効用は向上するが、これと同様のことが国家においても言えるとロールズは考える。国境線という枠組みが形成されることにより、各人民の政府はその責任範囲が限定され、これによって有効な統治がはじめて可能になる。この立場は私有財産制度の正当化論を援用していることからも分かるように、功利主義的な国境正当化論とよぶことができるだろう。こうした理由から『永遠平和論』における世界国家否認論を、ロールズは支持している[18]。

　しかしカントによる世界国家否認論の本質はこの点にあるのではない。『永遠平和論』の「第二確定条項」の最後には次のようなテーゼが示されている。「一つの世界共和国という積極的理念の代わりに（もしすべてが失われてしまわないためには）戦争を防止し、たえず持続的に拡大する連盟という消極的代用物のみが、法を恐れ、敵意をはらむ傾向性の流れを阻止できる」(ZeF, VIII, 357) という。

　このテーゼは何を意味しているのだろうか。なぜ「連盟という消極的代用物のみが法を恐れ、敵意をはらむ傾向性の流れを阻止できる」のか、ここでは十分に説明されていない。しかしカントは世界国家を、法の貫徹という見地からは脅威と認識しており、「連盟」という消極的な策が世界国家よりもましであるという認識をもっていたことはたしかである。それは同書の「第一補説」にある以下の記述から見て取れる。

[17) ロールズ『万民の法』邦訳51頁以降。
[18) ロールズ『万民の法』邦訳48頁。

172　第五章　パトリオティズムと世界国家批判

「それでもなお、まさにこの状態（諸国家による戦争の状態―筆者注）の方が、理性理念によれば、他を制圧して世界王国へと移行していく一大強国のために諸国家が溶解してしまうよりも好ましいのである。なぜなら法律は統治範囲が拡大するにつれて、ますます威力を失い、そして魂のない専制政治は善の萌芽を根絶やしにした上、最後には無政府状態に堕落するからである」(ZeF, VIII, 367)。

　この言葉は、必ずしも世界国家だけを念頭に置くものではない。ここで表明されているのは、世界国家に限らず、およそ国家の規模は拡大すればするほど、法律の支配という理想にとっては好ましくない、という認識である[19]。

　このテーゼとの関わりで想起されるのは、『社会契約論』におけるルソーの国家論である。ルソーによれば、「国家が大きくなればなるほど、自由は減少する」という[20]。そもそもルソーは代表されることのできない集合体としての人民自らを、立法する主権者とし、同時に彼らは臣民として、法律に服従するモデルを構想している。このモデルを前提とするならば、主権者たる市民の数は、少数であるほど好ましい。何故なら、市民の数が多くなる程、市民自らが主権者として国家に対して行使する影響力は相対的に低下せざるを得ず、それにもかかわらず、立法に対する市民の服従義務は決して軽減されることはないからである。ルソーの人民主権論にとって、国家の規模と自由享受の度合いには必然的な関係がある。

　この認識は「一般意志の表明としての法律」というルソーの立法観念と人民主権を理念として継承したカントにおいても、継承されているといえよう。カントもまた次のように言う。「国家権力に携わる人格（支配者の数）が少なければ少ないほど、これに反して国家権力の代表者数が大きければ大き

---

19) 国際法の理念を根拠として、大国を批判するという論理はカントにオリジナルなものではなく、この認識はヴァッテルにも見られる。ヴァッテルは、神聖ローマ皇帝カール五世による、挫折したカトリック帝国建設という構想がヨーロッパの自由にとっての脅威であったことを例示している。彼によれば、こうした「帝国」の脅威を排除するためには、小国の主権国家による連合で対抗することがもっとも効率的な方法である (Vattel, pp. 310 (III, 3, §45))。
20) Rousseau [1], p. 397 (III, 1).

いほど、国家体制はそれだけ多く共和制の可能性に合致し、徐々に行なわれる改革を通じて、ついには自らを共和制にまで高めることを望むことができる」(ZeF, VIII, 353) という。人口規模が大きくなるほどに、代表者の割合は低下する。この結果、法律は人民による主権的な自己決定という理念のリアリティを喪失し、それに反比例してフィクションとしての性格を強めざるを得ない。もし、この自己決定の理念への信頼が失われるならば、制定された法律の適用を保障するものは、暴力を伴う強制のみとなるであろう。法律が人民の自己決定の産物であるという、共和制本来の「威力」が失われるとすれば、市民たちによる遵法の動機は、もはや自己立法への服従ではなくなり、暴力的強制への恐怖へと変わっていく。その結果、国家の統治は、剝き出しの力に依存する専制の度合いを高めてゆかざるを得ない。これは脱法、面従腹背など、「崇高なる義務」としての法服従とは対極の状態である。義務という純粋な動機に支えられた遵法が一つの国民から失われるとすれば、法適用からは一切の道徳性が失われ、まさに「善の萌芽を根絶やしにする」状態が生み出される。こうした状態下での法律による統治とは、恐怖の専制でしかない。この意味で大国という環境は、法律の支配という理念を損ない、その実践を困難にする。

　ルソーによる大国批判は、人口規模の観点だけからではなく、国土面積の適正さという観点からも展開されている。国家を構成する国土が拡大されてゆくにつれて、政府は専制に陥る傾向があるとルソーは強調する。それによれば、同数の人口から成る国家であるとしても、人口が広大な面積の中で分散してしまえば、市民間の連絡は容易に断ちきられるから、国家権力に対する市民の反抗はより困難なものとなる。すなわち、政府の力とは「梃子と同じ原理で、遠くへゆくほど増大する」ものであり、「圧制的な政府にとっての得策は、はるかかなたから力をふるうこと」[21]に他ならないのである。

　むろん非経験的な方法による国家の基礎付けを試みる『法論』にとって、共和制と国土面積の関係は論点とはならないであろう。だが国家構成員の増加は、人民の自己立法という理念の実現にとって好ましいものではないとの

---

21) Rousseau [1], p. 418 (III, 8).

認識は、ルソーと共有しうるものといえよう。国土面積と専制との関係に関わる指摘は、経験的・歴史的な知見に基づくもので、超越論的に基礎づけられるべき理性法国家論との間で、直接の関わりをもつものではないとしても、その認識はカントの世界国家＝大国批判を側面からも補強する論拠となる。

(2) 小国の賛美

ルソーの大国批判は、以上のような、経験的・歴史社会学的な見地だけから支えられているわけではない。ルソーは、これに加えて、徳論的な見地からも、大国批判＝国土の限定に積極的な意義を見出している。ルソーは『政治経済論』において、以下のように述べている。

> 「人間性の感情は地上全体に広がるときには、薄められ、弱まるようであり、我々はダッタン地方や日本の災害によっては、ヨーロッパの人民の災害のときのほどには心を動かされることはありえないように思われる。人間性の感情に活力を与えるためには利害や同情を何らかの仕方で限定し、圧縮しなければならない。ところで我々のこの性向は、我々が共に暮らしている人々に対してしか有効でありえないから、人間愛が同胞市民の間に集中されて、互いに交際するという習慣や彼らを結びつける共同の利益によって、彼らの間で新しい力を獲得するのは道理に適ったことである。たしかにもっともすぐれた徳は祖国愛 (l'amour de la patrie) によって生み出された」[22]。

人民主権の共和制を構想するルソーにとって、共和制の活力を保持するためには、人民自らがその共同体を作り上げ、運営していることを実感しうる程度の規模が最適であり、逆に大国が自由な共和的体制として相応しくないのは、それが無限定の広がりと膨大な人口から構成されることによって、市民は祖国に対する愛と責任を実感することが困難になるという事情に求められる。大国とは、徳を生み出す祖国愛、パトリオティズムの素地を奪うという点において、法的体制としての欠陥をもっている。

こうした認識は、18世紀までの国制論においては、特別なものではない。

---

22) Rousseau [2], p. 255.

ネーデルラントやイタリアの都市諸国家を別にすれば、封建君主制が主流であり続けた西欧において、共和制は書物の中でしか理解しえないものであった。こうした中で人文主義者たちがギリシャ・ローマにおいて実現されていた理想を実現する上で不可欠かつ最重要とみなし、範とする徳こそ、祖国愛と法律への服従であった。該博な古典教養を背景として政体論を展開したモンテスキューもまた、共和制において必要とされるのは政治的徳の教育であるとし、この徳を「法律および祖国への愛 (l'amour des lois et de la patrie)」[23]と定義する。共和制の実現が議論されているこの時代にあって、パトリオティズムはかつて君主を対象としていたものから、共同体に向けられた忠誠の理念へと抽象化され、古代趣味的な潤色を受けつつ理想化されていく[24]。ルソーによって示された、立法する主権的な peuple の観念は、カントの Volk 観念とは異なり、「人民」と訳されるべき、普遍的な射程をもつが、そうした人民の徳を養う土壌として、空間的・人的に限定された枠、すなわち小規模都市国家的な共同体の積極的な意義が強調されるのである。したがってルソーにおける人民とは、抽象的な広がりをもつ存在であると同時に、祖国への愛を徳として抱く特殊歴史的な存在でもある。このモデルは小規模な共同体枠と、国境線を当然の帰結として要請する。

　さて、何故に世界国家は否認され、国境線が必要とされるのか、という当初の問題意識に戻ることにしよう。ロールズは『万民の法』において、カントの立場を支持し、国境線の恣意性を認めつつ、その必要性を認めた。しかしそこでの国境線承認論は、国境に限定された国家の方がその責任と引換えによく統治しうるという功利的な根拠に基づくものであった。だが少なくともルソーやカントにおいて、国境線の必要は功利主義的な論拠によっては説明できない。彼らにあっては世界国家批判以前に、大国批判が先行しており、それは人民主権体制の確立にとって何が有効かという観点から議論されている。法律への愛、パトリオティズムといった「徳」の涵養が共和政体に

---

23)　Montesquieu, p. 41 (IV, 5).
24)　パトリオティズムの対象が君主から祖国へと転換していく過程については、中谷猛「フランス革命と祖国の観念」481頁。

とって不可欠との認識に立脚すれば、国家は小規模であるほど主権的権力と自由の不一致というアポリアを極小化する方向へ進み、より好ましい。したがって彼らの思想を、ロールズが部分的に採用しているような、功利主義で説明することはできない。国家の役割は国内における私人間では解決し難い利害関係の処理といった「調整問題」の解決にあるとも言われる[25]。この立場は、すでに存在する権力主体を合理的に追認しようとする立場といえるが、この理由づけも国境が存在することの根源的な理由づけにはならない。「調整問題」論の問題は、本質的には、なぜ、ある区画された領域が利害調整の対象となるのか、という根源的な問いに答えられていないからである。それ故に「適切な国境の引き方に関して、一般的に妥当する原理的な回答は存在しない」という命題が生ずることになるわけだが[26]、なぜ国境がなければならないのか、言い換えれば、なぜ異なる政治主体が存在するのかという問いが別に残る。国家が小規模な存在として、パトリオティズムの対象とされるべきであり、ここに市民的徳の実現が図られるという人間観と共同体観からすれば、―その量（面積）的規定はともかく―国境をもつ国家の存在は、政治的実存の決定主体が複数存在することの必然的帰結であり、国境とは功利主義的な採算を度外視した、目的的な存在、つまり道徳的人格主体ということになる。道徳的人格主体としての国家観とは、この意味では友／敵の対決の中に政治的なるものの本質を見出そうとするカール・シュミット的な政治観とも連続性をもつことは否定できないのではないか[27]。

以上のように、世界国家否認という結論は、ルソー、カントのいずれの立場においても、人民（国民）主権的な立法観からの帰結として理解できるも

---

25) たとえば長谷部恭男［1］、5頁以降。
26) 長谷部恭男［2］、28頁。
27) 熊谷卓哉［1］は「カントの最終目的はあくまで『世界共和国』であり、『国際連盟』は理念でありながら同時に手段としての一段階にすぎない」と理解する傾向に対して、「主権国家」を保持するカントに一定の理解を示しつつ、根源的契約による個別の主権国家という帰結を、世界市民主義という「嫡流」に対する「傍系」と位置付けている（146頁）。しかし本文での検討の通り、この二つの異なる秩序観の間に優劣関係はなく、同時に存在することで意味をもつのである。

のであるが、それぞれにおいて想定される政治的主体は対照的といってよいほどの違いが見出される。つまりカントのいうVolk概念と、ルソーのpeuple概念との似て非なる性格である。カントが理性法国家における立法主体とするVolkの概念は、一般的な語法として、フランス語のpeupleに対応する概念といえるが、それはルソーの想定していたような抽象的な人民ではない。カントによればVolkは、共通の祖先をもつ民族（Stammvolk）として理解されている（RL, VI, 311）。むろん歴史的経験の中において、純粋な部族・民族集団というものなく、原理的には一つのフィクションとしてしか存在しえないものではあるとしても、それにもかかわらず「法的には共通の先祖から派生したと表象される同格の身分集団（Familie, gens, natio）」が存在するとされ、これをVolkの基盤とするのである（RL, VI, 311）[28]。『法論』でいうVolkとは、歴史的なエスニック集団を基体として成長し、国家の主権主体となりうる、一つの法的人格として承認された国民集団ということになる[29]。そこで問われるべきは次の点である。なぜカントは公共空間を担うべき理性法国家の単位について、peupleに対応するVolk概念を援用していたにもかかわらず、エスニシティとは無関係な抽象的な主体ではなく、エスニシティを濃厚に残す主体としてVolkを理解したのか。血統や伝統と多分なしがらみをもつはずの、Volkが、普遍的な意志としての「立法」主体となる、ということは論理的に矛盾なく成立するのだろうか。また理性法国家を「祖国」と見なし、それに向けられる「祖国愛」の心性を、非歴史的な形で構想されている理性法国家の中で育むことは果たして可能なのか。何より疑問となるのは、民族的な単位としてのVolk概念を理性法国家の単位と

---

[28] 近代の主権国家の担い手は、Nationとされ、Volkの使用は一般的ではない。マイネッケによれば、Volkとはもともと卑しいもの、下級という意味をもち、勤勉な服従を宣告された受動的・植物的な存在のための表現であったのに対し、Nationは、高貴なものという意味合いをもつ（マイネッケ『世界市民主義と国民国家』邦訳25頁）。人民・民族といった日本語の語感からも嗅ぎ取れるように、Volkには土着的な「民」に近いニュアンスが込められている。

[29] マイネッケは国民国家の形成を、植物的・非人格的なNationから、理念的で超個人的な全体人格への成長として捉えている（マイネッケ、邦訳7頁）。カントのVolk概念もこの意味でのNationを含んでいるといってよいと思われる。

して採用する何らかの積極的な理由は存在するのか、ということである。

4．二つのパトリオティズム

　共和主義的な国家体制の主体となる Volk をカントはどのように捉えていたのだろうか。ここではカント特有のパトリオティズム概念を探ることによって、ルソーの peuple とは意味の異なる Volk 概念をカントが採っていたことの背景を考えることにしたい。両者はパトリオティズムを市民的徳として要求する共和主義的な人民主権観を共有しながら、一方のカントはエスニカルな色彩を濃厚に残すものとなっている。この違いによって「祖国」に対する愛の形も異なるものにならざるをえないはずである。また逆に両者のパトリオティズムの形を把握することによって、両者の人民ないし国民概念の違いも浮き彫りにされるはずである。

　カントはパトリオティズムの語を、『法論』「公法」部分における、政体区分に関する説明箇所で使用している。カントの政体区分によれば、権力分立なき体制は「専制的（despotisch）」体制とよばれ、権力分立の確保される体制は「愛国的（patriotisch）」体制と形容されている。そしてこれらに対応する概念として、前者は「父権的（väterlich）」体制、後者については「祖国的（vaterlandisch）」体制という語でそれぞれ言い換えられている（RL, VI, 317）[30]。この区分だけからは、パトリオティッシュ（patriotisch）という語

30）既述のようにカントの理解によれば、民主制とは人民が立法者と執行者を兼務する体制であり、したがって、民主制は必然的に専制である（ZeF, VIII, 352）。この認識もルソーに発し、民主制は完全無欠な神々の体制の中でしか成立しない（Rousseau [1], p. 406 (III, 4)）。邦訳では、専制と同一視されるこの体制を「民主制」と訳さず（例えば遠山義孝訳、岩波カント全集14巻265-266頁、また宇都宮芳明訳、岩波文庫版34頁）、日本語では通常表現することのない「民衆制」という語に置き換えている。これは訳者の「民主制」に対する肯定的な価値評価と、カントの否定的評価とを調和させたいとする主観的な関心に発すると推測される。しかし西欧思想史の伝統において「デモクラシー」は、事実として、肯定的にも否定的にも評価されてきた概念であり、時代の要請への対応によってその自己理解も大きく変容させてきたし、今日もそうした営為は続いている。民主制は完全無欠ではないが故に、それはルソーのいう「賢明に抑制された民主制」として主張されたり、「立憲民主制」、「間接民主制」、「制限民主制」「代表民主制」

4．二つのパトリオティズム　　179

がどのような意味で使用されているのかは判然としないが、『永遠平和論』中で展開されている政体論では、権力分立の確立された体制を「共和的（republikanisch）」とも形容している（ZeF, VIII, 352）。つまりカントはパトリオティッシュという概念に、共和主義との強い結びつきを与えている[31]。ただ、権力分立なき体制を「専制」あるいは「父権的」と呼ぶことは、さして不自然な形容ではないにしても、その逆である権力分立体制を何故「パトリオティッシュ」と形容する必然性があるのだろうか。この語について、『理論と実践』は次のように説明している。

　「パトリオティッシュとは次のような考え方をいう。すなわち（国家元首も含めて）国家におけるすべての人が、公共体（das gemeine Wesen）は、母なる懐、国土（das Land）は父なる大地（väterliche Boden）であり、自分はそこから生まれ出、またそこに生まれ落ちており、さらにそれをかけがえのない担保のようなものとして子孫に残さなければならないとみなしているとき、しかもそのようにみなすのは、ただ各人の権利を共同意志の法によって保護するためだけなのであって、公共体や国土を何の制限もなしに恣意的に利用できるように支配する権限が自分に与えられているなどとはみなさないとき、そうした考え方をパトリオティッシュというのである」（TP, VIII, 291）。

パトリオティズムとは、国土（das Land）について、誰もこれを恣意的な処分対象とすることはできない、公共的な存在でなければならない、このよ

といった多様な改良が試みられてきた。カントの場合、そこで取っている民主制理解は、立法者と執行者が一体であった古代的なデモクラシーに忠実なものであり、そうである以上、それが近代的自由の立場から否定的に評価されるのは当然である。どのような民主制理解を採るにせよ、民主制の概念は様々な理解を許容する器であり、論者がそれに込めた意味によって評価も当然変わりうるが、そこで使用されている語が「デモクラシー」であることは一貫して変わることはない。上記のような訳し分けがもし正当であるとすれば、古代アテネのデモクラシーに対しては今後訳者は常に「民衆制」の訳語を当てねばならないし、歴史の教科書に出てくる古代アテネの政治は「民衆制のはじまり」と言わなければならない。
31）　カントのいう「共和主義」は、非君主的な体制を意味するのではなく、主権者たる立法者と主権的意思の表明としての法律を執行する政府が代理機関として存在すべきということを意味している。この概念構造もやはりルソーの用法を踏襲している。

うな意識と密接な結びつきを与えられている。パトリオティッシュであることとは、自らを育んだ政治共同体を「父なる大地」として、国土に愛着を抱く心性であり、カントはこれを正面から認めている。パトリオティッシュな愛着の対象となるのは文字通り、vater*land*isch なるものである。さらに注目すべきは、国土を祖先から継承され、将来の子孫へと受け継がれるべき対象とみなすことで、「血」の紐帯による共同体観念すら認めていると言い得る点である[32]。

　このパトリオティズム観は、ルソー的なパトリオティズム概念と比較して、どのような意味をもつといえるだろうか。既述のようにルソーによれば、パトリオティッシュな心情を育むことができるのは、一定の限定された集団の中においてのみであった。この点はカントも同様であるが、カントの場合、そうした心性を抱く主体は、ルソー流の抽象化された peuple 観念ではなかったことも既に確認した。『人間不平等起源論』冒頭の「ジュネーヴ共和国への献辞」は、この相違を際だたせている。ルソーは「もしも自分の生まれる場所を選ばなければならないとすれば」という無知のヴェール的仮定の中で、「よく統治される可能性によって限られた大きさの社会、各人がその仕事を十分に行え、誰も自分が負われた職務を他の人々に任せる必要のないような社会を選ぶことでしょう」とした上で、そのような国家であれば、「祖国愛は土地に対する愛というよりも、むしろ市民に対する愛となるでしょう」[33]と述べている。ルソーにおいて、祖国とは、土着的なものではなく、国制との関わりの中で、生まれ、愛着の対象となる。ルソーはジュネーヴ国制の卓越性の故に、祖国愛を感じるのである。言い換えれば、パトリオティズムの心性は、国制の転換や革命・政変の中で消滅することもあり得ることがここでは示されている。ルソーは都市国家ジュネーヴのシトワイヤン階級に生まれ、少年期以降の放浪の後、ジュネーヴ市民権を再び得るものの、筆禍により亡命者として放浪の人生を余儀なくされた。彼にとって、

---

32) とはいえ、このことは文字通りの人種主義的な血の紐帯と見るべきものではない。カントは Volk 概念について、すでに示したように、共通の祖先から由来したものとするが、これは法的な擬制であることを認めている。
33) Rousseau [3], p. 112.

「祖国愛」「パトリオティズム」は、「ジュネーヴ国制」に対する愛着と忠誠心であって、「大地への愛」というべき性質のものではありえなかった。

これに対して上記引用の通り、カントの場合、パトリオティズムは国土への密接な愛着を伴う心性として理解されており、その点で、それは終生消滅することのない具体性と土着性を兼ね備えている。両者の違いはこの点できわめて対照的である。

カントのパトリオティズムは、何故にルソーのそれと対照的な、国土への愛着を伴うものになるのだろうか。生涯を通じて故郷ケーニヒスベルクを愛し、そこから出ることのなかったカントの生き方に対応しているといった事情は理論内在的な根拠となるものではない。大地への愛に根ざしたパトリオティズムといった概念の援用は、超越論的方法に立脚した理性法と理性国家を構想する立場からは逸脱したもので、一般にイメージされるカントの立場とは、きわめて親和性の低い主張であるように見える。しかし本書第一章、第二章で見たように、「土地」を法秩序の根源とみなすカントの立場を顧慮するならば、「国土への愛着」は必ずしも唐突ではない。カント所有論の基礎となる可想的占有の観念は、武装能力という経験的な根拠なくして土地に対する支配権原を承認する機能を果たすものだが、こうした抽象的な権原を可能とし、支える裏付けとして主権が要請される。土地を根源的に取得する主体は、所有秩序を形成しうる権力主体であり、取得の及ぶ領域は、当該の権力者が自ら防衛しうる範囲として経験的な力に委ねられた。この根源的取得を経ることではじめて、「私のもの／汝のもの」が確定的に規定され、所有秩序も成立する。このことはカントが公法のみならず、私法秩序の形成においても主権者という権力主体の存在を必然としていたことを物語っている。主権者とは私法的には私的土地所有権から超越した、最上級所有者として規定し直される[34]。第二章では主権者が同時に土地の最上級所有者であることを確認したが、「国土への愛着」とは、この二つの存在を架橋する心性として必然的な位置づけを与えられるのではないだろうか。

以上の認識は、「共和国」を成立させる要件としてのパトリオティズムと、

---

34) 第一章、第二章を参照。

国土への愛着がきわめて密接な関わりをもつことの根拠となるように思われる。同時代における啓蒙絶対主義において、絶対君主とその官僚勢力は、政治的な支配権を伴う貴族の諸特権を徐々に浸食していったものの、家産としての諸特権の上に成立する所有優位の法秩序観はなお現実のものとして残存していた。絶対君主自身が、直接に所有・支配する土地をもつ貴族の一つであるという矛盾がここではなお残され、「絶対主義」という名称にかかわらず、一元化された支配モデルは決して徹底されていたわけではない[35]。同様に、権力の公共化という題目を掲げるだけで、理性的な市民的体制としての国家が実現されるわけではない。市民的体制を実現する上で、具体的な道筋として必要となるのは、絶対主義体制においてもなし得なかった、既得権に基づいた伝統的な土地所有秩序の再編に他ならない。政治権力の公共化を進めようとするとき、改革勢力が直面するのが、政治的支配権と絡み合った特権としての土地所有秩序である。「国土」が公共的な存在となり、国民的な愛着の対象となる心性なくして、家産的な土地支配秩序を根底から批判することはできない。こうした心性が成立してはじめて、公共化された権力による領土主権と、純粋な経済的用法に限定される私的土地所有権との概念的分離も可能となり、非政治的な市民社会的な空間形成の条件も整備されるのだと言える。

『永遠平和論』は、この意味で、単なる理想主義構想にとどまる作品と見るべきではない。平和的な国際秩序の形成する上で、最も本質的な課題となるのは、各国家の体制をいかにして共和的、すなわちパトリオティッシュなものへと転換させるかであり、ここでの「共和的」という観念は、土地の公共化と国民化を前提としているのである。その意味で先に引用したような、「独立して存続しているいかなる国家（その大小は問題ではない）も、相続、交換、買収、または贈与によって他の国家の所有にされるべきではない。」(ZeF, VIII, 344) という命題は、国家の道徳的人格化と主体化の主張であり、国家＝国土は所有の対象ではないという意識に導かれたものである。これはホッブズ以来、プーフェンドルフ、ルソー、ヴァッテルなど主権論者に共通

---

35) 第四章4．(2)を参照。

4. 二つのパトリオティズム　183

して見られる見解であり、いずれも主権の確立と徹底を阻害する家産的・伝統的な支配・所有秩序を解体しようとする問題意識が生み出した命題といえる。『世界市民主義と国民国家』において、マイネッケが「一つの国民が自己発展を行なうためのまず第一の前提は、彼らが一つの確固たる領土的基礎、すなわち『祖国』を獲得することである」[36]と述べていることは、国民国家成立に至るこうした過程を裏付けている。国土の非物件化を進め、領土主権の目的化を可能とするような、土地所有秩序の転換によって、これまで続いてきた家産君主たちによる国土＝財産権争奪戦としての戦争の動機は消滅する。この秩序観の転換が国家間に平和をもたらすと考えるのが『永遠平和論』の出発点といえよう[37]。この平和構想がVaterlandとしての国土観念と結びついたパトリオティズムと不可分の関係を持っていることは、この意味でもっと注目されてよいと思われる。いうまでもなく巨大国家においては、「血と大地」のつながりとしての、共同体へのパトリオティズムを育むことが困難であるが故に、国家は公共体たりえないし、世界国家とは共和国として、およそ想像し難い体制ということになるのである。

---

[36] マイネッケ、邦訳4頁。
[37] 共和主義体制が実現されれば、実際に戦争によって生命を危険に晒し、財産を失う可能性をもつ国家公民は開戦に慎重になるとカントは考えたが（ZeF, VIII, 351）、この論理は大革命以降、国民国家の併存した人類の経験には一致しないが故に、カントの見込み違いを含んでいる。ケルスティングはこの点について、公共の見解が存在し、社会的な学習過程が進行し、反省的合理性を背景とする意見形成が進めば、攻撃的で好戦的な開戦は市民たちの承認を得られないだろうとしている（Kersting [2], S. 154）。この見方はそれ自体としては首肯する余地があるとしても、カントの意図を超えた解釈である。カントの意図は共和主義的な体制の構築が、権力のみならず国土の公共化をもたらし、その結果として、―ルイ14世などに代表される―家産君主たちによる私有財産争奪戦としての戦争原因が除かれるという点にある。この点に限れば、たしかに19世紀以降、共和的体制が一般化することによって、家産君主的な動機に基づく戦争は姿を消したのである。

5．国土への愛着としての公共性
―第五章の結びとして―

　これまでの検討から、ルソーがパトリティズムを語る上で、土地の所有形態や国土への愛着に関わる問題を扱うことなく、抽象的な形で祖国への愛着を語ることができた背景が明らかになったように思われる。『社会契約論』の問題意識は、既得的な所有秩序の集積で形成されていた領土国家という当時の現実への対峙にあるのではなく、ポリス的な都市国家の文脈上で成立する共和主義を念頭に置いている[38]。既得権的な所有秩序の解体という歴史的課題を意識しなかった『社会契約論』において、パトリオティズムは、伝統的な土地所有秩序の改編という媒介なくして、その対象を抽象的な「祖国」の観念へと直結させることが可能だったのである。

　ルソーとカントの問題意識の相違は、『社会契約論』1編9章における土地所有権に対する位置づけにおいても如実に現れている。ルソーの場合、社会契約の際に、諸個人は自然状態における自由と財産を共同体に譲渡するが、共同体はそれを収奪するのではなく、「略奪を真の権利に、享有を所有権に代える」。これによって土地所有者は、「公共財産の受託者（depositaires du bien public）」と位置付けられる。土地の占有者は土地を国家に譲渡することによって土地を入手する。すなわち「各個人の土地に対する権利は、常に共同体がすべての土地に対して持つ権利に従属する」[39]のである。土地に対する私人の「支配」的要素はルソーにおいて、きわめて希薄化されてお

---

38) ルソーは後に、『ポーランド統治論』（Rousseau [6]）を著わす。ここではカントが直面したものと同様の、既得的な所有秩序から形成されているポーランド王国をいかに再構成するかという問題に取り組むことになる。この段階に至ってルソーは『社会契約論』における抽象的な国制論を脱し、ポーランド人という民族による国家をいかに構築するかという課題を背負うことになる。しかしこの結果、『ポーランド統治論』は、『社会契約論』との「矛盾」や「後退」が指摘され、十分な評価を受けることがなかったという研究史上の事情は、『法論』に対する伝統的な低評価を想起させる。『ポーランド統治論』の評価や位置付けについては小林浩『ルソーの政治思想　『社会契約論』から『ポーランド統治考』を読む』、『ルソー全集　第五巻』の訳者解説を参照。

39) Rousseau [1], p. 367 (I, 9).

り、あるいはほぼ否定されていると言ってよい。土地所有権に対するこの認識は、本書第二章でも述べたように、上級所有権者と主権者を同一視するカントの立場とも一致しており、この限りでルソーとカントの間に大きな相違はない。唯一にして最大の違いと言えるのは、私的土地所有に優位する国土へのパトリオティズムという心性について、ルソーはまったく触れることがなかった点である。だがこれには十分な理由がある。古代の都市国家を範としつつ、同時代のジュネーヴを理想として構想されたルソーの共和主義的政治体制において、政治権力を実際に掌握している階層とは、シトワイヤンやブルジョワのような、主に商工業に携わる階層であり、このような政治的・社会的条件の中では、祖先から相続した土地支配権を自然権や既得的な特権とし、これを根拠に国家への抵抗を試みるような現実的な可能性はもともと存在しない。むろん農地所有者は都市国家においても存在するが、それは限定された領域にとどまる。こうした環境の中では、イギリス、フランス、ドイツといった国土の中で、広大な地域を祖先から相続し、農地と数多くの農奴・農民を賦役しうる家産的な諸権力が、国政のありようを左右し、公共的体制への移行を阻止する現実的な脅威となってきた事態は想定できない。より図式化して言えば、点のイメージで表象される狭小な都市国家において、もともと土地の利用形態は、強い社会的・国家的制約を被る宿命にある。この意味で、土地の公共的性格をあらためて強調し、社会秩序の改編を促すという歴史的な問題意識は、中規模な領土国家におけるような深刻なものではなかったといえる[40]。こうした環境からは、ロックやカントのように、前国家的ないし超越論的次元から外的物件（土地）を根源的に取得するありようを究明しようとする問題意識は生まれないし、私的所有権を個人の内的自由と関連づけ、人格上の自由によって根拠づけようとする必然性も生じない。

---

40) いわゆる「所有権の社会性」は、この認識から導かれる。ここでいう所有権はほぼ土地所有権が想定されているといってよいし、ワイマール憲法によってこうした認識が公式に認められるようになるのは、19世紀の産業化の進展を背景として生じた都市問題以降である。都市においてこそ、土地所有権の社会性、すなわち空間的な意味での公共性が意識される。これに対して農村における土地（農地）に公共性が存在しないということではないにしても、それは祖先から継承し、次世代に引き継ぐべきという点で語りうる、時間的な意味での公共性に留まるのである。

ルソーの言うように土地は公共体から借り受けたものでしかなく、その始めから公的規制を被ることが宿命づけられているとすれば、土地支配について、公法的な領土高権と私的土地所有権とに概念的分離を進めようとする動機もまた生まれようがないであろう。『人間不平等起源論』における空想的な土地所有起源論や、『社会契約論』における土地所有の根拠に割かれる説明の薄さは、都市国家的な共和主義において、国制と土地所有形態との関わりの低さをよく象徴しているように思われる。ルソーがパトリオティズムを語る上で、その対象をもっぱら公法的な意味での国制に限定し、国土への愛着という側面を無視することができたのはこうした事情によると考えられるし、逆にカントのような、中規模的な領土国家の形成という歴史的現実に対峙する問題意識をもつ立場からすれば、画定された国土に対するパトリオティッシュな心性は必然的に求められるものであった[41]。パトリオティズムの対象を抽象的な国制ではなく、「血と大地」に求めたことによって、理性法国家の主体は抽象的な peuple ではなく、土地と結びつくエスニカルな Volk として立ち現れることになったのである[42]。

この二つのタイプのパトリオティズムはマウリツィオ・ヴィローリがまさに指摘するように、愛着と忠誠の対象を国制に求めるものと、土地に求めるものの二つの伝統が存在していたことをルソーとカントから裏付けるものとなっている。ヴィローリは、前者の国制への愛は、他国人を尊重しながら政治的自由を愛する心性と理解するのに対し、後者についてはシャフツベリーの言葉を引用しつつ、生まれた土地に対して抱く、より下等な愛着心とみな

---

[41] こうした関係は、たとえばイギリス政治思想史の中でも指摘されている。国教会成立以降、絶対君主はカトリックの修道院を接収・国有化し、これを民間に払い下げた。これによって流動的な土地市場が形成されると共に、ジェントリの台頭が促されることになったが、このことは国際的勢力からの国家主権に対する遠隔操作を阻止する契機になると共に、中産階級の愛国心の最大の要素である「土地に対する執着」を植え付けたとされている（押村高［2］、230頁）。

[42] Ingeborg Maus, S. 206（邦訳177頁以下）は、国民主権体制と「血と大地」の結合を読みとる可能性を認めながらも、国民が契約的所産であることを強調し、パトリオティズムを「憲法パトリオティズム」に読み替えている。しかしこの理解によるならば、カントが何故にエスニカルな Volk 観を取り、国土の公共性と直結するパトリオティズム理解をしていたのかが説明できなくなる。

す。後者の愛は、排除せずともよいが、より高貴なものへと転換されるべきものとされ、二つのタイプのパトリオティズムは価値的な優劣を設けて理解される[43]。だがこのような理解は、19世紀以降に本格化する領土国家を基盤とする国民主権国家の形成をいたずらに野蛮視し、マイネッケが言うような領土的基礎に裏付けられた国民国家の基礎を不当に貶める評価というべきであろう。土地から切り離され、自由な国制への愛だけを根拠として任意に選択される祖国は、ルソーが純粋な「民主制」について描写したように、動揺常無きもので、イタリア都市国家的な不安定を帰結するものでもあるかもしれないのである。ヴィローリの評価は、ナショナリズムの副作用を批判するのに急な余り、公共化された土地所有秩序への改変によってはじめて公共的な法的空間が成立するという論理構造を十分に織り込むものとなっていない。

　パトリオティッシュな心性によって支えられる共和主義を理性法国家の柱とする立場からすれば、世界国家は否認されるべき忌まわしい体制であり、『法論』や『永遠平和論』のもつ内在的論理からは当然の帰結となる。これに対して普遍的理性によってのみ認識や道徳を根拠づけようとするカントの認識論や道徳哲学を評価する立場からすれば、理性法国家の根拠も、普遍的な論理と契機のみによって理解されなければならないが、そうした見方は、カントが主権主体としての Volk によって、公共体としての共和主義国家を根拠づけようとする動機を捉え損なうもので、現実に成立する主権的な国民国家を説明することも困難となる。言い換えれば、これまで触れてきた法秩序の開始としての土地の根源的取得、また取得主体としての主権者の承認、さらに抵抗権の否認といったカントの国家論から見出され、しかし論争的であった諸テーゼは国民主権的な枠組みを取る理性法空間の構想と密接に関わり、そこへ収斂していることを見逃すべきではない。

　要するに理性法秩序を構想する『法論』においても、政治的実存主体としての「国民」は、密かに存在し、埋め込まれている。この存在は、現代の政治哲学においていかに理解し、処理されるべきなのか。そこに歴史的な意義

---

43)　Viroli、邦訳77頁以降。

と必然性が見出されるにせよ、これをそのまま肯定することは19世紀的な主権国家万能論へと陥らざるを得ないであろうし、逆にナショナリズムの温床となる負の要素としてこれを最小化し、あるいは全面否認を試みることも政治的実存への認識を欠如させたナイーヴな姿勢というべきだろう。だがこの問題を考え、また決着を付ける前に、なお確認しておくべきことがある。それは世界国家秩序でもなく、主権国家的秩序でもない、世界市民主義的な秩序構想をカントは提示しているということである。世界市民主義は一国主義的な共和主義パトリオティズムとどのような関係にあり、またそれは理性法秩序観の中でどのように調和させられるべきだろうか。

第六章　理性法秩序とその境界

1．世界市民主義

　普遍的な法秩序の根拠を求める理性法論が、いかなる要素によって共和主義的な国民国家として自らを実現してゆくか、前章ではその流れをカントに対するルソーの影響という観点から辿ったが、その論理は、土地取得を法秩序の基盤とすることで古典的共和主義を近代特有の文脈に再編成し、実現しようとする試みといえるものであった。

　この解釈は、共和主義者としてのルソー像を通じてカントの理性法論を見ることによって成立するが、この解釈が正当かどうか、またそもそもルソーを共和主義者として規定しうるのかという論点が残るであろう[1]。ルソーは、自己愛を中心とする利己的個人のモデルを定立した点で、ホッブズと同様に、近代の原子論的な個人主義に立脚する自然法論の系譜にあるとも解釈できるが、社会契約の締結を促すものとしてルソーが想定したものは、利己的個人の欲望貫徹や、神聖化されたプロパティの保障でもなく、個人を公共的な存在へと昇華せしめようとする意識である。この点でルソーは自然権者としてのホッブズともロックとも確実に区別される要素をもっている[2]。ル

1）　ルソーの政治思想は従来、ドラテに代表されるような自然法論者としての解釈に加え、個から共同体への弁証法的な発展として捉えるヘーゲル的な解釈、さらに新カント派のカッシーラーに見られるような個を重視したものが見られたが、近年では共和主義的理解も有力である。パトリオティズムとナショナリズムを区別することによってパトリオティズム固有の価値を見出そうとするヴィローリは、ルソーを共和主義者として理解する（Viroli [2], 136頁以降）。この点は、逸見修二「ルソーと共和主義」、神原和宏「ルソーの共和主義的解釈　―ルソーと近代法思想―」参照。

2）　ルソーが自然法論者か否かは、ヴォーンによる否認論とドラテによる肯定論が対立

ソーにとって、パトリオティズムと対立するコスモポリタンな人間愛は、徳のあり方として、賞賛の対象となるものではない。人類的博愛主義の精神は、画定された範囲の公共体を設計し、その中で市民としての徳を涵養するという観点からすれば無力であり、有害でさえある。キリスト教を非—国民的な宗教とし、これに代わる「市民宗教」[3]の可能性を示唆したことは、共和主義者ルソーの精神を裏付けるもので、この例は、近代の自然法論に対する、シヴィック・ヒューマニズムからの影響を示す一例といえよう。この思考はスパルタ的な共和主義への理想視に連なると共に、マキャベリを近代における真の共和主義者にして愛国者と讃える文脈ともつながってくる[4]。シュクラーやポーコックが、ルソーを18世紀のマキャベリと評し、シヴィック・ヒューマニズムの系譜に置いたことは十分に理由のあることといえる[5]。

『法論』における普遍的立法意志に基づく法的体制の枠組みが、国民国家の形で求められ、実現されるという論理も、上記の見方を採ることで成立する。その普遍的性格の故に、法的空間の構想に内在的な境界を設けることのできない自然法論にとって、祖国愛とシヴィック・ヒューマニズムの精神は

する伝統的な論点だが、言うまでもなく何を以て「自然法論」と規定するかという定義のあり方にも依存する。それは良心の位置付け、自己愛の解釈、自然の理解など多様な要素から構成される以上、自然法論者かどうかを結論づけることは本書では留保したい。ここで重視したいのは、自然状態下にあった諸個人が公共的な存在へと昇華してゆこうとする心性—それは場合によっては集団主義へも転化しうるものだが—である。この点については山本周二、181頁以降。

3） ここでいう「市民宗教」は religion civile の訳だが、これを「市民」と訳することは必ずしも適切ではない。civil の概念は、教会的、軍事的、商業的、刑事的などへの対概念だが、ルソーの趣旨は、普遍人類的な射程をもつキリスト教の非国家的な性格に対する批判にある。その意味で religion civile は、「国家宗教」「国教」と訳することが適切であるともいえる（この点については、佐々木毅他編『公共哲学4 欧米における公と私』東京大学出版会2002年、204-205頁）。ルソーのこの指摘は、イギリスにおけるアングリカンの設立に対応するし、フランスにおけるガリカニズムの主張に対応する。新教の諸宗派が乱立する近代のアメリカにおいても「見えざる国教」としてのキリスト教観念が成立していると言われることから見ても、近代の共和主義はルソーの主張と同様に、religion civile の樹立を志向していたといえる。

4） Rousseau [1], p. 409 (III, 6).
5） ポーコック『マキャベリアン・モーメント』、437頁。

自らを実効的な法的空間として実現する上で、必然的に要請される媒介項になったといえる。言葉の厳密な意味においては世界国家のみが、真に普遍的体制ということになるが、世界国家ないし大国は共和的体制として実現される条件をもたないが故に、否認されなければならない。もともと普遍的人類愛と古典的な共和主義の心性は相容れるものではないが、キリスト教的普遍主義の洗礼を浴びた西欧は、普遍主義を捨てることもできず、また人文主義以降、共和主義の理念を捨てることもできない。理論内在的には世界国家への衝動をもつ自然法論も、その理念実現のために、人民や領土の範囲を限定せざるをえない。この結果、近代の自然法論は、歴史的・実質的な価値観を意識的ないし無意識的に混入させた独断的形而上学化を余儀なくされ、結果的に「プロイセン的自然法」や「歴史的自然法」といった語義矛盾に陥ることとなった。しかし理念が素材なくして実現されることがないとすれば、いかなる自然法論もそれが実定化されるとき、その歴史的な性格を指摘され、その純粋性の不徹底さを指摘されるという宿命を免れることはできない。理性の名において既存の諸制度を批判し、改革・革命の名の下で新たな制度を構築しようとする啓蒙主義自然法論のもつ政治性を意識するとき、この陥穽を回避することは不可能であり、理性法論はそうした批判をつねに甘受せねばならない立場にある。共和主義とパトリオティズムは、近代の自然法論に混入した外在的な要素といえるが、理性法論は、共和主義の契機を媒介とすることではじめて、実定化された理性法秩序として自らの実現を展望しうる。

　しかし祖国愛という徳を重んじるシヴィック・ヒューマニズムは、財産権を通じた個人的自由を享有する近代人の立場からすれば、アナクロニズムとの誹りは免れない。20世紀の全体主義の経験を経た今日において、パトリオティズムの理想化と国民国家への熱狂は、成熟した秩序と個人的自由を享受する近代的個人にとっての美徳とは言い難い。とはいえ近代においてシヴィック・ヒューマニズムが主権的な法秩序の形成を促進し、今後も民主制の基盤を提供し続けることの意義は今日においても否認されるべきではなかろう。とりわけVolkの観念と土地に対するパトリオティズムを公共性の基盤とする心性と秩序観は、封建的土地支配秩序清算の条件となり、これによっ

て政治的な土地支配を伴う所有秩序がVolkの名で破壊され、国民国家的な公共空間への再編を正当化する契機となっている。普遍ヨーロッパ的な世界とは、ラテン語で意志疎通可能な身分的エリートたちが、境界曖昧な「国家」を自由に超え、知的・財産的・血縁的交流を進めてきた身分秩序であったが、この普遍ヨーロッパ的秩序の破壊こそが諸身分を「国民」へと統合することを可能とした。「普遍的」な立法意志とは、この意味での国民化を条件としていた。政府による市場介入や所得の再分配といった営為も、諸身分を統合する国民的な公共性観念を確立することではじめて正当化しうる[6]。理性法論は、「内的な私のもの」という個人主義的価値を出発点とするが、他方でマキャベリに発し、ルソーの共和主義精神との合流を通じて国民的平等を支える法秩序を示しているのである。

とはいえ、カントは「世界市民社会（Weltbürgertum）」と「世界市民法（ius cosmopoliticum）」の構想者でもあり、共和主義的な国家論者という側面だけで把握することもできない。世界市民主義の理念と、これまで触れてきた、厳格に画定された主権の原理とはどのような関係にあるのだろうか。世界市民社会とは、「万民法（ius gentium）」が支配する秩序であり、その法は「地上の諸国民すべてを包括し、友好的ではないにしても、平和的である共同体の理念」（RL, VI, 352）に基づくものとされる。ただこの理念は主権国家を単位とする国際法に付け加えられたものであるから、主権諸国家の併存する国際法秩序を前提としている。したがって万民法とは言うものの、それは近代国際法以前の、私人による戦争権や君主の財産としての国家を承認してきたius gentiumとは同じものではない。国際法の体系において、国際法上の権利主体性が認められるのは原則的には公的権力に限られるが、カントはこの形式を一旦承認した上で、私人を権利主体と認める法理念としての世界市民法を付け加えるが、そこでは外国への平和的な「訪問権」（ZeF,

---

[6] David Millerによるナショナリティ論（"On Nationality", 1995）は、この点をよく説明している。ミラーによれば、民主的なシチズンシップや財の再配分を可能にするのは、共同の意識と公共性観念の基盤となるナショナリティである。ナショナリズムは戦争をはじめとして有害な現象の基盤ともなってきたが、同時に否定しがたい有益性をいまもなお有している。

VIII, 214）のみが語られる。この意味で世界市民法は、主権を有する各国政府の主権を制約するわけでも、それと矛盾するわけでもない。諸国民は根源的には、球体という閉じた、一つの土地共同体に属し、一つの共同体を形成するということを根拠に、カントは主権的な立法意志と無関係に成立する「訪問権」という権利の可能性を別に認めるのである。

　こうした理念と権利は、『法論』体系内で明確に見出しうる共和主義理念とは断絶した、別個独自の理念によって根拠づけられたもので、たまたま『法論』という一つの著作の中で、共存させられたにすぎないのか。それともそれはカントの道徳哲学に根拠を置くもので、共和主義とも必然的な連続性をもっているといえるのか。この疑問はカントの国家論を共和主義的に解釈する立場からすれば、当然に生じる。

　世界市民主義の理念と共和主義的な法秩序を統一的に把握するための鍵となるのは、「理性」使用の範囲をめぐる法秩序の枠組みに対する視点と思われる。「啓蒙」は自由な理性使用を通じてその実現への道を歩むが、カントは理性使用を「公的使用」と「私的使用」とに区別し、後者については公共の利益からの制約を認めていた。軍隊における上官からの命令に対して、あるいは納税の命令に対し、当事者として自己の利益を動機として「理屈をこねる（räsonnieren）」（AK, VIII, 37）ことは理性の私的使用であり、制約は当然とされる。この結論の当否には議論の余地があるとしても、ここでは許容され、禁止される行為の範囲は比較的明確である。これに対して問題となるのが、理性の「公的使用」の範囲である。

　カントによれば、「公衆に語りかける学者としての資格」で、当該立法や命令の当否について議論することは理性の公的使用である（AK, VIII, 37）。つまり「公的」とは、必ずしも官権的なものでも、国民の立法意志によって規定されるべきものでもない。理性が公的に使用される環境としては、一国家内に限定されることのない、万人に開かれ、国家の枠を超える議論空間が想定されなければならない。個別の国家意志は、国内的な視点からすれば「普遍的」立法意志の所産だが、その意志はその境界に限定されている限りで、特殊・個別的な性格をなお留めており、国民の普遍的立法意志は絶対的な普遍性をもつわけではない。したがって理性使用が真に普遍的かつ公的な

性格を備えたものであるためには、世界市民社会という、より高次の普遍的な議論空間が想定されなければならないであろう。公的理性によって語りかけられる公衆とその空間は、諸個人が自由に往来し、また情報を流通させられる世界市民主義的な性質を要請する。

「理性の公的使用」のもつ、こうした構造をより明確に示してくれるものがアレントの政治哲学に見られる「複数性 (plurality)」の概念であろう。アレントは人間の営為を「労働 (labor)」「仕事 (work)」「活動 (action)」に区分し、生命保持を至上命題とする「労働」に優位を置くマルクス主義や、経済活動を政治の本質とみなす資本主義的な政治のあり方と異なり、本来の人と人との間でおこなわれる唯一の行動としての「活動」を提示する。「活動」は本来的な政治をめざす行動であり、これを成立させる条件が複数の判断主体の存在である。つまり「活動」が人間の条件であるとすれば、複数性は政治的な人間を成立させるための基盤であり[7]、政治的実践の領域における、普遍的妥当的な判断を確保する条件である。国民各層の間で複数の見解が生じ、それが国民の普遍的立法意志へと統合されていくように、特定国家の枠組みを越えた、複数集団の見解が交錯する言論空間が成立することによってはじめて、より高次の普遍的意志への到達も期待しうる。国民国家的普遍性を超える理性の公的使用には、そのような基盤が必要であり、それが世界市民主義的な普遍性を可能とする。

逆説的ではあるが、世界市民社会の構想とは、パトリオティズムの優位、つまり理性使用のあり方を全面的に独占しうる、公法優位の法秩序が各国家において実現されるという文脈上で、本来の意義と有効性を発揮すると考えられる。世界市民主義とは、理性法という均質な法的空間としての国民国家の成立と引換えに失われた、普遍ヨーロッパ的な法秩序の意義を再評価し、その存在領域を限定的な形で、確保する試みとして理解できる。パトリオテ

---

[7] Arendt [3], pp. 7.「全能に対する渇望はつねに複数性の破壊を意味」する。アレントはモンテスキューが奇妙にも一つの統治類型として位置付けた「専制」を例にとりながら、専制の特徴を、複数性と対立する「孤立」として把握する。それは「暴君の臣下からの孤立、恐怖と猜疑心による臣下どうしの孤立」という、「共に活動し語るという人間に不可欠な複数性の条件と対立」した形態である。ここにおいては公的領域における活動を存続させる「権力」の発展が阻害されているのである (pp. 199)。

ィズムという劇薬を伴う共和主義的紀律は、世界市民主義という、より高次の普遍性と公的理性によって緩和される可能性が残されなければならない。この意味でも単一化された世界共和国とは、世界市民主義の理念とは根底から矛盾する法秩序構想といえるのである。世界共和国は、その構成員に対し、唯一の世界共和国への祖国愛を全面的に要求するであろう。理性が公的な形で使用されているかどうかの判断は、唯一の世界国家的公共性の見地からなされる。だが真に開かれた理性の公的使用が実現されるためには、複数の判断主体を包括しうる、並列的かつ重層化された法秩序空間が必要である。理性使用の可能性は、共和主義的な自己支配と共に、これを緩和しうる世界市民主義というストア的理想との両立によって実現されるのではないだろうか[8]。

わずかな説明しか尽くされていない世界市民法における「訪問権」は、こうした視点から理解することで、意義深いものとなる。ルソーの人民主権論がしばしば全体主義の淵源として非難されてきたように、主権秩序構想は、逃げ場のない国家的牢獄へと転化する可能性を排除できないが、世界市民社会における訪問権は、主権に伴う絶対主義を理論上緩和する。「訪問権」は、実定憲法上の人権としては「居住・移転の権利」や「国籍離脱の自由」といった、今日において余り議論されることもない控えめな射程しかもたないように見えるが、この権利は圧制を布く主権国家に対する最終的な脱出口として、実定法秩序を超える普遍的な世界を保障する。ヨーロッパの絶対主義

---

8) この見解は『学部の争い』において取り上げられた哲学の地位や意義に関するカントの見方と密接な関わりをもつ。『学部の争い』によれば神学部、法学部、医学部の上級三学部は政府によって委託された教説を扱う学部であるために、公的な統制を受けうる存在である。これらは実定的な秩序、精神的秩序、人間の健康を取り扱う分野であるが故に、国民一般に対して命令や指示を下し、それに応じて公的観点からの制約を免れることができない。これに対して下級学部たる哲学部は、政府の命令から独立し、命令を出す自由はないが、すべての命令を判定する自由を担うという性格をもつ (SdF, VII, 19f.)。哲学特有のこの性質が、公的な統制を免れた、学者公共体の条件となるが、そこにおける理性使用の自由は、世界市民社会という別次元の法空間を不可欠の場として要請する。世界市民的空間の存在は、「読書世界の公衆」が単一の国民国家枠に限定されず、普遍的な広がりをもつことを保障し、主権による全面的統制に服することのない理性使用の自由と空間を担保している。

も、越境可能な旧ヨーロッパ秩序の中で緩和・相対化され、この自由を通じて身体の自由や文筆の自由も事実上確保されてきた。この意味で「訪問権」とは旅行や通商といった個別の自由に奉仕するだけのものではなく、法への服従は本人の同意によるという歴史的には存在しない根源的契約上の理念を、ネガティヴな形で恒常的に保障し続けている。理性の要請としての根源的契約の理念は、単一国家の成立によってでなく、複数の諸国家を前提とすることで実現されているのである。この理解はカント国家論の解釈のみならず、現代の憲法論や国家論において、主権優位の共和主義的理解を試みる立場にとっては、特に重要な意義をもつ。

共和主義と世界市民主義という次元を異にする二つの原理の共存は、平和の実現という点でも示唆に富む。既述のように、『永遠平和論』は「永遠平和」の条件として、各国家が「共和的」であることを要請した。戦争を決断し、遂行する主体と、現実の被害を被る主体が同一の国家公民となることによって、各国民は無意味な戦争を回避し、平和的に行動するはずであるとの期待がここには込められていた。しかしその後200年余りの人類の経験は、共和主義的なパトリオティズムが、排外主義を伴う好戦的ナショナリズムへ転化し、その希望が裏切られたことを示している。だが『普遍史』の歴史哲学が示すように、各主権国家は、各々の生存のために、国際関係を法によって統制し、国家連合による平和を希求する。主権を相対化する契機は、普遍的な理性の確保と専制の排除という目的にとって欠かせない地位を与えられている。

2．普遍的理性と境界の設定

理性法論は、終局的には世界市民主義的な空間の中で完結するといえるが、法的体制の基本枠組みとして「国民」を想定する点で、それは19世紀に確立する主権的な国民国家への架橋となっている。この構造から確認されるのは、「普遍的」な自由を実現する上で、人的・領域的な「境界」を設定することの意義とその必然性である。理性法は、「国民」という境界を要請することで、自らの実現を図ろうとするが、このことは理性法の支配といえど

も、他国民と区別される「我ら国民」を成立せしめる何らかの「政治的なるもの」の存在が前提として要請されることを示している[9]。この視点に立つことで、解釈困難であった『法論』をはじめとするカントの理性法国家論から、大きな一つの流れを見出すことができるようになり、ここから我々は現代の政治哲学や国家論に対する少なからぬ示唆を得られると思われるのである。以下、本書で触れた順に、その示唆されるものをまとめてみたい。

　土地所有論からは、所有制度のもつ公共的性格の再認識を、言い換えれば身体の自己所有ドグマに基づく現代の個人主義的な所有理論とそこから派生する国家論に対するあらためての批判を読み取ることが可能であろう。所有権の公共性という命題は、土地の所有に関わる非個人主義的構造を認識することによって、20世紀の現代型社会国家論を待つまでなく、18世紀の理論にすでに内在していたことが分かる。私的所有権と非政治的な所有秩序が公法秩序に先行することは論理的にもあり得ないこと、また私人の権利は土地所有を媒介として公共的な秩序と不可避的に結合していること、権力主体による「土地の根源的取得」論からは、主権国家に関わるこうした構造を見出すことが可能であろう。福祉志向の現代リベラリズムのもたらす非効率性や自己責任軽視の傾向に対するリバタリアン側からの批判は今でも重要なものであるとしても、リバタリアニズムの依拠する前提や、国家を純粋に手段的な機構とみなす立場は、論理的には成立困難な特殊なイデオロギーに立脚した

---

9) 社会契約論に依拠した憲法典をもつ各邦が結合した結果としての「合衆国」アメリカの憲法制定は、英帝国からの経済的・軍事的防衛を目的とした、各ステイトによる国際間協力の結果に他ならないことは "The Federalist Papers" からも明らかである。欧州連合の枠組みも近代以前のラテン文化共同体を核としつつ、石炭鉄鋼産業の協力から始まる実務的な国際行政の長期間の積み重ねで育成され、実現された。こうした統合を可能にした中心的契機は、独立期アメリカ各州の独立を脅かす英帝国の存在や、没落を自覚したヨーロッパ諸国にとってのアメリカやソ連といった他者から「我々」を区分し、防衛しようとする思考である。ここでは「他者」の存在によって「我々」を規定する政治的実存と、それを守ろうとする境界線が依然として存在していることが認められる。統合をもたらす最大の契機は、無差別的な博愛主義や人類共同体の理念ではなく、他我を区分する政治的アイデンティティの再編である。世界市民主義は、段階的・重層的に同時共存しうる法的諸空間の一構想であって、人類愛的な理念によって主権国家体制が世界市民社会に取って代わられるわけではない。

ものであることがここからは読み取り得るように思われる。
　抵抗権否認論のテキスト内在的な構造を理解することは、表現の自由をはじめとする精神的自由権に至高の価値を置く現代人権論に対する批判的な視点を与えるものとなろう。権力への抵抗禁止のみならず、理性の私的使用はいくら制限されてもかまわないとか、実践的意図に基づく国家起源論は禁止されるべきといったカントの主張は、たしかに権威主義的ないし権力主義的であり、今日の常識からすればショッキングに見えるかもしれない。しかしそうした議論の背景には、「すみずみまで法の行き渡る体制」、つまり主権確立という課題があり、主権者たる国民はみずからの立法に服従するべきという定言的命法からの要請と共和主義的な紀律があることを見落とすべきではない。問題は、そうした定言的命法に基づく法服従を徹底して相対化しながら、幸福追求権の基礎付けとしてカントの人格主義を援用し、ここから精神的自由の経済的自由に対する優越を説く「二重の基準」論のような便宜主義であろう。しかし法の普遍的法則が支配する外的自由の世界において、表現の自由をはじめとする精神的自由が特権化される根拠はなく、多くの場合カントの立場はそれとは逆である。道徳的人格主義から引き出される絶対的に保障されるべきものとは、「内的な私のもの」と直結する身体の尊厳、つまり人身の自由を保障する諸権利の重要性である。表現の自由に代表される精神的自由とは法秩序が危機にさらされる時、極めて容易に制限され、停止されうる外的で、相対的なものでしかない。しかし裁判なき処罰や無令状の逮捕・捜索といった人身の自由への否認が横行する体制にあっては、憲法典がどれほど精神的自由を保障する美辞麗句を並べようと、共和主義的な統治への参加は不可能となり、また人格的自律は身体への脅迫や侵害によって本質的に奪われる。言い換えれば人身の自由保障が確立されているならば、共和主義的な紀律も人格の尊厳も確保可能であり、国民主権的な政治プロセスを経た「理性の私的使用の禁止」は十分に正当化可能なのである。この帰結はカント個人の主観的価値判断と見るべきものでもない。主権論を回避あるいは棚上げし、民主的決定に基づく制約すら過敏症的症状を示す現代の人権論からすれば、理性の私的使用禁止の命題は、アナクロニズムとも見なされがちである。だがそれをアナクロニズムと見なす心性こそ、肥大化した自我意

2．普遍的理性と境界の設定　199

識によって国家統合を困難にする、プラトンの『国家』で描かれる民主制崩壊期を示す兆候であるかもしれないのである。

　共和主義的紀律を求める理性法国家論は、歴史的現実として国民国家が現象してくる自然な構造を生み出している。このことはナショナリズム批判を背景とする国民国家モデルへの批判が盛行する現代の傾向に対し、一定の反省を迫るものでもあろう。理性法論は必ずしも19世紀的な国民国家モデルを要請するものではないが、これを排除するわけでもない。問題は公共的体制の確立であって、それを可能とする条件として、カントは国土へのパトリオティズムを挙げた。中規模的な国民国家は、そうした条件を満たし得る歴史的一形態というべきものだが、ここから示唆されるのは、地域統合が盛んに語られる今日であっても、広範な地域を統合する、帝国の如き国家形態を望むことは、―移動・通信手段がいかに発達しても―なお困難であろうという認識である。国民を単位とする主権絶対的な国家モデルをかつてと同様に墨守するのは考え難いとしても、国民国家モデルはパトリオティズムに基づく公共的体制を実現しうる点で、今なお強力な法秩序モデルであり、このモデルを強引に解体に追い込もうとする営為と価値判断は賢明なものではない。EUのような比較的同質性の高い統合モデルですら、緊縮財政を要請される構成国は、―ルソーが喝破したように―遠くから巨大な力をふるう大国特有の専制として映るのであり、支援を実施する構成国国民にとっては政治的「他者」に対する無益な財政拠出としか映らないものである。

　リバタリアニズムに代表される市場原理主義は、経済合理的な論理に従って市場の際限なき拡大を求め、そこで障害となる「政治的他者」の境界は無視される。自国の政治的空間に土足で上がり込まれることへの政治的怒りは、巨大なマグマとなり、テロリズムを再生産し続けている。市場原理主義と結合した今日の帝国的国家を見るとき、『永遠平和論』に見られる公共的体制の設計図は、グローバリズムや帝国的秩序のもつ忌まわしさと危うさを、強く示唆する。グローバリズムと結合したアメリカの「民主的平和論（democratic peace theory）」は、『永遠平和論』にその思想的淵源を求めているが[10]、国土へのパトリオティズムと結合した公共的な土地所有秩序から、国民主権と共和主義の基礎を読み取る本書の立場からすれば、これほどの誤

読はない。

　以上のような認識と示唆の読み取りに対しては、「普遍」の枠を歴史的制約条件の中に押し込め、国民国家の枠を特権化し、「近代」の枠組みを無批判的に追認する立場であるとの非難もあり得よう。しかし上記の認識は、既存の国民国家モデルやその境界線の絶対視を意味するわけではない。国際社会からの人権状況の改善要求に対し、内政不干渉の名において自国民への人権弾圧を正当化することは、世界市民主義原理というもう一つの理性要求を満たしえないもので、それは好意的に見ても共和主義の過剰と見なされるべきであろう。主権的意志に基づく制定法のみを法とみなし、それ以外の法秩序空間を認めることのなかった19世紀的な主権絶対主義と法律実証主義は、理性法論の一部だけを継承した、似て非なるものとして、両者は明確に区別されなければならない[11]。一定の画定された領域内で法の実効性が確保される限りにおいて、国民国家が理性法秩序の適切な担い手であることは確かだが、実効性の完全さだけを根拠に、国際社会や世界市民社会から法秩序空間としての資格を剥奪することは正当ではない。実効性の度合いとは、つねに経験的な程度問題にすぎないからである。

　その意味で今日の法理論に与えられた課題といえるのは、19世紀に確立した主権的な国民国家という歴史的基層を前提としつつ、いかにして公共的な法秩序空間を普遍主義的な文脈の中で再編し直すかということであろう。この点で、たとえばハバーマスらの説く「憲法パトリオティズム」[12]とは、法

---

10)　Michael W. Doyle, "Ways of War and Peace", Norton 1997によれば、自由主義的な国際関係の歴史的記録はカントの永遠平和構想を支持しているとする (p. 258)。またロールズ (John Rawls, "Law of Peoples", Harvard UP, 2002) は、永遠平和論を彼の国際関係論の基礎としている。

11)　国民主権優位の発想は、実定法に対する自然法論的価値の優位という装いを施しつつ、今日においても国際法に対する「憲法優位説」という形で見て取ることができる。国民主権原理を絶対化することで、国際法に対する憲法優位を説く立場は、結局のところ、19世紀ドイツ的の実証主義国法学の枠に留まる思考である。この関係については、石川健治「『国際憲法』再論―憲法の国際化と国際法の憲法化の間」、ジュリスト1387号、2009年。

12)　「憲法パトリオティズム」は、シュテルンベルガーに端を発しているが、ドイツ人のアイデンティティ問題、歴史家論争とも重なる形で、ハバーマスがこれに合流し、論争

秩序の普遍主義的な基礎付けと、既存の国民国家的法秩序との調和を探る中で提示された試論と位置づけることができる。だが公共的な徳は、人的にも領域的にも限定され、圧縮された中ではじめて有意義でありうるという人間性に対するルソーの洞察からすれば、憲法パトリオティズムは、自らを実現する前提としての「国民」ないし「市民」という理念をどのように説明するのかという課題を突きつけられる。ハバーマスは憲法秩序を形成する国家市民の統合を「自由主義的な政治文化」[13]に求め、政治的実存と無関係に成立するパトリオティズムを説くが、このタイプのパトリオティズムは戦後ドイツ憲法学の独創ではなく、マウリツィオ・ヴィローリが示しているように、ミルトンやシャフツベリーといった人々によって、より下等で下品な「生地 (soil) へのパトリオティズム」に対する、より高貴で「国制や政治組織」に対する真のパトリオティズムとして対比させられてきた[14]。ハバーマスはこうした知的伝統の現代における継承者といえるが、むろんこれに対し、国制や憲法への愛着によって、社会のコンセンサスと国家的統一意思を持続的に基礎付けること、国民のエトスを形成する集団特有の連帯を根拠づけることはできないといった理由からイゼンゼーらの批判が加えられてきた[15]。だがそうした人的な結合への疑問だけではなく、土地へのパトリオティズムを「下等」として否認するならば、当該憲法秩序自らの基盤となる領域的な境界設定をどのように説明するのかという困難に直面する。ヴィローリが理想化するように、真のパトリオティズムは、果たして土地や集団への愛着と無関係に成立するのだろうか。少なくとも憲法（国制）は普遍的な価値のみによって基礎付けられるべきものであり、土地や民族、またはその歴史への愛

となった。ただ厳密には両者の憲法パトリオティズムのニュアンスは異なる。シュテルンベルガーは基本法法秩序のもつ価値と手続を尊重し、その愛着を説くもので、ラディカルな市民参加を基本法秩序への脅威と捉える保守的性格を伴っている。逆にハバーマスはドイツの民族的伝統から断絶したラディカルな市民参加を肯定し、それを可能とするものとして憲法パトリオティズムを捉えている。論争の概要に関しては、毛利透[2]、第一章に詳しい。

13) Jürgen Habermas [2], S. 632f. (邦訳（下）、272頁以降）。
14) Viroli [2]、邦訳102頁以降。
15) たとえば "Die Verfassung als Vaterland", in ; Armin Mohler (hrsg.), "Wirklichleit als Tabu", 1986.

着とは無関係に成立するパトリオティズムがありうるとすれば、それは普遍の名において、一切の境界をもつことのない「世界国家」を志向せざるを得ない。そしてこの普遍的論理が「民主主義の十字軍」として情熱的に正当化され、（序章で示したように）資本の拡大・蓄積運動と一致するとき、その体制は剥き出しの侵略性と暴力性を発揮することになるのではないか。地理的・人的に限定される共和主義とは、こうした危惧をあらかじめ排除する性格をもつが、カントはさらに、所有権の実体を土地とみなし、公共化された土地への愛着をパトリオティズムに結びつけた。これによってその理性法秩序は普遍性を志向するものでありながら、領域的に限定され、その範囲内で、より完全な理性法の支配を展望しうるものとなったのである。ハバーマスがしばしば引用するカントの理性概念は、理性国家の普遍的な基礎付けとなるものだが、それは決して土地や集団への愛着を排除するような構造をもつわけではないのである。

　理性による法秩序の基礎付けと枠組みの要請という点で、ハバーマスの提起するもう一つの論点が、手続主義的に理解される合理的なコミュニケーションによる規範の正当化論である。普遍的なコミュニケーション空間においては「能動的／受動的国家公民」の区分に象徴されるような、権力や資力等による条件づけを排除する対話条件が要請され、規範の正当性はそうした過程の中で得られた合意に求められる。ハバーマスによれば、討議の原理は法の形式による制度化を通じて、民主主義的原理の形を取り、その民主主義原理がさらに法制定の過程に正当性を与える、という再帰的構造をもつ[16]。こうした動的なコミュニケーション過程においては、「国民」という固定化され、静的な枠組みが特権化されることはない[17]。だが具体的な現実への対処を志向する対話の中で、対話当事者の具体的属性をすべて捨象するという思考は、法的空間のモデルとして成立するのかどうかということが問題となるであろう。このモデルは思考実験としての自然状態モデルの伝統を引き継ぐ

---

16) Jürgen Habermas [2], S. 154（邦訳（上）、151頁）。
17) それ故に、ハバーマスは『事実性と妥当性』（Habermas [2]）において、法治国家の原理を探求しているにもかかわらず、共同体を構成する単位として法仲間（Rechtsgenosse）の語を使用する。

ものであり、ロールズの「原初状態」モデルのような形で繰り返し現れている。しかしこのモデルが抽象的な基礎付け理念としての性格を越え、現実に対する規範力を強めていくにつれて、その本来の意義は失われていくことになる。なぜならあらゆるタブーを排した対話空間とは、既存の一切の前提を疑いの対象とし、掘り崩しうるような無限後退的な問いを許容する空間であるはずだからである。このモデルは一切を懐疑の対象とする哲学的な対話空間においては有効なものでありうるが、過去の経緯(歴史的文脈)に拘束されつつ、眼前の案件への決定を、限られた時間内に下すことを求められる実践的対話の原理たり得ない。純粋な対話空間とは、過去に下された権威的決定の一切を疑い、その蒸し返し的な再検討も許容される空間でなければならない。だが長期にわたる個別的議論の積み上げに拘束されつつ、将来を拘束してゆこうとする空間こそが法的・実践的な議論空間であるとすれば、両者は正反対の方向性をもつ。ハバーマス的コミュニケーション空間においては、人間がつねに歴史的文脈の中で権利主体性を付与され、それに拘束されつつ、将来に向けた決定を余儀なくされる主体であるという認識が欠如している。平等な選挙資格は今日でこそ民主的決定を正当化する上で不可欠の要素だが、だからといってかつて合法的に立法過程から除外された人種、性、階層が存在したことを理由に、過去の憲法制定行為や立法・行政行為の遡及的無効を主張することは政治的デモンストレーション以上の意味をもつものではない。歴史的・政治的諸条件に依存することのない「理性的な対話空間」を求めるハバーマスが、歴史認識に関わる論争を執拗に巻き起こし、それにこだわり続けたのは決して偶然の現象ではなく、こうした対話観からは必然的に生じる帰結といってよい。一切のタブーなき論争においては、当事者たちは互いに論敵の依拠する歴史的解釈や文脈を掘り崩そうとし、これを論争主題とする誘惑に駆られる。この結果、「普遍的」な対話空間においては、過去の歴史解釈問題がつねに浮上し、決着の付かない論争が繰り広げられるが、思想と言論の自由が保障される社会において、この手の論争に最終的な決着を付けることはできない。このことは、理性的・普遍的な対話空間モデルの帰結といえるものの、(言葉の本来の意味での)「実践的」な対話からは程遠い。普遍的な対話モデルに従えば、既存の国民国家が普遍的法秩序

の前提であることもタブーとされてはならないが、このことは、これまで暫定的に承認されてきた法秩序の正当性も危機に陥れるという背理をもたらすであろう。カントのいう「理性の私的使用の禁止」や「国家起源論の禁止」といった命題が意味するのは、—その権威主義的なニュアンスとは別に—、法的・政治的実践の場において、純粋に普遍化されたコミュニケーションモデルを徹底させることの断念として理解しうる。既存の歴史的な諸制度のもつ暫定的な正当性は、理性法論に立脚するとしても全面肯定はできない。「理性の許容法則（lex permissiva）」とはこのような暫定的な制度を事実上正当化する意義をもつ。だからこそ「普遍性」を法的体制内で実現する上においても、歴史的な条件に基づく境界設定が意義をもつのである。

さて本書が国土や国民といった理性的根拠づけの困難な概念にこだわり続けてきたのは、理性法秩序が自らを実現するために自らに課さざるをえない構造を見出そうとすることにあった。だがカント的な普遍的理性を援用する立場の論者において、こうした認識は無視ないし否定されることが通常である。カントの共和主義的解釈という点で、本書とも近い立場にあるマウスにおいても、VolkやNationの語に伴う古くから存在する実体性からカントは訣別したと見ている。『啓蒙の民主制理論』では「血と大地」を媒介とするパトリオティズムの可否が俎上に上げられているが、そこでは「カントが経験的に付与された自然的な諸前提に言及しているにもかかわらず」、「Nationの同一性形成の契機をカントは抽象的な意志作用に依存させている」とし、結果的には「共同の起源と同一の土地における定住に依存することなく、根源的契約の根本法則に同意する者だけが国民に属する」として「血と大地」という特殊的要素をカントから切り離すことを試みている[18]。だが普遍化された手続きのみを、国民（人民）主権の基礎とするならば、拡大された人類主権国家を理論上排除しえなくなることはこれまで述べてきた通りである。こうした解釈は、カントが共和主義的規律の緩衝材として残していた国際法秩序や世界市民法秩序の意義を捉え損なうもので、マウスはカ

---

18) Ingeborg Maus [1], S. 206f.（邦訳177頁以降）。

ントから、共和主義の普遍主義的な側面だけに着目し、これによって共和主義的規律から離れた世界市民的自由をカントが説いたこととの体系的連関を捉え損なっているのである。

　序章で述べたように、国民国家モデルは決して19世紀だけに妥当するような特殊的な形態ではなく、理性法秩序の受け皿として容易に否定し難い生命力を今なおもつが、このことは国民国家の枠組みが永遠不変であることを意味するわけではない。現実には国境は可変的であり、血統に由来する「民族」も偶然の所産にすぎない。血統の「純粋性」の主張は、偏狭な人種主義と根拠なき差別をもたらすのみであろう。とはいえ、このことは形式的な概念枠組みとしてのVolkやNationが否認されることに直結しない。今日の主権国家体制においては、多民族国家も一つのNationであり、そこから最小限の同質性を見出し、あるいはこれを人為的に作り出し、歴史の経過と共に有意味性を獲得していく。こうした営為は、ポストモダンの論者が言うような、伝統の「誕生」であるとか「暴かれた」「作為の産物」であるわけではなく、公共的な意志決定主体のアイデンティティ形成を目的として、伝統の延長上で当事者たちが自覚的におこなってきたことであった。この積み重ねから、治者と被治者の同一性が再確認・再生産され、それがまた権力に民主的正当性を付与する。一つのエスニシティに基づく行動・生活様式を、他のエスニック集団に強要するとき、それは批判されるべき民族同化政策となるが、このことと、一つのナショナリティによる国家（国民）統合を批判することは別個の問題である。VolkないしNationの前提が共有されることで、その境界内における対話も可能となり、「普遍的な意志」に基づく立法も可能となる。これが一つの政治的実存であって、それは歴史的文脈の中で自らの形を変容させつつ、法秩序を形成する中核要素として存在しつづけるのである。この認識なき「カント主義」や普遍主義は、法秩序の妥当根拠を求めて永遠の無限後退を強いられるばかりか、法治国家を統合なき無秩序へ陥れることになろう。

文　献　表

・公刊された一次文献については発表年代順に、関連する欧語文献はアルファベット順に、邦語文献は五十音順に列挙した。すでに邦訳の出ている欧語文献については、欧語文献リストの中に入れ、邦語文献表の中には挙げていない。
・同一著者による複数の文献がある場合には、[　]に数字を附し、本文脚注部分に著者と数字を記した。
・本文献表は参考文献リストを兼ねているため、本文の脚注で引用していない文献も挙げられている。

【一次文献】

【原典】

"Beantwortung der Frage: Was ist Auflkärung", 1784.
"Idee zu einer allgemeinen Geschichte in weltbürgerlicher Absicht", 1784.
"Grundlegung der Metaphysik der Sitten", 1785.
"Kritik der reinen Verninft", 2. Auflage, 1787.
"Kritik der praktischen Vernunft", 1788.
"Kritik der Urteilskraft", 1790.
"Über den Gemeinspruch: Das mag in der Theorie richtig sein, taugt aber nicht für die Praxis", 1793.
"Zum ewigen Freieden. Ein philosophischer Entwurf", 1795.
"Metaphysik der Sitten", 1797.
"Der Streit der Fakultäten", 1798.
"Vorarbeiten zu die Metaphsik der Sitten"
"Kants Naturrecht gelesen im Winterhalben Jahre 1784"
"Reflexionen zur Rechtsphilosophie"
"Bemerkungen zu den Beobachtungen über das Gefühl des Schönen und Erhabenen"
"Kants Briefwechsel"

【邦訳】

『カント全集』（1～22巻）、岩波書店、2000年～2006年
『カント全集』（1～18巻）理想社、1966年～1988年
篠田英雄訳『啓蒙とは何か（他四編）』岩波書店、1950年
白井成充・小倉貞秀訳『カント　道徳哲学』岩波書店、1954年
篠田英雄訳『道徳形而上学原論』岩波書店、1960年
篠田英雄訳『純粋理性批判』岩波書店、（上）（中）1961年、（下）1962年
篠田英雄『実践理性批判』（上）（下）、岩波書店、1964年
加藤一郎・三島淑臣訳『カント』中央公論新社、1979年
波多野精一・宮本和吉・篠田英雄訳『カント　実践理性批判』、1979年
宇都宮芳明訳『永遠平和のために』岩波書店、1985年

【欧語文献】

Achenwal, Gottfried, "Anfangsgründe des Naturrechts zum Gebrauch in Vorlesungen Ausgearbeitet (Göttingen, 1750)", Insel Verlag, 1995.

Anderson, Benedict, "Imagined Community Reflections on the Origin and Spread of Nationalism", Verso, 1983.
（白石隆・白石さや訳『想像の共同体』リブロポート、1987年）

Arendt, Hannah [1]: "Lectures on Kant's political philosophiy", edited by Ronald Beiner, The University of Chicago Press, 1992.
（浜田義文監訳『カント政治哲学講義』法政大学出版局、1987年）

[2]: "The Origins of Totalianism" (1951), Harcourt, 1985.
（大島通義・大島かおり訳『全体主義の起源』1・2、みすず書房、1981年）

[3]: "The Human Condition" (1958), The University of Chicago Press, 1998.　（志水速雄訳『人間の条件』ちくま学芸文庫、1994年）

[4]: "On Revolution" (1963), Penguin Books, 2006.
（志水速雄『革命について』）

Lewis Beck, "Kant and the Right of Revolution", Journal of the History of Ideas, 1971 XXXII.

Behme, Wolfgang, "Samuel Pufendorf: Naturrecht und Staat", Vandenhoeck & Ruprecht, 1995.

Benjamin, Walter, "Zur Kritik der Gewalt und andere Aufsätze" (1920), Suhrkamp, Neuauflage, 2006.
　　　　　　　　　（野村修訳『暴力批判論　他十編』岩波書店、1994年）
Böckenförde, Ernst-Wolfgang, "Gesetz und gesetzgebende Gewalt", Duncker & Humblot, 1980.
Borries, Kurt, "Kant als Politiker", Felix Meiner, 1929.
Brandt, Reinhard, "Das Erlaubnisgesetz, oder: Vernunft und Geschichte in Kants Rechtslehre" in: Reinhard Brandt (hrsg.), "Rechtsphilosophie der Aufklärung: Symposium Wolfenbuttel", Walter de Gruyter, 1982.
Brocker, Manfred [1]: "Kants Besitzlehre", Königshansen + Neumann, 1987.
　　[2]: "Arbeit und Eigentum", Wiss. Buchges., 1992.
　　[3]: "Kant über Rechtsstaat und Demokratie", VS, 2006.
Bull, Hedley, "The Anarchical Society", 3. ed. Columbia UP, 1997.
　　　　　　　　　（臼杵英一訳『国際社会論』岩波書店、2000年）
Burke, Edmund, "Reflections on the Revolution in France" (1790), Dover publications, 2006.　　（半澤孝麿訳『フランス革命の省察』みすず書房、1978年）
Busch, Werner, "Die Entsteheung der kritischen Rechtsphilosophie Kants 1762-1780", in: "Kant-Studien Ergänzungshefte" 110, 1979.
Derathé, Robert, "Jean-Jacques Rousseau et la science politique de son temps", Librairie philosophique J. Vrin, 1970.
　　　　（西嶋法友訳『ルソーとその時代の政治学』、九州大学出版会、1986年）
Derrida, Jacques, "Force de loi", Édition Galilée, 1994.
　　　　　　　　　（堅田研一訳『法の力』法政大学出版局、1999年.）
Doyle, Michael W., "Ways of War and Peace", Norton 1997.
Ebbinghaus, Julius, "Das kantische System der Rechte des Menschen und Bürgers in seiner geschichtlichen und aktuallen Bedeutung", in: Julius Ebbinghaus, "Gesammelte Aufsätze, Vorträge und Reden", Georg Olms, 1968.
Fetscher, Iring, [1]: "Rousseaus politische Philospphie", Suhrkamp, 1975.
　　[2]: "Immanuel Kant und die Französische Revolution", in: Zwi Batscha (hrsg), "Materialien zu Kants Rechtsphilosophie, Suhrkamp, 1976.
Filmer, Robert, "Patriarcha" (1653), edited by Johann Sommeville, "Patriarcha and Other Writings", Cambridge UP, 1991.

Finnis, John, "Natural Law and the Re-making of Boundaries", in: "States, Nations and Borders", edited by Allen Buchanan, Margaret Moore, Cambridge, 2003.

Gallie, W. B. "Philosophers of Peace and War", Cambridge UP, 1978.

Gellner, Ernst, "Nations and Nationalism", Cornell UP, 1983.
　　　　　　　（加藤節訳『民族とナショナリズム』岩波書店、2000年）

Gierke, Otto von, "Johannes Althusius und die Entwicklung der naturrechtlichen Staatstheorie", Koebner, 1879.

Grotius, Hugo [1]: "De Iure Belli et Pacis" (1625), edited and with an introduction by Richard Tuck, "The Right of War and Peace" (I, II, III), Liberty Fund, 2005.

　　[2]: "Mare Liberum" (1609), edited an with an introduction by David Armitage, "The Free Sea", Liberty Fund, 2004.

Guyer, Paul, "Kant on Freedom, Law, and Happiness", Cambridge, 2000.

Habermas, Jürgen [1]: "Strukuturwandel der Öffentlichkeit", Suhrkamp, 1990.
　　　　（細谷貞雄・山田正行訳『公共性の構造転換（第二版）』未来社、1994年）
　　[2]: "Faktizität und Geltung", Suhrkamp, 4. Aufl., 1994.
　　　　（河上倫逸・耳野健二訳『事実性と妥当性』未来社、2002年（上）、2003年（下））

Hegel, G. W. F, "Grundlinien der Philosophie des Rechts" (1821), G. W. F. Hegel Werke, 7, Suhrkamp, 1996.　　（高峯一愚訳『法の哲学』論創社、1983年）

Hafner, Sebastian, "Preussen ohne Legende", Gruner ＋ Jahr, 1979.
　　　　（魚住昌良監訳『プロイセンの歴史　伝説からの解放』東洋書林、2000年）

Haltung, Fritz, "Der aufgeklärte Absolutismus", Historische Zeitschrift, Bd. 180, 1955.　（石部雅亮訳「啓蒙絶対主義」、成瀬治編訳『伝統社会と近代国家』、岩波書店、1982年所収）

Henrich, Dieter, "Kant über die Revolution", in: Zwi Batscha (hrsg.), "Materialien zu Kants Rechtsphilosophie", Suhrkamp, 1976.

Hobbes, Thomas, "Leviathan" (1651), edited by C. B. Macpherson, Penguin, 1985.（永井道雄訳『ホッブズ』中央公論新社、1979年）

Höffe, Otfried [1]: "Immanuel Kant", C. H. Beck, 1988.
　　　　　　　　（藪木栄夫訳『イマニュエル・カント』法政大学、1991年）
　　[2]: "Hobbes, Kant und Rawls", in: "Ethik und Politik", 1979.

[3]: "Königiliche Völker. Zu Kants Kosmopolitischer Rechts - und Friedens- theorie", Suhrkamp, 2006.

Hofmann, Hasso, "Legitimität gegen Legalität", Duncker und Humblot, 1964.

Isensee, Josef, "Die Verfassung als Vaterland", in ; hrsg. von Armin Mohler, "Wirklichleit als Tabu", Oldenbourg, 1986.

Kaulbach, Friedlich, "Studien zur späten Rechtsphilosophie Kants und ihrer transzendentalen Methode", Königshansen + Neumann, 1982.

Kelsen, Hans, "Reine Rechtslehre", 2. Neudruck der 1. Auflage, 1934, Scientia Verlag Aalen, 1994. (横田喜三郎訳『純粋法学』岩波書店、1935年)

Kersting, Wolfgang [1]: "Wohlgeordnete Freiheit, Immanuel Kants Recht- und Staatsphilosophie", 3. Aufl., Mentis, 2007.

[2]: "Kant über Recht", Mentis, 2004.

Kiefner, Hans, "Der Einfluß Kants auf Theorie und Praxis des Zivilrechts im 19. Jahrehundert", in: J. Bluhdorn und J. Ritter (hrsg.), "Philosphie und Rechtswissenschft. Zum Problem ihrer Beziehung im 19. Jahrehundert", 1969.

Kielmansegg, Peter Graf, "Volkssouveränität, Eine Untersuchung der Bedingungen demokratischer Legitimität", 1977.

Kriele, Martin, "Einführung in die Staatslehre, Westdeutscher Verlag, 1975. (初宿正典、吉田栄司、長利一、横田守弘訳『平和、自由、正義 国家学入門』お茶の水書房、1989年)

Kühl, Kristian, "Rehabilitierung und Aktualisierung des kantischen Vernunftrecht", in: ARSP. Beiheft, 44, 1991.

Langer, Claudia, "Reform nach Prinzipien Untersuchungen zur politischen Theorie Immanuel Kants", Klett-Cotta, 1986.

Lehmann, Gerhard, "Kants Besitzlehre", in : Gerhard Lehman, "Beiträge zur Geschichte und Interpretation der Philosophie Kants", Walter de Gruyter, 1969.

Luf, Gerhard, "Freiheit und Gleichheit. Die Aktualität im politischen Denken Kants", Springer, 1978.

MacAdam James / Cell, Howard, "Rousseau's response to Hobbes", P. Lang, 1988.

Mandt, Hella, "Historisch - politische Traditionselemente im politischen Denken Kants" in: Zwi Batach (hrsg.), "Materialien zu Kants Rechtsphiloso-

phie", Suhrkamp, 1976.
Maus, Ingeborg [1], "Zur Aufklärung der Demokratientheorie", Suhrkamp, 1994. （浜田・牧野訳『啓蒙の民主制理論』法政大学出版局、1999年）
　　　　　[2], Rechtsthorie und politische Theorie im Industriekapitalismus", Wilhelm Henk Verlag, 1986.
　　　　　　　　　　　　（『産業資本主義社会の法と政治』法政大学出版局、2002年）
Mayer-Tasch, Peter Cornelius, "Thomas Hobbes und das Widerstandsrecht", J. C. B. Mohr, 1965.
　　　　　　　　　　　（三吉敏博・初宿正典訳『ホッブズと抵抗権』木鐸社、1976年）
Meinecke, Friedlich, "Weltbürgertum und Nationalstaat", R. Ordenbourg, 1919.
　　　　　　　　　（矢田俊隆訳『世界市民主義と国民国家Ⅰ、Ⅱ』、岩波書店、1968年）
Mill, John Stuart, "On Liberty and other writings", edited by Stefan Collini, Cambridge UP, 1989.
　　　　　　　　　　　（関嘉彦編『ベンサム　J. S. ミル』中央公論社、1967年．
Miller, David, "On Nationality", Oxford UP, 1995.
　　　　　　　　　　　（富沢克他訳『ナショナリティについて』風行社、2007年）
Montesquieu, Charles Louis de Secondat, "De l'esprit des loi" (1748), Édition de Robert Derathé, Garnier, 1973.
　　　　　　　（野田・稲本・上原他訳『法の精神』上、中、下、岩波書店、1987年）
Mouffe, Chantal, "The Democratic Paradox", Verso, 2000.
　　　　　　　　　　　　　　（葛西弘隆訳『民主主義の逆説』以文社、2006年）
Nozick, Robert, "Anarchie, State, Utopie", Basic Books, 1974.
　　　　　　　　　　　（島津格訳『アナーキー・国家・ユートピア』木鐸社、2000年）
O'neill, Onora, "Constructions of Reasons: Explanation of Kant's practical philosophie", Cambridge, 1989.
Pocock, J. G. A, "The Machiavellian Moment, Florentine Political Thought and the Atlantic Republican Tradition", Princeton UP, 1975
（田中秀夫・奥田敬・盛岡邦泰訳『マキャベリアン・モーメント　フィレンツェの政治思想と大西洋圏の共和主義の伝統』名古屋大学出版会、2008年）
Pufendorf, Samuel
　　　[1]: "De officio hominis et civis" (1673)", edited by James Tully, "On the Duty of Man and Citizen According to Natural Law", Cambridge, 1991.
　　　[2]: "De jure naturae et gentium libri octo" (1672), done into English by

Basil Kenett, "Of the Law of Nature and Nations. Eight Books", 1729 (The Law Book Exchange, 2005).
Radbruch, Gustav, "Gesetzliches Unrecht und übergesetzliches Recht" (1946), in: Arthur Kaufmann (hrsg.), "Gesamtausgabe / Gustav Radbruch", C. F. Müller, 1993.
   （小林直樹訳『実定法の不法と実定法を超える法』、『ラートブルフ著作集4 実定法と自然法』東京大学出版会、1961年）
Rawls, John, "Law of peoples", Harvard UP, 2002.
   （中山竜一訳『万民の法』岩波書店、2006年）
Reiss, Hans [1]: "Kant, Political Writings", edited by Hans Reiss, Cambridge, 1970.
   [2]: "Kant and the Right of Rebellion", Journal of the History of Ideas, 1956, XVII.
Riedel, Manfred, "Herrschaft und Gesellschaft. Zum Legitimationsproblem des Politischen in der Philosophie", in: Zwi Batscha (hrsg.) "Materialien zu Kants Rechtsphilosophie", Suhrkamp, 1976
   （佐々木毅訳「支配と社会　哲学における政治の正当化問題に寄せて」、成瀬治編訳『伝統社会と近代国家』岩波書店、1982年所収）
Ritter, Christian, "Der Rechtsgedanke Kants nach den frühen Quellen", Klostermann, 1971.
Rousseau, Jean-Jacque
   [1]: "Du contrat social" (1762), in: "Œuveres complètes III", Gallimard 1964.
      （作田啓一訳『社会契約論』、『ルソー全集　第五巻』、白水社、1979年）
   [2]: "Discours sur l'économie politique" (1755), in: "Œuveres complètes III", Gallimard, 1964.
      （阪上孝訳『政治経済論』、『ルソー全集第五巻』白水社、1979年）
   [3]: "Sur l'origine de L'inégalité" (1755), in: "Œuveres complètes III", Gallimard, 1964.
      （原好男訳『人間不平等起源論』、『ルソー全集第四巻』白水社、1979年）
   [4]: Du contrat social ou essai sur la forme de la république (premiére version), "Œuveres complètes III", Gallimard 1964,

　　　　（作田啓一訳『社会契約論（ジュネーヴ草稿）』、『ルソー全集第五巻』
　　　白水社、1979年）
　[5]: "Lettres écrites de la montagne" (1764), "Œuveres complètes III",
　　　Gallimard 1964.
　　　　（川合清隆訳『山からの手紙』、『ルソー全集第八巻』白水社、1979年）
　[6]: "Considérations sur le gouvernement de Pologne et sur sa réforma-
　　　tion projettée" (1782), "Œuveres complètes III", Gallimard 1964.
　　　　（永見文雄訳『ポーランド統治論』、『ルソー全集第五巻』白水社、1979年）
Saage, Richard, "Eigentum, Staat und Gesellschaft bei Immanuel Kant", 2.
　　Auflage, Nomos, 1994.
Saner, Hans, "Kants Weg vom Krieg zum Frieden", R. Piper, 1967.
Schmitt, Carl [1]: "Verfassungslehre" (1927), 8. Auflage, Duncker & Humblot,
　　1993.　　　　　　　　　　　　　（尾吹善人訳『憲法理論』創文社、1972年）
　[2]: "Der Begriff des Politischen" (1932), 6. Auflage, Duncker & Humb-
　　　lot, 1963.
　　　　　　　　（田中浩・原田武訳『政治的なるものの概念』未来社、1970年）
　[3]: "Der Nomos der Erde im Völkerrecht des Jus Publikum Europaeum"
　　　(1950), 4. Auflage, Duncker & Humblot, 1997.
　　　　　　　　　　　　　　　（新田邦夫訳『大地のノモス』慈学社、2007年）
　[4]: "Die geistgeschichtliche Lage des heutigen Parlamentarismus"
　　　(1923), 8. Auflage, Duncker & Humblot, 1996.
　　　　　　　（稲葉素之訳『現代議会主義の精神史的地位』みすず書房、2000年）
Schopenhauer, Arthur, "Die Welt als Wille und Vorstellung II" (1819), Suhr-
　　kamp, 2007.
　　　　（齊藤・笹谷他訳『ショーペンハウアー全集3　意志と表象としての世界
　　　正編（II）』白水社、1973年）
Smith, Anthony D., "National Identity", University of Nevada Press, 1991.
　　　　　　　　　　　　　（高柳先男訳『ナショナリズムの生命力』晶文社1998年）
Shklar, Judith, "Man and Citizen: A Study of Rousseau's Social Theory",
　　Cambrige, 1969.
Spaemann, Robert, "Kants Kritik des Widerstandsrecht", in: Zwi Batscha
　　(hrsg) "Materialien zu Kants Rechtsphilosophie", Suhrkamp, 1976.
Stammler, Rudolf, "Lehrbuch der Rechtsphilosophie", Waleter de Gruyter, 1923.

Sternberger, Dorf, (hrsg von Peter Haungs), "Verfassungspatriotismus", Insel Verlag, 1990.

Tamir, Yael, "Liberal Nationalism", Princeton UP, 1993.
　　（押村高・高橋愛子・森分大輔・森達也訳『リベラルなナショナリズムとは』夏目書房、2006）

Tuck, Richard, "The Right of War and Peace", Oxford UP, 1999

Unruh, Peter, "Die Herrschft der Vernunft, Zur Staatsphilosophie Immanuel Kants", Nomos, 1993.

Vierhaus, Rudolf, "Montesquieu in Deutschland. Zur Geschichte seiner Wirkung als politischer Schriftsteller im 18. Jahrehundert", in "Collegium Philosophicum Studien Joachim Ritter zun 60. Geburstag", Schwabe, 1965.
　　（成瀬治訳「18世紀のドイツにおけるモンテスキューの影響」、成瀬治編訳『伝統社会と近代国家』岩波書店、1982年所収）

Vattel, Emer, "Le Droit des Gens, ou Principes de la Lois Naturelle, appliqués à la Conduite et aux Affaires des Nations et de Souverains" (1758), translated by Joseph Chitty, "Law of nations, or principles of the law of nature applied to the conduct and affairs of nations and sovereigns", T. and J. Johnson, 1853.

Viroli, Maurizio [1], "Jean-Jacque Rousseau and the 'well ordered society'", Cambridge UP, 1988.
　　[2], "For love of the Country : An Essay on Patriotism and Nationalism, Oxford UP, 1995.
　　（佐藤瑠威・佐藤真喜子訳『パトリオティズムとナショナリズム　自由を守る祖国愛』日本経済評論社、2007年）

Vitoria, Francisco, "Relectio de Indis" (1539), in : "Vitoria Political Writings", editied by Anthony Pagden, Jeremy Lawrence, Cambridge, 1991.
　　（佐々木孝訳『ビトリア　人類共通の法を求めて』岩波書店、1993年）

Vorländer, Karl, "Kant und der Sozialismus", Verlag von Reuther & Reichard, 1900.

Waldron, Jeremy, "The Right to private Property", Clarendon, 1988.

Weber, Max, "Wirtschaft und Gesellschaft, Grundliß der verstehenden Soziologie", 5. revideierte Auflage, J. C. B. Mohr Tübingen, 1980.
　　（本書については、以下の通り部分訳が刊行されている。

世良晃志郎訳『支配の社会学Ⅰ』創文社、1960年、
世良晃志郎訳『支配の社会学Ⅱ』創文社、1962年、
世良晃志郎訳『支配の諸類型』創文社、1970年、
世良晃志郎訳『法社会学』創文社、1971年、
武藤一雄訳　『宗教社会学』創文社、1976年）

Wieacker, Franz, "Privatrechtsgeshichite der Neuzeit" (1952), Vandenhoeck & Ruprecht, 1996. （鈴木禄弥訳『近世私法史』創文社、1961年）

Zotta, Franco, "Kant und der Besitzindividualismus, in: Richard Saage, "Eigentum, Staat und Gesellschaft bei Immanuel Kant", 2. Auflage, Nomos, 1994.

【邦語文献】

芦部信喜［1］:『憲法学Ⅰ　憲法総論』有斐閣、1992年．
　　　　　［2］:『憲法学Ⅱ　人権総論』有斐閣、1994年．
　　　　　［3］:『憲法学Ⅲ、人権各論（1）』有斐閣、1998年．
　　　　　［4］:『憲法制定権力』東京大学出版会、1983年．
筏津安恕［1］:『失われた契約理論　―プーフェンドルフ・ルソー・ヘーゲル・ボワソナード―』昭和堂、1998年．
　　　　　［2］:『私法理論のパラダイム転換と契約理論の再編　―ヴォルフ・カント・サヴィニー』昭和堂、2001年．
石川健治「『国際憲法』再論―憲法の国際化と国際法の憲法化の間」ジュリスト1387号、2009年．
石川文康『カント第三の思考　法廷モデルと無限判断』名古屋大学出版会、1996年．
石田京子「カントの世界市民法について―生得的権利の保証の観点から―」哲学（三田哲学会）、120集、2008年．
市川慎一編『ジャン＝ジャック・ルソー　―政治思想と文学―』早稲田大学出版部、1993年．
逸見修二「ルソーと共和主義」、田中秀夫・山脇直司編『共和主義の思想空間』名古屋大学出版会、2006年所収．
伊藤不二男「ヴィトリアの国際法理論における ius gentium の観念について―国際法学説史の課題―」、法政研究（九州大学）、28巻2号、1962年．
伊藤平八郎「カントにおける反抗権の思想」九大法学、27号、1973年．

井上典之「立憲主義と憲法パトリオティズム」、『公法研究』70巻、2008年.
内田貴『民法Ⅰ（第二版）』東京大学出版会、2000年.
宇野重規「リベラリズムと共和主義的自由の再統合」『思想』、965号.
太田義器『グロティウスの国際政治思想』ミネルヴァ書房、2003年.
大竹弘二［１］：「規範の法と例外の法―カント民主主義論のラディカルな再構成のために―」政治思想研究、4号、2004年.
　　　　　［２］：『正戦と内戦　カール・シュミットの国際秩序思想』以文社、2009年.
尾崎久仁子『国際人権・刑事法概論』信山社、2004年.
押村高［１］：『モンテスキューの政治理論』早稲田大学出版部、1996年.
　　　［２］：「ネイション」、佐藤正志・添谷育志編『政治概念のコンテクスト』早稲田大学出版部、1999年所収.
小野原雅夫「平和の定言命法―カントの規範的政治哲学―」、『現代カント研究5　社会哲学の領野』、晃洋書房、1994年所収.
片木清［１］：『カントにおける倫理・法・国家』法律文化社、1980年.
　　　［２］：「『カント』永久平和論の歴史的意義と方法論の問題（Ⅰ）」研究紀要（国際学院埼玉短期大学）、8号、1987年.
加藤新平「カント法哲学についての一考察―法の妥当根拠と法のイデー（三）」、法学論叢47巻6号.
川合清隆『ルソーとジュネーヴ共和国』名古屋大学出版会、2007年.
神原和宏「ルソーの共和主義的解釈―ルソーと近代法思想―」法哲学年報2007、2008年.
河上倫逸『ドイツ市民思想と法理論：歴史法学とその時代』創文社、1986年.
川崎修［１］：『ハンナ・アレントの政治理論アレント編集Ⅰ』岩波書店、2010年.
　　　［２］：『「政治的なるもの」の行方』、岩波書店、2010年.
川島武宜『所有権法の理論』岩波書店、1949年.
川出良枝「憲法と共和主義　―「祖国への愛」とは何か―」『憲法3　ネーションと市民』岩波書店、2007年所収.
熊谷卓哉［１］：カントはどのように世界市民主義を抑制したか」倫理学研究、1号、1988
　　　　［２］：「世界市民主義とカント的禁欲」、ぷらくしす、1998年.
栗城壽夫「憲法愛国主義について」憲法問題、13号、2002年.
小嶋和司『憲法論集Ⅱ　憲法と政治機構』、木鐸社、1988年.

小林浩『ルソーの政治思想』新曜社、1996年.
坂井栄八郎「プロイセン主義の構造」、『ドイツ近代史研究　啓蒙絶対主義から近代的官僚国家へ』、山川出版社、1998年.
桜井徹「私的所有の道徳的根拠―労働所有論とコンヴェンショナリズム―』一橋研究、15巻第2号、1990年.
佐藤正志・添谷育志編『政治概念のコンテクスト』早稲田大学出版部、1999年.
佐藤正志『ホッブズとルソー　近代国家の一水脈」『ジャン＝ジャック・ルソー―政治思想と文学―』早稲田大学出版部、1993年.
佐々木毅『主権、抵抗権、寛容』岩波書店、1973年.
白石正樹「ルソーの人民主権論」、『社会契約説』、新評論、1979年所収.
下川潔『ジョン・ロックの自由主義政治哲学』名古屋大学出版会、2000年.
杉田敦『境界線の政治学』岩波書店、2005年.
太壽堂鼎「国際法上の先占」法学論叢、61巻2号、1955年.
高橋和之『国民内閣制の理念と運用』、有斐閣、1994年.
高橋和則［1］:「エドマンド・バークと主権国家」、池庄司敬信編『体制擁護と変革の思想』中央大学出版部、2001年所収.
　　　　　［2］:「国際秩序思想としての勢力均衡―思想史的考察」法学新報（中央大学）、110巻3-4号、2003年.
高橋洋城［1］:「労働所有説とカント所有論」純真紀要、36号、1995年.
　　　　　［2］:「カントの手続主義的権利論―その現代的射程―」『法哲学年報1999』2000年.
　　　　　［3］:「カント『法論』における「批判」の構造とその射程」『法の理論25』、成文堂、2006年.
田中浩『ホッブズ研究序説』、お茶の水書房、1982年.
田中美知太郎『善と必然との間に　人間的自由の前提となるもの』岩波書店、1952年.
樽井正義［1］:「労働の所有理論に対するカントの批判」イギリス哲学研究、1982年
　　　　　［2］:「カントの所有論」哲学、75集、1982年.
　　　　　［3］:「カント法哲学における自立の概念」哲学、78集、1984年.
　　　　　［4］:「法における理性の支配」、浜田義文編『カント読本』法政大学出版局、1989年所収.
　　　　　［5］:「私法における権利と義務―カントの私法論における可想的権限

一」、『現代カント研究5　社会哲学の領野』、晃洋書房、1994年所収.
玉井克也「ドイツ法治国家思想の歴史的構造（一）～（五）」、国家学会雑誌、103
　　巻9-10号（一）、103巻11-12号（二）、104巻1-2号（三）、104巻5-6号（四）、
　　104巻7-8号（五）.
知念英行『カントの社会思想―所有・国家・社会―』新評論、1981年.
恒藤恭［1］：『法の本質』岩波書店、1968年.
　　　　　［2］：『哲学と法学』岩波書店、1969年.
　　　　　［3］：『法と道徳』岩波書店、1969年.
円谷祐二「カント法哲学における自他関係論」、『社会哲学の領野』晃洋書房、1994
　　年所収.
中島義道『カントの法論』ちくま学芸文庫、2006年.
中谷猛「フランス革命と祖国の観念―王朝的祖国の観念から市民的祖国の観念へ
　　―」立命館法学、5-6号、1988年.
仲正昌樹［1］『〈法〉と〈法外なもの〉―ベンヤミン、アーレント、デリダをつな
　　　　　　ぐポスト・モダンの正義論へ―』お茶の水書房、2001年.
　　　　　［2］『法の共同体―ポスト・カント主義的「自由」をめぐって―』お茶
　　　　　　の水書房、2002年.
西村稔［1］：『文士と官僚　ドイツ教養官僚の淵源』木鐸社、1998年.
　　　　［2］：「カントにおける『クルークハイト』について」法学会雑誌（岡山
　　　　　　大）、45巻1号、1995年.
橋本努『帝国の条件』弘文堂、2007年.
長谷部恭男［1］：『比較可能な価値の迷路　リベラル・デモクラシーの憲法理論』、
　　　　　　東京大学出版会、2000年.
　　　　　　［2］：「国境はなぜ、いかに引かれるべきか？」、塩川信明、中谷和弘
　　　　　　編『法の再構築』、東京大学出版会、2007年所収.
浜田義文「法廷としての『純粋理性批判』」、法政大学文学部紀要31号、1985年.
原田慶吉『ローマ法』有斐閣、1955年.
原田鋼『カントの政治哲学―ドイツ近代政治思想の「性格学」序説―』、有斐閣、
　　1975年.
福井徹也［1］：「カントの法思想における歴史哲学の意義」法政研究、55巻1号、
　　　　　　1988年.
　　　　　［2］：「カントにおける国家の必然性」『法思想の伝統と現在』九大出版
　　　　　　会、1990年所収.

　　　　　［３］:「カントと社会国家」『法哲学年報1995』有斐閣、1996年所収.
福田喜一郎「権力と啓蒙的理性」、『現代カント研究5　社会哲学の領野』晃洋書房、1994年所収.
古城毅「フランス革命期の共和制論―コンスタンとネッケル、スタール」国家学会雑誌、117巻5・6号.
松隈清『国際法史の群像』酒井書店、1992年.
松本和彦［１］:「カント法哲学の超越論的性格―F.カウルバッハの所論を中心として」法学政治学論究7号、1990年.
　　　　　［２］:「カント法哲学の超越論的性格―所有権論の超越論的基礎づけ―」北陸法学1巻1号、1993年.
　　　　　［３］:「カント法哲学の批判的性格―K・H・イルティングの所論を中心として―」法学研究、64巻6号、1991年.
　　　　　［４］:「カント法哲学の超越論的性格―ケルスティングの所論を中心として―」、法学研究（慶應大）、65巻12号、1992年.
三島淑臣『理性法思想の成立』成文堂、1998年.
美濃部達吉『現代憲政評論』岩波書店、1930年.
耳野健二『サヴィニーの法思考　ドイツ近代法学における体系の概念』未来社、1998年.
村上淳一［１］:『近代法の形成』岩波書店、1979年.
　　　　［２］:権利のための闘争を読む』岩波書店、1983年.
　　　　［３］:『ドイツ市民法史』東京大学出版会、1985年.
毛利透［１］:「主権の復権？―インゲボルク・マウスの国法理論管見―」筑波法政、18号、1995年.
　　　　［２］:『民主制の規範理論　憲法パトリオティズムは可能か』勁草書房、2002年.
森永毅彦「カントの所有権論―技術的実践理性と道徳的（法的）実践理性―」、佐々木毅編『自由と自由主義』東京大学出版会、1995年所収.
森村進『ロック所有論の再生』有斐閣、1997年.
屋敷二郎『紀律と啓蒙―フリードリヒ大王の啓蒙絶対主義』ミネルヴァ書房、1999年.
安武真隆「モンテスキューと共和主義」、田中秀夫・山脇直司編『共和主義の思想空間』名古屋大学出版会、2006年所収.
山本周次『ルソーの政治思想』ミネルヴァ書房、2000年.

吉野悟「グロチウスとプーフェンドルフにおける所有権思想（一）～（二）」、日本法学、（一）53巻1号、1988年、（二）54巻1号、1988年．

我妻栄『新訂民法総則』岩波書店、1965年．

【事典】

Werner Schneiders (hrsg.), "Lexikon der Aufklärung", C. H. Beck, 1995.

Gerhard Köbler, "Lexikon der europäischen Rechtsgeschichte", C. H. Beck, 1997.

Carl Creifelds, "Rechtswörterbuch", 17. Auflage, C. H. Beck, 2002.

Hans Jörg Sandkühler (hrsg.), "Enzyklopädie Philosophie", Felix Meiner, 1999.

有福孝岳・坂部恵編『カント事典』弘文堂、1997年．

廣末渉他編『岩波哲学・思想事典』岩波書店、1998年．

あとがき

　本書は2009年9月に東北大学大学院法学研究科に提出した博士学位論文を骨格とし、それに加筆と修正を加えたものである。もっともその学位論文自体、著者が中央大学大学院在籍中に発表した論文と、同大学院退学後に福島工業高等専門学校に在職しながら完成させた論文、また在職しつつ東北大学大学院在籍中に公表したものに加筆・修正したものを含んでいる。それら論文の初出を年代順に記しておく。

・「主権国家における自由―カントの抵抗権否認論を素材として―」
　　　　　　　　　　　　「法学新報」108巻4号、中央大学、2001年
・「主権的秩序形成の論理―カントにおける公法秩序観を素材として―」
　　　　　　　　　　　　「法学新報」111巻3‐4号、中央大学、2004年
・「パトリオティズムと世界市民主義―カントの公共体観念を素材として―」
　　　　　　　　　　　　「法哲学年報2005」有斐閣、2006年
・「労働所有説批判と可想的占有
　　―カント国家論における「土地」の位置づけという観点から―」
　　　　　　　　　　　　「福島高専紀要」49号、2008年
・「法秩序の形成と土地の根源的取得―カント所有論と主権論をつなぐもの―」
　　　　　　　　　　　　『法の理論28』、成文堂、2009年

　本書の基になった学位論文は、上記の流れの中で、著者なりの目論見に基づき、進めてきたものであるが、予想外に長い年月を費やしてしまった。これはひとえに怠惰によるものと言うほかないが、それにもかかわらず素晴らしい先生や友人との知遇を得、ご指導や刺激を受ける僥倖に恵まれた。中央大学大学院時代に師事した森末伸行先生からはドイツ語の初歩から始まる、研究の基本をお教えいただいた。また東北大学の博士後期課程では樺島博志先生のご親切かつ率直なご指導を賜ることができた。両先生の学恩をはじめとして、東北法理論研究会や東京法哲学研究会における先生方や友人との交

流なくして現在の私はなかった。この場を借りて厚く感謝を申し上げたい。

　学位論文の提出後、本書の出版に至る過程においても、多くの方々のお世話となり、温かいご支援をいただけたことは著者にとってさらなる僥倖であった。博士論文審査に際しては主査である樺島博志先生に加え、稲葉馨先生、大内孝先生に副査をしていただいた。欠陥の目に付く論文に映ったものと思われるが、著者の意図をよく汲んで下さり、好意的かつ寛大なご評価をいただけたことについて、先生方に心から感謝したい。

　また本書の出版に際し、東北大学グローバルCOE（著者シリーズ）からの出版助成を受けたことについてもここで感謝を申し上げたい。樺島先生を通じ、「グローバリゼーションとナショナリズム」プロジェクトメンバーに入れていただき、辻村みよ子先生、大西仁先生、水野紀子先生からは審査の過程で詳細なコメントと共に、出版に向けた温かいご支援をいただいたが、それらなくして本書が日の目を見ることはなかった。また研究会のセッティングと共に出版に向けて奔走して下さった事務局の三隅多恵子氏にもこの場を借りて御礼を申し上げたい。

　さらに京都大学の亀本洋先生からのご好意なくしては本書をこのような形で出版させていただくことは不可能であったことを記しておきたい。本書がその一部となる新基礎法学叢書の公刊は、阿南成一先生の基礎法学叢書の精神を引き継いだ、亀本洋先生のご尽力によっているが、拙い本書を名誉ある叢書の一部に入れていただけたことは、著者にとって望外の誉れであった。本書が新基礎法学叢書の名を傷付けることとならないか、怖れるばかりであるが、この場を借りて亀本先生には心からの感謝と御礼を申し上げたい。

　最後に、本書の出版にあたり、成文堂社長の阿部耕一氏のお力添えと、同取締役の土子三男氏から温かなご配慮やアドバイスをいただいた。両氏に心から御礼を申し上げたい。

　　2012年1月30日

　　　　　　　　　　　　　　　　　　　　　　　　木　原　　　淳

事項・人名索引

あ行

愛国的体制 …………………………178
愛国的な政府 ………………………134
アッヘンヴァール、ゴットフリート
　………………………24, 35, 42
アプリオリな総合判断 ………………38
アプリオリな法理念 ………………103
アレント、ハンナ ………5, 18, 54, 194
筏津安恕 …………………21, 39, 88
一般意志 …………………104, 138
一般的法規範 ………………………119
インディオ ……………………………74
ヴァッテル、エメール ………77, 166
ヴィーアッカー、フランツ …………21
ヴィトリア、デ・フランシスコ ……74
ヴィローリ、マウリツィオ …186, 201
ウォルドロン、ジュレミー …………44
ヴォルフ、クリスチャン ……………39
エスニシティ ………………………177
演繹 ……………………………………37
オイコス ………………………………59
王権神授説 …………………………105
穏健な国制 …………………………111

か行

ガイウス ………………………………75
外的な私のもの ………………35, 69
カウルバッハ、フリードリヒ ………24
仮言的命法 ……………………………92
賢さの原理 …………………114, 128
賢さの忠告 …………………92, 117
可想的占有 ……………………14, 37
片木清 …………………………28, 133

活動 ……………………………54, 194
カテゴリー表 …………………………49
可動物 …………………………………61
ギールケ、オットー・フォン ………19
キールマンゼク、ペーター …………19
義務の体系 ……………………………39
境界 …………………………………196
共和国 …………………………………97
共和主義 ……………………123, 178
居住・移転の権利 …………………195
許容法則 ………………………25, 204
偶有性 …………………………………61
クリーレ、マルティン ……………125
グローバリズム ……………………199
グロティウス、フーゴー ……72, 75, 166
群衆 …………………………………149
経験的占有 ……………………………38
啓蒙主義自然法論 ……………1, 137
啓蒙絶対主義 ………………………137
ゲヴェーレ ……………………56, 67
結合契約 ……………………………138
ケルスティング、ヴォルフガング
　………26, 69, 71, 80, 153, 167, 183
ゲルナー、アーネスト ……………161
元首 …………………………100, 129
原初状態 ……………………………203
憲法パトリオティズム ……………200
権力分立 ……………………………102
合意理論 ………………………………47
公共空間 ……………………………177
構成的 …………………………………98
幸福主義 ………………………………93
合法性 …………………………………93
功利主義 ……………………109, 171

国籍離脱の自由 …………………195
国土への愛着 ……………………181
国内類推 …………………………166
国民国家 …………………1, 6, 192
国民の代表制 ……………135, 143
個人の占有 ………………………75
国家起源論 ………………………204
国家公民 …………………107, 145
国家統治者 ………………………129
国境線 ……………………………171
個別的規範 ………………………119
根源的共有 ………………………64
根源的契約 ………………85, 161
根源的取得 ……………50, 56, 59, 197
混合政体 …………………………115

さ 行

ザーゲ、リヒャルト …26, 62, 67, 82, 86, 101
最高権力の先占 …………………147
最高命令権者 ……………122, 129
財産と教養 ………………………145
再生自然法論 ……………………2
サヴィニー、カール・フォン ……21
三月革命 …………………………111
三部会 ……………………………142
シヴィック・ヒューマニズム ……190
自権者 ……………………………35
自己愛 ……………………………189
事後的なアプリオリ性 …………157
仕事 ………………………54, 194
市場原理主義 ……………………199
実体 ………………………49, 61
シトワイヤン ……………………185
事物の配置 ………………………114
市民宗教 …………………………190
市民的自由 ………………………106
市民的徳 …………………………178
市民的独立性 ……………………107
市民的平等 ………………………107

市民法治国家的原理 ……………122
下川潔 ……………………………53
ジャコバン主義 …………………27
シャフツベリー …………………186
集合的人格 ………………………148
自由の共同性 ……………………95
シュクラー、ジュディス ………190
熟練の規則 ………………92, 117
主権者たる立法者 ………………129
シュタムラー、ルドルフ ………22
受動的国家公民 …………16, 123
取得的権利 ………………………35
ジュネーヴ共和国 ………………180
シュミット、カール …9, 33, 83, 140, 145, 164
上級所有権 ………………80, 132
ショーペンハウアー、アルトゥール
 ……………………………18, 69
所有個人主義 ……………14, 32
所有秩序 …………………………73
新カント派 ………………………22
神聖同盟 …………………………111
身体の延長 ………………41, 46
身体の自己所有 …………42, 197
スミス、アンソニー ……………161
政治的構成原理 …………………122
政治的三位一体 …………………120
政治的なるもの …………14, 197
生得的権利 ………………………35
世界国家 …………………159, 160
世界市民社会 ……………………192
世界市民主義 ……………………189
世界市民法 ………………160, 192
セルデン、ジョン ………………72
専制的体制 ………………………178
先占 ………………………15, 57, 65
戦争状態 …………………………162
全体の占有 ………………………75
祖国的体制 ………………………178

た 行

代議士 …………………116, 140, 142
大国批判 …………………………173
代表性 …………………………16, 125
対話空間 …………………………203
高橋洋城 …………………………42
闘う民主制 ………………………108
正しい敵 …………………………164
タック、リチャード ……………165
樽井正義 …………………………28
単一性 ……………………………149
着弾距離説 ………………………71
中間的権力 ………………………83
調整問題 …………………………176
ツォッタ、フランコ ……………31
定言的命法 ………………………92
抵抗権 ……………………………90
帝国国制 …………………………117
帝国主義 …………………………5
適法性 ……………………………93
同一性 …………………………16, 125
統制的 ……………………………98
道徳的人格 ……………………155, 165
道徳法則 …………………………93
土地取得 …………………………50
ドラテ、ロベール ……………140, 189

な 行

内属 …………………………49, 61
内的な私のもの ………………35, 42, 69
中島義道 ………………………24, 28, 95
ナショナリズム ………………187, 196
二重の基準論 ……………………109
人間の条件 ………………………54
能動的国家公民 ………………16, 123
ノージック、ロベルト ………2, 52

は 行

パトリオティズム ………17, 159, 174, 191
ハバーマス、ユルゲン …………154, 200
ハルトゥング、フリッツ ………137
パンデクテン法学 ………………21
万民法 …………………………74, 192
表現の自由 ……………………109, 198
フィルマー、ロバート …………43
プーフェンドルフ、ザムエル
 ……………………………44, 55, 63, 138
フォアレンダー、カール ………27
服従契約 …………………………138
複数性 ……………………………194
父権的体制 ………………………178
不正の敵 …………………………164
普遍的意志 ………………………141
普遍的統治者 ……………………129
普遍的立法 ………………………117
普遍的立法意志 …………………65
ブラント、ラインハルト ………25
ブル、ヘドリー …………………163
ブルジョワジー …………………4
プロイセン一般ラント法 ………137
ブロッカー、マンフレット ……73
閉鎖海洋論 ………………………72
ベッケンフェルデ、エルンスト・ヴォルフガング ……………………………21
ベンヤミン、ヴァルター ………4
暴君放伐論 ………………………130
封建政体 …………………………140
法的体制 …………………………102
法的な私のもの …………………37
訪問権 ……………………………193
法律的自由 ………………………107
法理的立法 ………………………93
ポーコック、ジョン・G.A ……190
保護と庇護 ………………………67
ホッブズ、トマス ……………4, 149

ま行

マイネッケ、フリードリヒ …………177
マイヤータッシュ、ペーター・コルネリウス ……………………………………91
マウス、インゲボルグ……27, 119, 186, 204
マキャベリ ……………………………190
マグナ・カルタ ………………………113
マルクス主義 …………………………194
マント、ヘラ ……………………………19
三島淑臣 ………28, 36, 41, 47, 53, 55, 64, 70
身分制的法秩序観 ……………………115
身分的自由 ……………………………111
耳野健二 …………………………………21
ミラー、デイヴィッド ………………192
ミル、ジョン・スチュワート ………109
民事的方法 ……………………………168
民主的平和論 …………………………199
民族 ……………………………………177
無主物先占論 ……………………………73
村上淳一 …………………………………21
名誉革命 …………………………104, 113
黙示の合意………………………………66
森村進………………………………3, 47
モンテスキュー、シャルル・ド ……114

や行

唯名論 …………………………………150

ら行

ランガー、クラウディア………………25
ランベルト宛書簡………………………23
リーデル、マンフレット …………20, 86
リヴァイアサン …………………………4
理性の公的使用 …………………106, 193
リッター、クリスチャン………………24
立法する主権者 ………………………101
立法する統治者 …………………104, 129
リバタリアニズム …………………2, 197
領土主権 ………………………………182
倫理的立法………………………………93
ルイ16世 ………………………………131
ルソー、ジャン・ジャック …………115
ルフ、ゲルハルト………………………27
労働 ……………………………54, 194
労働の混入………………………………52
労働所有説 ……………………15, 46, 62
ロールズ、ジョン ……………………171
ロック、ジョン…………………………42
ロック的但し書き………………………53

ボリース、クルト………………………20

著者紹介

木 原　淳（きはら　じゅん）
1969年愛知県生まれ。
中央大学大学院法学研究科博士前期課程修了
東北大学大学院法学研究科博士後期課程修了
福島工業高等専門学校准教授

境界と自由
――カント理性法論における
　主権の成立と政治的なるもの――　　新基礎法学叢書3

2012年3月20日　初　版第1刷発行

著　者	木　原　　淳
発行者	阿　部　耕　一

〒162-0041　東京都新宿区早稲田鶴巻町514番地
発行所　　株式会社　成　文　堂
電話 03(3203)9201　FAX 03(3203)9206
http://www.seibundoh.co.jp

製版・印刷　㈱シナノ　　　　　　製本　佐抜製本
©2012　J. Kihara　　　　Printed in Japan
☆乱丁本・落丁本はおとりかえいたします☆
ISBN978-4-7923-0529-1　C3032　　　　検印省略

定価(本体4500円+税)

新基礎法学叢書 刊行のことば

　このたび、以下に引用する阿南成一先生の基礎法学叢書（1970年～1998年）刊行のことばの精神を引き継ぎ、新基礎法学叢書の刊行を開始することにした。そのめざすところは、旧叢書と異ならない。ただし、「各部門の中堅ならびに新進の研究者」という執筆者についての限定は外すことにした。基礎法学各部門の「金字塔をめざして」執筆する者であればだれでも書くことができる。基礎法学の研究者層は大変薄いこともあり、それ以外の法学部門の研究者だけでなく、哲学、歴史学、社会学等の専門家、さらには、教養あるすべての人々にも、読んでいただけるような内容になることを希望している。

　2012年1月　　　　　　　　　　　　　　京都大学教授　　亀　本　　洋

基礎法学叢書 刊行のことば

　現代は《変革の時代》であり、法律学も新たに生まれ変わろうとしている。かかる時代にあって、法哲学・法史学・比較法学・法社会学等のいわゆる基礎法学への関心も高まり、これらの学問の研究は、ますます重要性を加えつつある。

　しかし、いずれの学問分野においても、基礎的研究の重要性が説かれながら、その研究条件は、応用的ないし、実用的研究に比して、必ずしも恵まれていない。このことは基礎法学についても同様かと思われる。

　それにもかかわらず、基礎法学の研究は、こんにちことのほか重要であり、幸い全国各地には基礎法学の研究にたずさわる研究者が熱心に研究活動をつづけている。そこで、ここに《基礎法学叢書》を企画し、これを、基礎法学の各部門の中堅ならびに新進の研究者の研究成果の発表の機会とし、以って基礎法学の発展を期することとした。

　この基礎法学叢書として今後二～三のモノグラフィーを逐年刊行の予定であるが、それらはいずれも基礎法学部門の専門、学術的な研究成果であり、各部門の発展途上における金字塔をめざして執筆されるものである。

　本叢書が基礎法学の発展に寄与できれば幸いである。

　昭和43年2月　　　　　　　　　　　　大阪市立大学教授　　阿　南　成　一